●本の未来を考える=出版メディアパル No.45

出版流通が歩んだ道
近代出版流通誕生150年の軌跡

能勢 仁・八木壯一・樽見 博 共著

出版メディアパル

● 出版流通が歩んだ道

はしがき
出版流通が歩んだ道

　本書は、『昭和の出版が歩んだ道』（2013年刊・増補版2023年刊）、『平成の出版が歩んだ道』（2020年刊）『明治・大正・昭和の出版が歩んだ道』（2022年刊）出版史三部作のあとに続く総集編と言ってもよい。

　本書第1章は出版の基礎知識を再確認のつもりで書いた。特に日常、空気のように感じている再販制度の意義については心して書いた。コラムに上野幹夫先生の「再販制度の基礎知識」を掲載させていただきました。
　第2章は出版流通の中心課題である。冒頭、最新注目のブックセラーズ＆カンパニーにふれた。まだ1年余りの新会社なので、スタートの情報報告にとどまった。中堅11社の参加は心強い。平成中期は取次受難の時代であった。大阪屋、栗田、太洋社を始め、神田村、専門取次、地方取次は全滅した。残った日販は時代にあった物流基地を作っている。トーハンは桶川基地内にDNPと共同でオンデマンド出版をする構想も進んでいる。ドイツ・リブリのオンデマンドを範にしたのかもしれない。取次の出版は初である。しかし両取次とも配送費高騰に悩み、日販のCVSからの撤退にまで進展してしまった。暗いニュースの多い業界の中で、独立系書店の台頭と、その書店群を応援する取次の姿は美しい。
　第3章では、前著三冊では、まったくふれたことのなかった海外の出版流通を取り上げた。出版先進国の6カ国を紹介した。海外出版情報は、筆者が1980年以来、フランクフルトブックフェアに参加する度に各国に足を伸ばして得た情報である。欧米、アジア58カ国訪問の結果である。海外事情については、拙著『世界の本屋さん見て歩き』（2012年・出版メディアパル刊）を参照されると有難いです。最近の情報では中国アマゾンが営業を停止させられている。

第4章は、業界の生き残り策である。特筆すべきことは、書店を支援、再生させようと国（経産省）の提案があったことである。

　第5章は、「新文化」掲載の、恒例の年間十大ニュースを14年分とりあげた。業界でどんな事件があったのか、その顛末は興味深い記事の連続である。

　第6章は、明治この方、今日まで150年の流通事情を俯瞰した。明治維新によって日本は、西洋文化に初めてふれた。こと出版に関して言えば、後進国であった。明治20年博文館の登場から、出版の近代化が始まった。活版印刷、製本技術等の体得で和本を卒業した。実業之日本社による委託販売の開始、雑誌ジャーナリズムは大正に花開いた。日清、日露戦役の勝利で、先進国になったと勘違い、昭和8年国際連盟脱退で、世界の孤児になった。順調だった出版は日配の誕生で停止した。勝てるはずのない戦争をして、負けて、戦後初めて自由を知った。資源のない日本は教育立国しか道はなかった。戦後多くの出版ブームを経験し出版は育った。その様な歴史が第6章である。

　第7章は戦後の古書業界を展望する。この古書業界の記事は毎回、本書の特色になっている。古書を取り上げる新刊書が少ないからで、古書業界の第一人者八木壮一さんに感謝する次第です。今回は新たに日本古書通信編集長の樽見博氏による「古書業界と神保町を支えた人物たち」の紹介がある。40年以上古書業界を見ている樽見氏の登場は心強く、また楽しみである。

　第8章には、明治以降の「出版略年表」を収録した。この年表は、『日本出版百年史年表』（日本書籍出版協会編）を参考にまとめたが、近年の出来事は、出版メディアパルの下村昭夫編集長が補足している。

＊　　　　＊　　　　＊

　出版史三部作に続き、『出版流通が歩んだ道』を発行することが出来たことに感謝したい。ご協力いただいた多くの関係者の皆さんに厚くお礼申し上げたい。

2025年1月

著者代表　能勢　仁

● 出版流通が歩んだ道

出版流通が歩んだ道
近代出版流通誕生 150 年の軌跡

目次

はしがき …………………………………………………………… 2

第1章 出版流通の基本と課題 ………………… 7

1.1　委託制度の発展とその特徴 ……………………… 8
1.2　再販制度の誕生とその特徴 ……………………… 10
1.3　出版社の仕事その実情 …………………………… 12
1.4　取次の三大機能と現状 …………………………… 14
1.5　書店の仕事とその現状 …………………………… 16
1.6　教科書の流通その現状 …………………………… 18
1.7　電子書籍の現状と展望 …………………………… 20
1.8　図書館市場の規模とその現状 …………………… 22
◇資料　委託制度基本取引 …………………………… 24

第2章 出版流通の現状を見る ………………… 25

2.1　ブックセラーズ＆カンパニーの動向 ………… 26
2.2　コンビニ流通をめぐる変化 ……………………… 28
2.3　取次対出版社の物流対策 ………………………… 30
2.4　新規開店に対応する取次 ………………………… 32
2.5　台頭してきた専門取次 …………………………… 34
2.6　トーハンの物流対策 ……………………………… 36
2.7　日販の物流対策 …………………………………… 38
2.8　アマゾン全盛時代を分析する ………………… 40
2.9　平成期の出版物流のその後 ……………………… 42
2.10　専門取次の倒産のその後 ……………………… 44
2.11　地方・小出版流通センターの役割 …………… 46
2.12　マーケットインへの展望 ……………………… 48

第3章 世界の出版流通の現状を見る …… 51

3.1	ドイツの出版流通の現状	52
3.2	イギリスの出版流通の現状	56
3.3	フランスの出版流通の現状	60
3.4	アメリカの出版流通の現状	64
3.5	中国の出版流通の現状	68
3.6	韓国の出版流通の現状	72

第4章 出版業界の生き残り策 …… 77

4.1	出版社の生き残り策を考える	78
4.2	企画力と営業力の向上が要	80
4.3	自社の強みと弱みの分析	82
4.4	マーケティングと広報活動の展開	84
4.5	取次の生き残り策を考える	86
4.6	書店の生き残り策を考える	88
4.7	国の政策と書店の再生	92

第5章 出版十大ニュースを読み解く …… 97

5.1	2010年の十大ニュースを読み解く	98
5.2	2011年の十大ニュースを読み解く	100
5.3	2012年の十大ニュースを読み解く	102
5.4	2013年の十大ニュースを読み解く	104
5.5	2014年の十大ニュースを読み解く	106
5.6	2015年の十大ニュースを読み解く	108
5.7	2016年の十大ニュースを読み解く	110
5.8	2017年の十大ニュースを読み解く	112
5.9	2018年の十大ニュースを読み解く	114
5.10	2019年の十大ニュースを読み解く	116
5.11	2020年の十大ニュースを読み解く	118
5.12	2021年の十大ニュースを読み解く	120
5.13	2022年の十大ニュースを読み解く	122
5.14	2023年の十大ニュースを読み解く	124
5.15	14年間の十大ニュースを読み解く	126

● 出版流通が歩んだ道

第6章 出版流通 150 年史に学ぶ ······················ 129
- 6-1　明治の取次事情と出版流通 ··················· 130
- 6-2　大正の取次事情と出版流通 ··················· 132
- 6-3　昭和戦前の取次事情と出版流通 ··············· 134
- 6-4　戦後の取次事情と出版流通 ··················· 136

第7章 戦後の古書業界が歩んだ道 ·················· 139
- 7.1　変わりゆく古書業界のかたちと人 ············· 140
- 7.1-1　龍生書林に見る古書店の変化 ··············· 140
- 7.1-2　理想の古書店を求めて ····················· 143
- 7.1-3　書物への深い敬愛 ······················· 146
- 7.2　懐かしき古書店主たちの談話 ················· 149
- 7.2-1　日本古書通信社に入社した頃 ··············· 149
- 7.2-2　昭和史を語る古書店主 ····················· 153
- 7.2-3　信念に生きる古書店主たち ················· 158
- 7.2-4　読書に裏付けられた古書店主 ··············· 161
- 7.2-5　書痴の古本屋店主 ······················· 166
- 7.2-6　郊外の古書店主の生き方 ··················· 170
- 7.2-7　戦争と古書店 ··························· 174
- 7.2-8　個性あふれる古書店主 ··················· 179
- 7.2-9　土地の匂いをまとう古書店主 ··············· 185

第8章 出版年表で読む 150 年史 ···················· 193
- 8.1　揺籃期の「出版の夢と冒険」に学ぶ ············· 194
- 8.2　年表で考える出版の歩んだ道 ················· 197

◇　索引 ·· 205

紙魚の目　目次

独占禁止法と再販制度·············· 11	資料·························· 75
図書カードの市場規模·············· 19	世界の本屋さんと出版流通········ 76
発注方法の変遷···················· 31	図書館と書店の連携·············· 96
ブックオフの「BOOK」離れ ········ 50	直販を考える···················· 128
変わりゆく中国の出版政策········ 71	マーケットイン導入でどう変わるか？··· 138
地域書店の育成　出版文化産業振興法··· 75	古書市場の変化·················· 191
大手出版社と書店の経営事情が分かる	インターネット普及と古書業界 ··· 192
	横浜事件······················ 199
	廃墟の中、よみがえる出版の自由 ··· 204

第 1 章

出版流通の基本と課題
──プロダクトアウトとマーケットの変化

ノセ事務所　能勢　仁

この章の概要

　出版業界で働く人、業界に興味のある人を念頭に置いて書いた章である。業界人、組織、生産過程、流通過程など基本的な事項について触れた。

　業界の生産、流通の中心は再販制度である。業界の中心課題だと思う。今後も注目、再販を重要視したい。これまで流通の中心であった委託制度は時代の変化に対応をせまられている。業界存続にからむ重要な問題である。業界の中枢機関であった取次の立場、機能の変化が求められている。出版物の流通の基本が自主仕入に移行しつつある現在、書店、取次の関係は緊密化が求められる。生産者である出版社は、出版情報を早く、深く発表することが必須条件になった。業界三者はヨーロッパ型の直仕入れを目の前にしている。日本型の直仕入れの形成が課題である。教科書は特異な流通であるが、取扱者が書店であることは変わりない。読書普及の中心である図書館の本の貸出冊数が年々減少している。電子出版の浸透の結果である。書店も含めて紙の市場プラス電子書籍、ネット販売に対応してゆく姿が今後の在り方である。出版社は読者の支持があれば廃業はない。出版の特性を読者がわかるからである。

　書店も同様、独立系書店が今増えている。この書店を応援する取次も増えている。紙・電子出版の盛衰をこの章で見たい。

第1章 ◉ 出版流通の基本と課題

1.1 委託制度の発展とその特徴

◆ 日本の出版産業の概況

　日本の出版流通では、大別して扱い商品を「書籍」「雑誌」「マルチメディア商品」と呼んでいる。海外ではコミックスを一般商品として扱っており、その結果、フランスでは販売された本の4冊に1冊がコミックだという。

　書籍は年間に約6万7000点前後発行されている。平均1日約200点の新刊が発行されている。既刊書と併せると82万点数になる。1坪に700冊陳列できるとすると、1万1714坪の売場が必要になる。

　雑誌は年間約2500点の銘柄が発行される。休刊点数が創刊点数を上回り、総銘柄数は16年連続で減少している。雑誌は小書店でも、月に800銘柄送品される。大型書店の取扱い点数は約1300〜1500点といわれている。日本の出版界が元気であった1995年には、書籍は8億9371万冊売れ、雑誌は40億冊が売れた。合計で48億冊売れた。日本人1億2000万人とすると1人40冊年間本を買っていた計算になる。実際に自分で本を買える人口は8000万人である。1人60冊本を買っていた計算になる。その頃にブックオフが誕生している。

◆ 委託制度の仕組み

　日本の出版制度には出版流通に2つの柱がある。「委託制度」と「再販制度」である。前者は1909年（明治42年）から実施されている制度である。後者は1953年（昭和28年）「独占禁止法」の改正により実施された制度である。

　諸外国に比べて、日本の出版界は体質を異にしている。諸外国で書籍と雑誌を同一ルートで販売している国はない。書籍の欧米に対して、雑誌の日本といって過言ではない。もちろん明治から活躍している春陽堂や博文館は書籍も手掛けている。しかし、明治20年代から雑誌ジャーナリズムの流れがある。

　その流れを普及化したのが実業之日本社である。『婦人世界』に採用された自由の委託販売制である。その流れは大正時代の雑誌ジャーナリズムの潮流に受け継がれた。講談社設立当初の刊行物も弁論雑誌『雄辯』であった。その後

8

『講談倶楽部』が発刊されて、雑誌路線は強化された。

　雑誌販売の大前提は委託である。定期刊行物の販売には委託、返品自由は必須条件である。書籍の1回制に比べて、雑誌は定期性、反復性が命であった。委託制、委託販売は業界の常套販売手法になった。この販売手法が書籍に適用され販売部数が伸び、都市、地方の差は少なくなった。雑誌が週単位、月単位であるのに対し、書籍は目安として3カ月が考えられた。雑誌は押し出し作用があるが、書籍には定期性がないために、返品は各書店の商品管理に任された。

　委託制度とは、出版社、取次、書店の三者での契約に基づき、定められた期間内であれば、書店は売れ残った商品について返品が認められる制度である。

≫ 委託制度のメリット

(1) 書店は安心して仕入ができ、様々な出版物を積極的に店頭に陳列できる。
(2) 出版社は多くの書店店頭で現物の本が宣伝できる。
(3) 新聞広告に掲載された出版物を読者が発見する喜びがある。

≫ 委託制度のデメリット

(1) 受動仕入れなので、仕入感覚が磨かれない。書店を不勉強にする。
(2) 自店の販売能力以上の送品に気付かず返品を安易に考えてしまう。
(3) 返品に経費がかかることを忘れ、経営を圧迫する。
(4) 陳列可能面積より送品されることが多いので、陳列期間が短くなる。
(5) 出版社の出版部数が、返品という魔術で甘くなり、多めに刷ってしまう。

≫ 出版流通条件

(1) **普通委託（新刊委託・重版委託）**：新刊書の委託期間は、取次・小売間は105日間（3カ月半）、取次・出版社間は6カ月、期間内であれば返品可能
(2) **雑誌委託**：月刊誌の委託期間は、取次→小売間60日（出版社→取次は90日）、委託期間内であれば返品可能
(3) **長期委託**：通常6カ月程度の普通委託より期間の長い委託品。イベント商品として出荷されるケースが多い。売切商品で書店の補充義務はない。
(4) **常備寄託**：通常1年間は店頭展示されることを条件に出荷する特定銘柄。税務上、出版社の社外在庫として取り扱われる。（書店の補充義務あり）
(5) **買切品**：小売書店からの注文による商品（返品不可、注文制）
(6) **延勘品**：買切延勘定の意で、品代の請求期日を後日に繰延べる条件。3カ月延勘が多い。

第1章 ◉ 出版流通の基本と課題

1.2 再販制度の誕生とその特徴

　出版業界には古くから正価販売の歴史があり、それが一つの要素となって1953年（昭和28年）9月、独占禁止法の一部改正により、適用除外の章が設けられ、出版物についても定価販売励行のために再販制度が適用され、再販契約を結んで定価販売励行の法的維持が図られてきた。出版社、取次、小売書店のそれぞれ、その間で契約を結び、1955年（昭和30年）6月1日から実施された。詳しくは、右ページのコラムで紹介した、姉妹書の『平成の出版が歩んだ道』に収録されている上野幹夫氏の「再販制度」の解説を参照ください。

　再販制度（再販売価格維持制度）とはメーカーである出版社が決めた販売価格＝定価を販売会社（取次）が小売業者（書店）などの販売先に守ってもらう、定価販売制度のことである。出版社と取次、取次と書店は、それぞれの間に再販契約を結んでいる。

≫**再販制度のメリット**

(1) 定価販売により、全国どこでも同一価格で購入できるため、読者が出版物に接する機会均等化が図られる。

(2) 出版社の自由な出版活動が守られ、多種多様な出版物が供給される。

≫**変化をせまられる再販制度**

　自由経済の時代に、値引きはしない、景品はつけない商法は出版業界だけである。公正取引委員会は規制緩和の時代、公正で自由な競争を望む消費者の立場に立って、再販制を見直すように再三に亘って出版界に迫ってきた。

　1980年に「部分再版」「時限再販」が新再販制度として発足した。発行後一定期間経過したら値引き販売できる、弾力的運用が業界に存在するようになった。その後も公取委は更なる進展を求めたが、業界の結束に勝てず、2001年、再販制度は「当面存置」すると発表した。しかし公取委の再販廃止の意気は持続されている。読者利益、著作権保護、出版社の自由な発想、日本文化を豊かにすることを考えると、再販制度は絶対必要な環境である。

　しかし業界の弾力的運用によって読者に報いることを忘れてはならない。

コラム　紙魚の目

独占禁止法と再販制度

上野幹夫『再販制度の基礎知識』より

　独占禁止法（正式名称は「私的独占の禁止及び公正取引の確保に関する法律」という）は、事業者が他の事業者と共同して商品の対価を決定し維持することを、不当な取引制限に当たる行為として禁じている。

　このことを出版業に即して言えば、卸売り・小売り段階での安売り乱売やそれに伴う商品の質の低下を避けるため、出版社が契約により取次会社、書店と共同して価格を決定し維持すること（再販売価格維持行為）により全国一律の価格で販売することを例外的に認めて、独占禁止法の適用除外とする制度である。

　1947年（昭和22年）に制定されたわが国の独占禁止法では、再販売価格維持行為を不公正な取引方法として禁じていた。1953年（昭和28年）の独占禁止法改正により、著作物の再販売価格維持行為を法律に明記して原則違法である再販制度の対象から除外し、さらに公正取引委員会が指定する日用品などの指定商品が適用除外の対象とされた。適用除外となったのは、1. 公取委が指定する指定商品と、2. 法定商品である「著作物」である。

　適用除外とされるのは、再販制度実施のためにする「正当な行為」である。そのような行為でも、一般消費者の利益を不当に害することとなる場合と生産者の意に反して販売業者が実施する場合には独占禁止法の適用があり、生活協同組合などの取引には、再販制度を導入できないことになっている。

　独禁法23条の規定では、「著作物を発行する出版社又はその発行する物を販売する出版社が、その物の販売の相手方である取次会社あるいは書店とその物の再販売価格を決定し、これを維持するためにする正当な行為」についても、これを適用しないことになっている。これが第23条による著作物再販の適用除外である。

　この条文の規定によって、著作物（出版物）は定価販売が可能となっている。ここで第4項にいう「正当な行為」とは再販売価格維持契約を締結し、再販売価格の遵守を契約上の義務とすることである。

第1章 ● 出版流通の基本と課題

1.3 出版社の仕事その実情

　現在、出版社は3971社（2023年現在）ある。売上1千億円以上、社員数1000人以上の大出版社から一人出版社まで、規模は様々である。しかし本のメーカーであることは、規模の大小に関係ない。

◆ 出版社の機能と役割

　出版社は本のメーカーである。本づくりの仕事は編集部が担う。マスコミ就職希望者が殺到するのはこの編集である。出版社の花形だからである。本づくりは企画立案から始まる。企画にGOサインが出れば編集作業が開始される。著者への執筆依頼、取材の他、イラストレーターなど外部業者への手配がある。

　完成した本を読者に普及する必要がある。広告部がある出版社はごく一部の大手出版社だけである。最大の宣伝・告知の場所は書店店頭である。

　出版社は本の完成以前から取次、書店に新刊の特徴や情報を説明し、販売促進に努める。この仕事は販売、営業部の仕事である。お金をかけない広告としてパブリシティがある。本を紹介してくれる、マスコミ媒体への働きかけである。読者相手にはブロガーがいる。

　発売後は取次、書店に販売協力を仰ぐ。本は売れて出版の完了である。普段から協力的な書店を全国各地に作っておく必要がある。

　ここで営業、販売部の登場となる。最近はマーケティング部と称して、市場調査を重視する出版社が多い。効率的な営業活動に資するからである。出版社は編集部（よい本づくり）と営業部（1冊でも多く本を売る）の2大部門によって会社が成り立つといっても過言ではない。もちろん、経理、制作、資材、宣伝、校閲などの総合力が出版社である。

　委託販売の業界であるから、返品は必ずある。店頭で売れ残った本は、返品されて出版社に戻ってくる。返品された本は出版社の倉庫や、専門の出版物流会社に保管される。

　出版社は読者、書店からの注文に応じ、新しいカバーをかけ替えるなどの改装を施し、再度のお勧めである。商品のリサイクルである。

12

◆ 出版社の規模別分析

　次に現状の出版社（3971社）の元気度を見てみよう。出版社の歴史より、現在の姿が大事である。現状は次の四社が飛びぬけて大きい。

　集英社売上高2043億円、講談社1720億円、KADOKAWA1298億円、小学館1084億円で、業界売上の45％を占めている。

　筆者は勝手に出版社の実績を主体にJ1出版社（10億円以上売上）、J2出版社（4億円〜10億円売上）、J3出版社（4億円〜1億円売上）とさせていただいた。

　J1は出版社189社、J2出版社96社、J3社出版134社　計419社となる。

≫J1出版社上位20社は次のとおり。

1.集英社(2043億円)、2.講談社(1720億円)、3.KADOKAWA（1298億円）、4.小学館(1084億円)、5.日経BP（389億円）、6.宝島社（303億円）、7.東京書籍(249億円)、8.ぎょうせい(215億円)、9.文藝春秋(194億円)、10.光文社(179億円)、11.双葉社(165億円)、12.新潮社(160億円) 13.ハースト婦人画報(157億円)、14.Gakken(155億円)、15.岩波書店(148億円)、16.新学社(144億円)、17.ダイヤモンド社(134億円)、18.NHK出版(134億円)、19.白泉社(133億円)、20.数研出版(124億円)である。

≫J2出版社　上位10社は以下のとおり。

第一プログレス(9億6100万円)、東大出版会(9億3300万円)、大日本絵画(9億700万円)、英俊社(9億100万円)、博文館新社(9億円)、池田書店(9億円)、みくに出版(9億円)、白水社(8億8900万円)、イーストプレス(8億5500万円)、慶應義塾大学出版会(8億5000万円)

≫J3出版社　上位10社は以下のとおり。

ロングセラーズ(3億9000万円)、久保書店(3億9000万円)、国際商業出版(3億810万円)、鹿島出版会(3億7500万円)、東京学参(3億7400万円)、財界さっぽろ(3億7000万円)、学事出版(3億7000万円)、ときわ総合サービス(3億6300万円)、金剛出版(3億6000万円)、求龍堂(3億6000万円)

　上記のデータは帝国データバンクによるもの。厳しい状況下の出版活動の姿であろう。2022年度の出版業界の販売金額は1兆1292億円である。J1〜J3の販売合計額は、1兆6188億円である。数字の乖離をどう解釈すべきか。伸長率と昨年対比で見るとJ1は101.2％、J2は80.1％、J3は80.4％である。

第1章 ● 出版流通の基本と課題

1.4 取次の三大機能と現状

　取次の歴史は非常に古い。1878年（明治11年）から起算して146年の歴史を持つが、その歴史を知っている人は少ない。その理由は取次が縁の下の存在だからである。しかも現在の取次は大企業である。従業員1000人を超す会社で、本社の他に6〜7の支社を持つ大会社である。

　出版業界ではなくてはならない中枢機関であるが、読者で取次の存在を知っている人は少ない。出版社、書店にとっては親の様な存在である。業界は本を作る人（出版社）、本を運ぶ人（取次）、本を手渡す人（書店）で回っている。取次がなければ出版業界は成り立たない。出版社は本を造れば、取次に持って行けばよい。全国書店に配本してくれ、代金回収もしてくれ、返品された本も処理してくれる有難い会社である。取次はどんな仕事をしてくれるのか見てみよう。

◆ 取次の三大機能

≫1. 配本・配送機能

　取次の取次たる仕事は、出版社から持ち込まれた新刊を全国書店に送る仕事である。滞貨は許されない。取次のもつ各書店の実績、傾向、意欲に沿って送本される。

　近年の返品増問題に鑑み、最近は書店の自主申込数に沿うようになってきた。なお、配本には2種類ある。その一つは新刊配本である。嘗てのコンピュータ任せの配本ではなく、各書店の自主注文数を尊重するようになった。人気作家には注文が殺到するが、ここは取次担当者のデータ管理能力に任される。この流れを物流と呼んでいる。

　もう一つは書店の客注による短冊注文の対応である。日本の出版流通の泣き所である。

　ドイツでは100％の本が翌日到着する。フランスでも80％は翌日に届く。日本のなんと遅いことか、改善が全く見られない。1〜2週間かかることが日常化している。アマゾンなら翌日届く。アマゾンが繁栄するのは当然である。こ

の流れを商流と呼んでいる。

≫2. 金融機能

わかりやすく言えば集金機能である。取次に期待される最大の機能である。取次が全国の書店から集金したお金を出版社に支払う機能である。しかし批判の声があることも事実である。大手出版社優遇の傾向、中小出版社には支払い保留など逆風が吹いている。

集金出張は過去のことで、今はすべて銀行送金である。請求金額に対して、100％支払いが当然であるが、実情は90％支払い、80％支払いと、書店の資金繰りの悪さが浮き彫りになっている。

≫3. 情報機能

出版社の新刊情報は、早い段階で取次窓口にはなされている。取次はその情報を書店に整理して送らなければならない。かつては紙の情報であったが、今はWEB情報である。

現在はトーハンでは、書店向けシステム「TONETS V」と出版社向けシステム「TONETS i」を展開し、市場の可視化を実現している。

日販では、「NOCS 0＝ノックスゼロ」のサービスが2023年9月より開始されている。すでに1400店以の書店が活用している。

◆ 忘れ去られた機能

≫1. 教育・研修機能

現在の書店はこの機能を取次から受けることはない。昭和～平成10年位までは取次が書店を招集して、決められたテーマで勉強会があった。熱心な書店が集まる会なので刺激を受けることが多かった。この研修で知り合った書店とは、その後も交流があり連絡を取り合ったものである。取次の新事業について話し合ったり、著名な出版人の講演が聞けるなど、研修機能は書店にとってプラスであった。当日は取次の担当者に会い、情報交換できるメリットもあった。

≫2. 相談機能

取次には必ず書店相談課があった。書店の悩みを吐露できる場所であった。相談課の主目的は書店サポートであった。経営資料が豊富にあり、参考になった。他書店の成功例、失敗例も聞けた。

第1章 ● 出版流通の基本と課題

1.5 書店の仕事とその現状

　書店は単に"モノ"だけでなく、情報や知識、快適さも提供する場所である。大げさに言えば地域社会の文化センターである。これらの書店には様々なニーズを持った読者が訪れる。書店で扱う商品は大別して4つである。

≫1. 書籍販売の実情

　書籍は一点一点内容が異なり、代替性が利かない商品である。そのため書店員には豊富な商品知識と時代性が要求される。しかし難しいと考えなくてよい。IT 機器がサポートしてくれる。「TONETS」や「NOCS 0」を駆使すればよい。

≫2. 雑誌販売の実情

　定期刊行物と言われ毎週、毎月決められた日に発売される。定期読者はその発売日に来店されることが多い。雑誌は取り扱い上、4つに分類される。

　①週刊誌　②雑誌　③ムック（Magazine + Book）の合成語）、④コミックである。雑誌には必ず雑誌コードが裏表紙に付記されている。

≫3. マルチメディアの販売実情

　CD、DVD、カレンダー、文具、トレーディングカードなどをマルチメディアと総称している。

≫4. 各種試験の申込受付

　英語検定、漢字検定などの各種資格試験の申込の受付である。贈答品として図書カードも扱っている。

◆ 書店員の一日の業務の流れ

　書店の一日は開店前に入荷している本の検品・分類することから始まる。荷物の個数を運送会社の送り状と照合する。違っていたら、当日運送会社に連絡する。個数確認後、書籍、雑誌を荷開けし、取次から送られてきた送品票に記載された、タイトル、価格、冊数を確認、検品作業をする。不着、過着、品違い、他店商品など誤送品については、当日中に取次に連絡する。

　検品後、新刊、補充品、注文品（客注）に分け、配架、読者連絡等をする。午前中に商品陳列（品出し）を完了すること。

返品作業は業務の中で重要な仕事である。返品期限内に返品する。期間を過ぎた商品は出版社に返品了解を得ることが望ましい。

仕入れは書店の大動脈である。仕入れ担当者か店長が行うのが一般的である。新刊情報は取次 Web や出版社営業マンから早く入手したい。

◆ 書店のタイプ

書店は規模、立地、扱い商品などにより分類することができる。
①チェーン書店　②一般書店　③専門書店　④郊外型書店　⑤複合型書店
この分類とは別に戦略的な分類もある。

(1) **リーダー店**：その地域における一番店である。自他ともに認める実力店。

(2) **チャレンジャー店**：二番店乃至は実力的に台頭してきた書店である。担当出版社、営業マンは地域情報に詳しいので、質問すれば教えてくれる。チャレンジャー店はやる気一番店と言い換えられる。読者の支持が多ければ、リーダー店との逆転現象もある。

(3) **フォロワー店**：失礼だが、無気力、惰性店である。成長意欲の少ない書店で、現状満足型のタイプである。人生観の違いで、現状是認の書店である。

(4) **ニッチャー店**：立地、規模、歴史などにハンディキャップがあっても、その環境に屈しない頼もしい書店である。筆者はこうした書店を応援したい。店は小さくても、町はずれであっても、このジャンル（例えば、子どもの本、俳句、郷土書、料理書等）には自信のある、特化された専門書店である。地域にこうした書店が何店あってもよい。読者が歓迎の書店である。

◆ 書店の競争力

本はどの書店で買っても、価格は同じ、本の体裁も同じで一見無競争の業種である。読者の集まる人気書店、好感度書店はある。雰囲気を羅列してみよう。

(1) 店がきれいである。クリンネスが行き届いてる。

(2) 接客がうまい、感じがよい、店の雰囲気が明るい。

(3) 情報量が多い、カタログをいつもくれる。

(4) 注文品の届くのが早い。注文の相談によく載ってくれる。

(5) 社員教育の行き届いた書店である。

(6) 自然とまた、行きたくなる店である。

第1章 ◉ 出版流通の基本と課題

1.6 教科書の流通その現状

　教科書は書店の扱い出版物であるが、特殊である。つまり一般出版流通ルートとは別である。教科書取扱いは国からの許可事業であるので、書店側の受託条件は厳しい。納税者であること、教科書保管期間中、規定以上の倉庫を保有していること、従業員確保ができていること等である。

　小・中学校用の「無償教科書」と高等学校用の「有償教科書」を合わせた教科書の市場規模は約620億円である。総冊数で1億3078万冊である。

　教科書流通の特徴は、各都道府県ごとに必ず一か所ある特約供給所が、全国に53社ある。東京のみ6社ある。東京教科書供給㈱、東京都第一、東京都西北、東京都東部、東京都三多摩、八南教科書（八王子市）である。

　全教科書の約35%が教科書発行会社から供給委託を受けた販売会社（6社）を経て、特約供給所に流通する。残り65%の教科書は教科書発行会社から各都道府県の特約供給所に送られる。各都道府県にある特約供給所の傘下に地元の書店がある。市町村にあるこれらの教科書扱い店は概ね、歴史のある書店のことが多い。地域一番店のこともある。いずれも、信用度の高い書店である。

表1　令和4年度使用　発行者別教科書需要数

	小学校	中学校	高等学校	合　計
1 東京書籍	1829.5 万冊	825.1 万冊	613.8 万冊	3268.5 万冊
2 光村図書出版	1196.5 万冊	446.9 万冊	32.8 万冊	1676.3 万冊
3 日本教育出版	833.4 万冊	396.6 万冊	50.6 万冊	1280.7 万冊
4 教育出版	7834 万冊	252.3 万冊	46.2 万冊	1082.1 万冊
5 新興出版社啓林館	422 万冊	258.9 万冊	192.1 万冊	893.3 万冊
6 教育芸術社	41.6 万冊	360.1 万冊	38.0 万冊	829.8 万冊
7 数研出版	―	46.7 万冊	550.4 万冊	597.1 万冊
8 開隆堂出版	309.8 万冊	173.9 万冊	20.0 万冊	503.8 万冊
9 帝国書院	99.9 万冊	208.1 万冊	171.6 万冊	479.7 万冊
10 実教出版	―	―	385.5 万冊	385.5 万冊

高校教科書だけの発行出版社
　桐原書店（52.9 万冊）、二宮書店（29.9 万冊）、筑摩書房（27.5 万冊）
　明治書院（15.9 万冊）、増進堂・受験研究社（15.8 万冊）
　海文堂出版、オーム社、東京電機大学、コロナ社、農文協がある。

1.6 教科書の流通その現状

コラム　紙魚の目

図書カードの市場規模

　本の商品券といわれるものに図書券がある。日本の図書券はイギリスのブック・トークンにヒントを得て、1960年（昭和35年）に日本図書普及株式会社（出版・取次・書店三業界が出資）が発行した商品券がスタートである。本の贈答として図書の普及に広く利用されるようになった。1983年（昭和58年）から紙の図書券からカード形式に変わった。

　図書カードはプリペイドカードとして、他の業界カードと同様に普及を重ね、紙の図書券は発行を止めた。現在の日本図書普及を直近の決算（2023.4.1〜24.3.31）から見てみよう。

　図書カードNEXTの発行高は293億9900万円（前年比14.2％減）と大幅に落ち込み、300億円を割り込んだ。回収高も301億7800万円（同6.7％減）となった。書店廃業に伴う図書カードNEXT読取機設置店が前年期末時から446店減少したことが響いた。

　発行高の内訳は、「図書カードNEXT」272億3000万円（同12.5％減）、「広告カード」21億7600万円（同30.6％減）であった。

　回収高の内訳は「図書カードNEXT」が283億4600万円（占有率94％）、「図書カード」（磁気式）16億400万円（同5％）、「図書券」2億2700万円（同1％）である。

　期末の加盟書店は5059法人（前年比193店減）、読取機設置店は6798店（446店減）読取機設置台数は1万0276台（同470台減）であった。

　同社の平井茂社長は発行高が2桁減になった要因について、①書店廃業による読取機設置店の減、②例年ピークを迎える3月の発行高が昨年12月より少なかったことを挙げた。

　読取機設置店の減少数は、18年度420店、19年度410店と400店を超えたが、20年度218店、21年度、22年度は293店と一段落したように見える。しかし2023年度にまた446店と大幅に増加した。

　図書カードNEXTはECサイトでは使用できないが、それも今後の検討課題として視野に入れてゆくという。

第1章 ◉ 出版流通の基本と課題

1.7 電子書籍の現状と展望

◆ 今後の電子書籍の売上規模

　出版科学研究所の『出版指標年報』では、2023年の出版市場規模（紙＋電子の合計）が前年比2.1％減の1兆5963億円と公表している。紙の出版物の落ち込みに伴い、電子出版物のシェアは33.5％と、電子の統計開始以来9年連続で拡大している。なお、2024年上期（1〜6月）の報告では、紙と電子を合算した出版市場（推定販売金額）は、前年同期比1.5％減の7902億円。紙の市場は同5.0％減となっている。

　だが、雑誌の伸びに陰りが見えることや電子書籍市場の84.5％がコミックであることを考慮すると、文字系の電子書籍の未来は必ずしも明るい話題ばかりではない。

◆ 「紙の本」と「電子の本」の共生

　電子書籍が好調とは言え、「紙の本」の主役の座は変わらない。「紙」か「電子」かの二者択一の道ではなく、共存共生の道を歩むことは間違いない。出版社の歩む道も編集者のスキルも「紙」と「電子」のに二刀流でなくてはならない。

　「電子の本」の最大の弱点は、電子端末機の表示装置の特性に左右されることである。一覧性があり、長年にわたり親しまれてきた「紙の本」ほど優れた表示装置はまだ存在しないと言える。

　リフロータイプの「epub」が普及すれば電子書籍は、飛躍的に発展すると思われていたが、「epub」には、ページ概念がなく、電子端末機の表示装置の大きさに合わせて文字サイズが変更できるというメリットはあるが、図版の多い専門書や複雑なレイアウトの版面構成は無理があるという欠点がある。

　DTPの普及により出版社の内部で、「紙の本」の電子化が行え、InDesignなどの組版システムで、pdfファイルやepubファイルの書き出しが行える今日、「電子の本」の編集技術は、編集者のスキルの一つになったと言える。同時に「電子の本」ならではのコンテンツの開発が望まれている。　　（下村昭夫）

20

1.7 電子書籍の現状と展望

表2 電子書籍市場規模と電子雑誌市場規模

年度	電子書籍市場規模[億円]	電子雑誌市場規模[億円]	電子出版市場規模[億円]	電子書籍市場規模（対前年比）	電子雑誌市場規模（対前年比）	電子出版市場規模（対前年比）
2010年度	650	6	656	113%	-	113%
2011年度	629	22	651	97%	367%	99%
2012年度	729	39	768	116%	176%	118%
2013年度	936	77	1,013	128%	199%	132%
2014年度	1,266	145	1,411	135%	188%	139%
2015年度	1,584	242	1,826	125%	167%	129%
2016年度	1,976	302	2,278	125%	125%	125%
2017年度	2,241	315	2,556	113%	104%	112%
2018年度	2,826	296	3,122	126%	94%	122%
2019年度	3,473	277	3,750	123%	94%	120%
2020年度	4,558	263	4,821	131%	94%	128%
2021年度	5,257	253	5,510	115%	96%	114%
2022年度	5,800	226	6,026	110%	89%	109%
2023年度	6,240	209	6,449	107%	92%	107%

出所：『電子書籍ビジネス調査報告書2023』
〈注1〉『電子書籍ビジネス調査報告書』は4月から3月の年度ベース
〈注2〉電子出版市場規模＝電子書籍の市場規模＋電子雑誌の市場規模

表3 電子出版市場規模

年	電子コミック[億円]	対前年増減率[％]	電子書籍[億円]	対前年増減率[％]	電子雑誌[億円]	対前年増減率[％]	合計[億円]	対前年増減率[％]
2014年	887	-	192	-	65	-	1,144	-
2015年	1,169	31.8	228	18.8	105	61.5	1,502	31.3
2016年	1,491	27.5	258	13.2	160	52.4	1,909	27.1
2017年	1,747	17.2	290	12.4	178	11.3	2,215	16.0
2018年	2,002	14.6	321	10.7	156	▲12.4	2,479	11.9
2019年	2,593	29.5	349	8.7	130	▲16.7	3,072	23.9
2020年	3,420	31.9	401	14.9	110	▲15.0	3,931	28.0
2021年	4,114	20.3	449	9.2	99	▲1.0	4,662	18.6
2022年	4,479	8.9	446	▲1.1	88	▲1.1	5,013	7.5
2023年	4,830	7.8	440	▲3.0	81	▲8.0	5,351	6.7

出所：『出版指標年報2023』
〈注1〉『出版指標年報』は1月から12月の暦年ベース

第1章 ◉ 出版流通の基本と課題

1.8 図書館市場の規模とその現状

◆ 図書館の市場

　図書館は公共図書館、学校図書館、大学図書館、専門図書館に大別できる。第2次世界大戦後、アメリカの指導によって日本の図書館行政は進んだ。文化に割く予算の少ない日本に比べ、寄付に依存できるアメリカの差であろう。

　考えてみれば、戦前、小学校には図書室がなかった。日本は図書館後進国だったのである。1953年（昭和28年）に成立した学校図書館法によって、小、中学校の学校図書館は充実し始めた。しかし専任司書に恵まれないのが実情である。

　ともあれ、公共図書館は選挙の公約に登場するなどして発展した。成長のバロメーターは貸出冊数である。あたかも書店の販売冊数を食っていると思われるほどであった。2010年（平成22年）には貸出冊数が71万1715冊、出版業界の販売冊数70万2330冊を凌駕したのである。それ以後、今日までこの状態は変わらない。

　しかし2017年（平成29年）から読書ばなれ、電子書籍利用者が増え、年々貸出冊数は低下している。販売冊数も同傾向である。

　2019年度の公共図書館、大学図書館の資料費の予算は442億円であった。公共図書館への納入時に条件がある。

(1) 納品図書に図書装備が必要であること。図書装備とは閲覧、貸出のための準備をすることである。表紙にブッカーをかけたり、蔵書印を押したり、分類ラベルを貼る仕事などをさす。

(2) 蔵書管理のための書誌データ（MARC）の納入が必要である。

　公共図書館に実績のあるTRC（図書館流通センター）について歴史も含めてふれてみよう。1979年（昭和54年）慢性的な赤字会社であった日本図書館協会を引き継ぐ会社として石井昭がTRCを設立した。取次会社6社（日販、東販、大阪屋、栗田、日教販、太洋社）、出版社11社（講談社、小学館、平凡

22

社、新潮社、偕成社、誠文堂新光社、晶文社、福音館書店、東大出版会、雄山閣出版、大明堂）である。会長は書協理事長服部敏幸氏、副社長は弥吉光長氏であった。

主な業務は3つある。
(1) 「ベルブック」（発行から10日程度で装備し、納品する）
(2) 「ストック・ブックス」（図書館からの注文に対応）
(3) 逐次刊行物の納品

TRC は、公共図書館に実績がある。図書館の業務委託も業界筆頭であり、1996年（平成8年）福岡総合図書館の管理運営業務受託以降、2024年12月現在、公共図書館598館、学校図書館（32自治体・組織）900校／大学2校、その他の施設（博物館など）19施設の運営を受託している。

資本金2億6605万円、売上（2023年1月期）523億4000万円、従業員数9591人、社長は谷一文子氏である。

公共図書館は地元書店にとっては、定期的な収入が確保できる「お得意様」であるが、納入、書誌情報（TRC MARC）、装備等、TRC の図書館に特化したサービス納品に圧倒され、お得意様を失うことが多い。地元書店業界との対立関係の処理が問題である。

書店業界では、紀伊國屋書店・外商部が先駆的に活躍している。国内の大学図書館、公共図書館にシステムや図書を納品している。1997年図書館向け収書支援システム「PLATON」をリリース、1999年国立国会図書館「国際こども図書館」絵本ギャラリー制作を受託した。2004年江戸川大学図書館業務を全面受託した。2013年講談社、KADOKAWA とともに、学校・公共図書館向けの電子書籍貸出サービスを提供している。2018年紀伊國屋書店学術図書館KinoDen をリリースした。2022年早稲田大学図書館と慶応義塾大学図書館協働の、和書電化推進プロジェクトに KinoDen が参加した。

横浜・有隣堂が指定管理者として運営する神奈川県内の公共図書館が成果を上げている。2008年から綾瀬市立図書館、2010年から横浜市山内図書館、2020年10月には小田原市立小田原駅東口図書館の運営を新たに始めた。

東京・町田市の久美堂は2022年（令和4年）4月1日からヴィアックスと共同で町田市立鶴川駅前図書館運営業務の指定管理者に選定された。各地の書店が、地元公共図書館と手を組むことは、両者にとっても心強いことである。

第1章 ● 出版流通の基本と課題

資料 委託制度基本取引

表4　委託制と取引条件（出所：日本書籍出版協会『出版営業入門』）

		出版社⇔取次		取次⇔書店	
		委託期間	請求期日	委託期間	請求期日
書籍新刊委託		6ヵ月間	6ヵ月目 （条件支払あり）	3ヵ月半 （105日間）	翌月請求
雑誌委託	月刊誌	3ヵ月間	3ヵ月目	2ヵ月間 （60日）	翌月請求
	週刊誌	2ヵ月間	2ヵ月目	40日間	翌月請求
長期委託		例:7ヵ月間	9ヵ月目	6ヵ月間	8ヵ月目
		8ヵ月目に請求		7ヵ月目に請求	
常備寄託 （1年以上）		例：13ヵ月間	15ヵ月目	12ヵ月間	14ヵ月目
		14ヵ月目に請求		13ヵ月目に請求	
買切・注文		一番近い 締切日 （10日又は25日）	翌月15日 又は月末 （平均42.5日）	月末又は 15日締切り （取次会社ごと）	翌月の月末 又は15日
繰延勘定 （買切扱い）		例：3ヵ月延勘	4ヵ月目	3ヵ月延勘	4ヵ月目
		3ヵ月目に請求		3ヵ月目に請求	

1. 取引の基本は「委託販売」であるが、書店に対する請求は、実際には「翌月から発生する」。
2. 委託品の「条件支払い」とは、精算期日を待たずに、取次から出版社に支払われる仮支払のことをいう。この仮支払いが、出版社のつなぎ資金となるため、「新刊点数」の増大の一要因になるとの批判がある。
3. 買切制：締切日にいろいろあるが、原則「翌月請求」となる。委託品以外の商品、注文品・店頭補充品も買切品扱い（→「返品条件付き買切」という奇妙な習慣もある）。繰延勘定（延勘）とは、支払いを繰り延べ支払いにする制度である。
4. 取引の基本となる出版社ごとの取引正味は、出版社と取次間の契約で決まる。一般に取次の基本マージンは、8％である。今、本体価格「1000円」の本の取引を想定すると、出版社の出し正味が70％であれば、それが取次の仕入れ正味となり、それに8％を加えた78％が取次の出し正味となる。その商品を書店が78％で仕入れ、消費税を加えた「定価：本体価格＋税（1100円）」で読者に販売することになる。
5. 取次の仕入れ正味62％の低正味は地図帳などに適用され、仕入れ正味80％の高正味は医学書など一部の出版社に適用され，文庫は一般に68％が適用される。
6. 新規取引の場合は、68〜69％で「委託送品歩戻し5％、客注品20〜30％の6ヵ月間支払い保留」など低い取引条件となる。
7. 定価別段階正味を適用する場合は、「780円以下で69→77％、780〜1700円以内は70→78％、1700〜4200円以内は71→79％、4200円以上で73→81％となる。

24

第2章
出版流通の現状を見る
──出版現場の知恵と工夫で新し戦略を

ノセ事務所　能勢　仁

この章の概要

　いかに出版界（出版社、取次、書店）が出版現場で戦ってきたか、その結果は悲惨であった。今その原因を踏まえて対応策、再起策が図られ始めた。冒頭は、今、叫ばれている再建策の先頭に立っているブックセラーズ＆カンパニーの動きから入っている。それは仕入れの抜本的改革である。ヨーロッパ、アメリカでは普通の出版社直の仕入れである。書店の利幅を30％以上にしなければ書店は倒産する時代である。

　出版社は本が店頭で売れなければ、彼らも被害者になる。出版界というどんぶりの中で、一人がこければ他者もこける論理である。

　紀伊國屋書店を旗手に動き始めている。2大取次の大人の対応を見たい。出版社にはアマゾンという搦め手がある。書店は蚊帳の外である。

　この構図破壊には出版社の出血もあるかもしれない。一方、独立系書店の台頭があり、応援する取次の出現あり、明るい話題であるが、業界の主流ではない。2大取次以外はすべて討ち死にした。委託に慣れた業界も自主仕入という名刀をみて、どう振り回すのか、取次も同じである。地獄の中で、一人ぬくぬくと生きるアマゾンの言いなりでよいのか、政治的に治療したいのだが？　マーケットインという新薬で快方に向かいたいものである。

第2章 ● 出版流通の現状を見る

2.1 ブックセラーズ&カンパニーの動向

　ドイツに「ドイツ図書流通連盟」という業界団体がある。1825年に設立された業界横断の組織である。理事9人、本部職員40人の一大組織である。

　この団体は「①フランクフルトブックフェア、②ドイツ書籍業学校（現在のメディアキャンパス）の運営、③データベース会社の運営」という出版流通の大根幹の組織である。

　日本でこの機関に相当する団体があるであろうか。出版業界を横断する団体は残念ながらない。強いて挙げれば、出版文化産業振興財団（JPIC）であろうか。1991年に通商産業大臣の許可のもとできた。消費税導入で混乱した後である。非営利法人である。2012年（平成24年）に一般財団法人に移行、現在に至っている。

　主とした事業は「読書アドバイザーの養成」である。読書普及を支援、研修する団体であって、ドイツの機関とは違う。日本の出版業界を、事業を中心として横断するものではない。

　日本には、日本書籍出版協会（書協）、日本出版取次協会（取協）、日本書店商業組合連合会（日書連）と出版社、取次、書店を統合する団体がある。書協は1957年、取協は1962年、日書連は1963年に誕生している。書店の全国組織は1919年（大正8年）にほとんど完成していた。

◆ 新しい業界団体ブックセラーズ&カンパニー

　他業種と業務提携してできた団体がブックセラーズ&カンパニー（BS & Co.）である。

　取次の日販、書店の紀伊國屋書店、カルチュア・コンビニエンス・クラブ（CCC）が出版社との直接取引によって書店の粗利益拡大を目指して設立された団体がブックセラーズ&カンパニーである。

　書店の参加を募る説明会はオンラインで、すでに開催ずみである。2024年秋には契約出版社が11社になる予定であること、書店との契約内容の検討も進められている。

前段、「業界を横断する……」と書いたが、BS & Co. は、全く私的な組織で、業界改革と見るべきであろう。出版社との直接取引で、書店の粗利益率拡大を目指した粗利革命である。ドイツ流の直取引を日常化しようとする組織である。委託流通で慣らされた日本の出版業界が、この新しい流通になじめるか、受ける側の出版社の態度表明を待っているのが現状である。

2024年6月時点で6出版社、9月までに5社が名乗りをあげているが、大手出版社は現状では声明を出していない。

書店側は粗利拡大とあれば、参加に意欲を示している書店が多い。しかし出資グループの取次が日販であることは障壁である。トーハン系書店は蚊帳の外なのか、業界横断とはならない。

BS & Co. の対象銘柄は「文庫」「新書」「実用書」「文芸書」「児童書」と一般的な本を対象にしている。2023年11月2日の立ち上げ総会が紀伊國屋書店サザンシアターで行われた際、方針説明会では、出版社と直接取引するビジネスモデルが発表された。宮城剛社長が打ち出したのは「販売コミットモデル」と「返品ゼロモデル」であった。

「販売コミットモデル」は、「売上拡大インセンティブ」「返品部安入帳」を組み入れることであった。BS & Co. が返品する際は、ペナルティーとして仕入れ正味より低い正味で返品する仕組みである。物流と精算は日販に委託する。流通コストは参加書店が負担する。

「返品ゼロモデル」は完全買切で、出版社と売買契約を結ぶものである。

参加書店1000店の内訳は紀伊國屋書店が60店、CCC が約750店、日販グループ書店が200店である。

2024年7月24日時点の説明会によると、契約出版社（6社）、参加書店（37企業399店舗）での6月実績は店頭売上が前年同月比119.4%、書店粗利は流通経費を負担した上で、30.8%を実現している。

7月も売上増、粗利率30%以上を維持している。参加書店で粗利益率30%を達成しているのは17企業、231店舗と半数を超えている。

まだスタートしたばかりである。その後の様子は報告されていない。しかし欧米流の仕入れが定着することは、業界に大きな風穴を空けたことになる。

第2章 ● 出版流通の現状を見る

2.2 コンビニ流通をめぐる変化

◆ 日販がCVS配送から撤退、トーハンが引き継ぐ決断

　日販がコンビニ流通から撤退し、2025年7月からトーハンが引き継ぐことが報じられた。日販が公にする前に、2023年10月にはトーハンの社長、副社長が公の席で発表していたことがあり、このこと自体おかしなことであった。

　日販の奥村景二社長は、業界紙『新文化』11月16日号のインタビュー記事で、「コンビニルートの収益は2015年から赤字で、2022年度は売上高317億円に対し、32億円の営業損失を出している」。2023年3月31日の総売上は3550億円であるから、コンビニの販売シェアは8.9％である。売上に対して10％以上の赤字は異常値である。2023年は40億円以上の欠損の見通しという。

　論が転ずるが、日販の売上高は、1951年（昭和26年）以来1996年（平成8年）まで45年間、トーハンを抜くことはなかった。後塵を拝していた。

　店舗数の差や社員の差ではなかった。雑誌売上の差であった。そこで出た案がコンビニとの取引をしようということであった。すでにコンビニ業界は、1992年には3210億円雑誌を販売していた。中でも下期は、すでに1000億円販売していた。ある幹部の発言でコンビニの販売を日販も取り入れよう、そしてファミリーマートとの条件交渉に入り、他取次より0.5％安い正味で販売合戦は展開された。

　コンビニにおける出版物の売上は、1995年4132億円、96年4392億円、97年4779億円……と、出版業界全体の20％のシェアに迫っていた。

　そして1997年には日販売上高8133億円、トーハン7972億円と逆転したのである。以後今度は2021年まで24年間、日販がリードすることになった。この逆転劇の素因はファミリーマートもあるが、実際は早期コンピュータ導入にあった。

　現在47都道府県に全国展開しているCVSは3社のみである。2024年3月現在でセブンイレブン2万1544店、ファミリーマート1万6263店、ローソン1万4600店である。日販取引のファミリーマート＋ローソンで3万263店とトーハ

28

ンの扱い店より多い。

　CVS の雑誌販売も激動である。1997年から2006年の10年間が、常時4000億円以上の売上がありピークであった。2002年には5037億円と最高の売上を示し、業界シェアは20.7％である。この年の前後6年間は常に20％ほどのシェアを確保していた。各出版社も CVS 販売に力を入れた。書籍も然りであった。新潮文庫が CVS 版100点を作成したり、角川文庫は A7判（文庫本の半裁）ミニ文庫を CVS に送り込んだが、両社とも大失敗であった。売れなかった。そして半年以内に撤退した。この早期撤退したことで大火傷しなかった。

　コンビニ店内における雑誌（週刊誌）の取り扱い、待遇はどうであったろうか。2000年から2006年までは、店内の商品シェアは6.3％〜7.2％と花形商品であった。お弁当、牛乳、サンドイッチの10〜20％のシェアにはかなわなかったが、週刊誌は定期商品であり、ジャンプは発売日協定を守ることが大変なほど、人気があり、集客に役立った。販売台も6台の時代が10年は続いた。それが4台となり、今は2台か？　最盛期は立ち読み族も発生、困った時代もあったが、若者以外でも高齢者が文春を買う姿もあった。婦人誌、女性週刊誌も、よく売れた。現在はどうであろうか。2017年から店売の売上貢献度は、1％台になっている。2021年度は1223億円の売上で、コンビニ業界総売上高11兆1536億円の1.1％である。

　コンビニ業界売上は2014年以降は10兆円以上で上昇気流、店舗数も2014年以降5万6000店を下らず、安定している。書店減少とは対照的である。

　日販が CVS から撤退するのはファミリーマート、ローソンだけである。地域限定のポプラ、セイコーマートについては継続して流通する。この他日販はローソンと共同開発している「マチの本屋さん」も継続すると発表している。

　CVS が注目されることは、CVS の販売スペースが出版業界にとっても貴重なスペースである。CVS は生活者にとって必要店舗である。CVS における雑誌の役割は、出版物の社会性の存在であり、生活者にプラスする商材と確信できる。出版界は改めて CVS を認識し、継続経営してもらいたいものである。

　CVS6万店配送のついでに、書店1万店に共同配送しているのが現状である。

　この意味からも CVS の存在は無視できない。

第2章 ● 出版流通の現状を見る

2.3 取次対出版社の物流対策

◆「出版配送問題」は書籍と雑誌の共通課題

　日本出版取次協会は2024年7月23日、出版クラブで開催した説明会で、取次会社が出版配送維持のために出版社に協力を求めた際は、「善処して欲しい」と呼びかけた。

　政府がドライバーの労働環境改善に向けた取組みを推進する中、高止まりして今後も上昇が見込まれる運賃を、各社の自助努力で吸収できない状況だと報告した。

　「出版配送問題は書籍と雑誌の共通課題」として危機感を示した。

　国交省は2020年「標準的な運賃」を告示した。2024年3月に水準を8％引き上げた改訂を提示した。政府の後押しで運賃改定が業界を問わず推進されている。政府は上昇した諸コストについて、サプライチェーン全体での価格転嫁を求めている。

　取協加盟5社（トーハン、日販、日教販、中央社、楽天ブックスネットワーク）の直近決算に基づく取次事業の実績は、売上高7266億円、営業損失54億円で、運賃は272億円にのぼる。仮に「標準的な運賃」の水準まで運賃が増加した場合、現状の2倍強となる571億円になると試算した。

　再販制度下では、取次会社は上昇するコストを価格転嫁できず、取次会社の自助努力だけでは運賃上昇分を吸収することに限界を迎えていることから、出版社に協力を求めたものである。

◆ 出版配送の運賃単価

　日本の出版流通は、書籍と雑誌を混載し、取次会社の垣根を越えて同一エリアの書店とコンビニに配送する「共同配送」によって、安価かつ全国的に安定した配送を実現してきた。

　こうした流通網は、雑誌市場の成長とともに整備されてきた。書籍は取次会社にとってかねてから運賃以外の経費負担が大きく、採算に課題を抱えてきた。

雑誌の業量が減って配送効率が低下し、運賃単価が上昇した状況下では、出版配送の課題は書籍と雑誌の共通の課題となってしまった。

説明会の冒頭、書協理事長の小野寺優氏は、雑誌市場の縮小により書籍にも相応の負担が求められる状況であり、業界全体で協力、支援して現在の出版流通システムを維持することが、会員各社にとって利益が大きいと説明していた。

出版配送の運賃単価は2011年度から2023年度までで2.2倍上昇しているが、「標準的な運賃」が出版配送に強いられれば、さらにその2.1倍になる。その上昇額は約300億円になる。

それは2011年度比で4倍以上の値上げになる。

こうした状況下、出版社が協力できることは3つ。①定価アップ　②運賃協力金　③取引条件の見直しである。

価格設定については「書籍」で14％、「雑誌」で29％増加させてきたが、運賃単価の伸び率に比べると大きく下回る。

定価値上げについては、「読者の買い控え」を懸念し、消極的な考えをもつ編集者が多い。

運賃協力金は多くの出版社が回答しているが、満額回答でない版元も多い。無回答の版元もあるという。自社の事情もあるであろうが、全体の動きも見て欲しいものである。

コラム　紙魚の目
発注方法の変遷

現在の書店の発注方法は、ほとんどがメールである。送る方も、受け取る方も早くて、明確である。メールであれば文書の役目も果たせる。

1960年代にFAXが開発され、注文スタイルは一気に変わった。それ以前は電話が主流であった。地方書店では封書に託したというから長閑な時代だったと思う。出版業界で難解であったのは集英社であった。1993年までは電話、FAX注文OKであったが、94年からはFAX注文は不可となった。集英社自身がFAX番号の公開を止めたからである。コミック注文は一覧表注文に切り替わった。

第2章 ● 出版流通の現状を見る

2.4 新規開店に対応する取次

◆ 目覚ましい「個性派書店」の誕生

　書店の減少は今や当たり前の景色となってしまった。ところが直近5年間に新しい書店の動きとして、小書店、趣味の書店、個性派書店の誕生が目覚ましい。彼らは自店の地域密着、読者獲得のための各種の催事、読書周辺活動を実行している。イベント、副業、営業日、営業時間、定休日等については各店自由である。この点が日書連加盟の書店とは全く異なる点である。従ってこうした自由奔放書店、個性派書店は日書連に加盟することはない。

　蔵書内容も自己蔵書を中心にした店、自己専門分野の書籍を拡大した店、共同経営者との蒐書範囲の店などである。

　上記の書店は雑誌、定期刊行物を取り扱っていないので、自己都合で経営が可能である。

　それが営業日、開店時刻の自由性になるわけである。利用読者にはその旨、承知してもらえばよいわけで、現在の所、この条件が原因になって閉店した例はない。農業で言えば第二種農家であって、本業ではない。書店で言えば第二種書店である。

　しかし、立地を探し、単独書店を営む決意で始めた専業書店の場合は、出版流通の中に自店を存在させなければ、経営の基礎、継続を図ることはできない。

　時代の要請として、金太郎飴書店に飽きた読者が、新タイプの書店を期待するのは当然である。専業書店である以上、利益を出さなければならない。

　ここで登場したのが利益中心の新タイプの棚貸し書店である。1棚1カ月いくらと、賃料を決めて営業する書店である。不動産的、アパート型書店である。年契約で店内の棚を何棚貸せば採算が取れるか計算すればよい。前金ということも魅力である。つまり損益分岐点になる貸し棚数を確保できれば、経営は安泰である。

　商品構成、仕入れに関する投資を考える必要はない。魅力ある棚を作ることが投資である。

32

棚貸し経営者は大家であり、棚を借りる人は借家人である。利益の中心は年契約の家賃である。棚貸しの変形に、場所貸し書店も登場した。スペース利用に賃料を取る書店経営である。

漫画喫茶の書店版である。その場所に陳列された書籍、雑誌は閲覧自由である。この形式を公的に行っている施設がパブリックライブラリである。公共図書館は図書館法によって無料である。しかし取次会社が行う場所貸し経営は公共図書館とは違う。喫茶（有料）のサービスはあるが、これは付随的な行為である。読書する媒体となる本が自己所有の本であれば問題はないが、預り商品であれば違法ではないか。蒐書は取次の得意とするところであるが、勇み足をしてはならない。

上記　①独立系書店、　②棚貸し書店、　③場所貸し書店と分類した。

①のタイプの書店は本の流通がなければ、顧客に満足を与えることはできない。しかし小資本、零細書店に出版物の流通を、大取次はしてくれなかった。しかし最近こうした独立系書店をサポートしてくれる取次が表れたことは有難い。時代の要請、対応とは言え、意義のあることであり、高く評価したい。

ここでは、楽天ネットワークの「ホワイエ」について見てみよう。

◆ ホワイエの事業内容

ホワイエは楽天ブックスネットワークの中の一部署である。

書籍、雑誌、教科書等、出版物の取次販売だが、大手取次会社の楽天ブックスネットワークが行っている少額取引専門サービスの部門が「ホワイエ」である。この部門には約200万冊の商品が用意されている。口座開設も簡単で、保証人、信任金不要で、1冊から注文対応してくれる。ホワイエの最大の特色は小書店開業の際の選書作業を請け負ってくれることである。書店活動、読書普及に経験の深い田口幹人氏が担当してくれることは心強い。

ホワイエの取引先には雑貨店や美容室、カフェなど、いわゆる新刊書店以外の小さなスペースでの販売である。掛率は、大半の出版社のものは大取次と変わらない。平均して八掛程度。基本的には買切だが、一部委託条件の商品もある。送料はかかるが、宅急便で送ってもらうこともできる。

〒112-8538　東京都文京区小石川2-22-2　和順ビル6階

TEL：03-3830-2050　代表者：川村　興一

第2章 ● 出版流通の現状を見る

2.5 台頭してきた専門取次

◆ トランスビューの取引内容

　創業2001年、事業内容は、書籍の企画、編集、販売。仕入方法は直接取引である。卸掛け率は70%で、発注日は、週2回（月曜日・木曜日）、当日午前9時までの注文が発注対象される。発送日は、月曜日の発注分は木曜日の発送、木曜日の発注分は翌週月曜日の発送となる。送料は、1箱720円（税抜き）を書店負担、支払い条件「前払い」。「保証金」は不要、書類審査のみで取引可能。

　書店に合わせた選書の要望には、専門スタッフが相談に応じ、そのジャンルのお薦めの本リストを提案。タイムリーな情報を届けてくれる。

　売れ行き良好、話題の本情報など掲載した『子どもの文化普及協会ニュース』を配信。仕入先からの新刊ニュースやチラシをWEBサイト上で掲載している。

〒103-0013　東京都中央区日本橋人形町2-30-6

TEL：03-3664-7333〜4　代表者：工藤　秀之

◆ 八木書店の取引内容

　八木書店には八木書店ホールディングス、八木書店、八木書店古書部、八木書店出版部など、6つの会社がある。八木書店は創業1934年（昭和9年）である。創業者八木敏夫が「一誠堂書店」から独立「日本古書通信社」を創業したのが、現在の八木書店の前身である。

　戦時統制経済下も営業、1942年（昭和17年）八木敏夫が「全国古書組合連合会」事業部長に任命される。そして終戦となる。1946年（昭和21年）「上野松坂屋古書部」をテナントとして出店、1952年（昭和27年）「全国出版物卸商業協同組合」設立、理事長に就任する。1953年（昭和28年）「株式会社八木書店」と改称、新刊取次事業を開始し、経営は拡大された。

　1957年（昭和32年）特価本部門として「第二出版販売株式会社」を設立、61年「古書部」開業、68年「船橋商品センター」建設、71年『天理図書館善

本叢書』刊行開始等々。古書業界の重鎮として活躍した。神保町に新刊店売部を持つことは、小書店、新規書店にとっては貴重な存在である。

〒101-0052　東京都千代田区神田小川町3-8

TEL：03-3291-2965㈹

◆ 鍬谷書店の取引内容

創業は1948年（昭和23年）で、75周年を迎えた老舗である。東京、北区に本社を構え、神保町と板橋に営業所をもつ。2020年には発送、返品などを担う物流拠点、浦和ロジスティクを開設した。

取引出版社は1100社を超える規模になった。取引開始にあたって信認金、保証人は不要なので、大手取次会社に口座を開けない出版社の受皿になっている。多くの取次が経営苦境の現在、鍬谷書店は増収基調である。鍬谷書店の強みは「こまめな流通」といわれる。独立系の新規書店の面倒見もよい。返品率が20％強ということからもわかるとおり、無理な仕入をさせない良心的な取次業務が光っている。新規書店には心強い味方である。指導を受けながら、仕入れスキル、販売スキルを向上させて欲しい。

〒114-0002　東京都北区王子4-4-4

TEL：03-5390-2211　FAX：03-5390-2213　社長：鍬谷　睦男

◆ 子どもの文化普及協会

事業内容は、卸し（書籍・雑貨・玩具・CD・DVDなど）。

非常にユニークな取次である。当協会のお客様は80％は書店以外の業種である。したがって売れる新刊書を欲しがる書店とは異なるので、商品構成もロングセラーが多い。仕入主が書店ではなく花屋さん、レストラン、美術館、喫茶店、雑貨店などなどで、業種関連の本の注文が多い。新規の場合は前払いであるが、一定の注文回数に達したら、後払いに切り替わる。配送はヤマト運輸が担当する。送料は1箱につき720円（税抜き）を注文主が負担する。取引開始の時、信認金はとっていない。当協会はクレヨンハウスの系列会社なので、子どもの本については特別造詣が深い。この特徴を大いに利用すべきである。

〒180-0004　東京都武蔵野市吉祥寺本町2-15-6 B1F

TEL：0422-27-6785　FAX：0422-27-6790　社長：落合　恵子

第2章 ◉ 出版流通の現状を見る

2.6 トーハンの物流対策

◆ 新物流システムで再構築と強化を図る

トーハンは2024年7月に採用品やマルチメディアを在庫管理する「三芳センター」（埼玉・三芳町）を開設した。そして12月には埼玉・川口市に42億6000万円をかけて雑誌（週刊誌を含む）の物流拠点「川口センター」（仮）を建設中である。4億8000万円をかけて、トーハン桶川センター（埼玉）の物流強化の投資も進んでいる。

さらに大日本印刷との協業を通じて、書籍流通の新たな仕組みづくりが進められている。

PubteX とも連携して、トーハン帳合の書店で RFID タグの実証実験や AI配本のデータのやり取りを実施している。こうして出版の DX 化に取り組んでいる。

これは出版流通の再構築と強化である。PubteX との取組みには積極的に協力してゆきたいと川上浩明社長は述べている。

◆ オンデマンド印刷の活用で注文品の出荷日の改善

特筆すべきことはドイツのリブリが行っている取次による出版活動である。これは近藤会長が数年前にドイツを訪問してきたときの土産であろうか？　ドイツの大手取次リブリによるオンデマンド出版が読者に好評であり、会社にも利益をもたらしている。

トーハンが進めている書籍製造ラインの導入は、取次会社の流通拠点内で、書籍の製造を行うことは国内初の取組みであり、画期的な発想である。

詳細は以下のとおりである。DNP 久喜工場（久喜市）のデジタル製造機械の一部を移設し2025年度中の運用開始を目指している。小部数から印刷するプリント・オン・デマンド（POD）技術を持ちた「桶川書籍デジタル製造ライン」の新設を目指すものである。

かつて三省堂書店が神保町本店の1F 店頭で、オンデマンドを公開、実施し

ていた。店頭で読者の需要に応えていた姿が忘れられない。今は本店建築中なのでやっていない。

　小生もフランクフルトのブックフェアの会場で、三修社の前田会長とオンデマンド印刷を見た。流しそうめんではないが、1冊の本が10分位で流れ作業で完成するオンデマンドを見て興奮した。この年、三修社、岩波書店はCD−ROM書籍を発行している。

　トーハンが客注書籍をオンデマンド化することは、受注生産なので、生産者、取次会社の一貫メーカーとして期待できる。トーハンは出版社と連携し、書籍製造用のコンテンツデータを預かり、小部数に対応した印刷・製本を行うことで、注文から短時間での出荷、販売を実施するものである。全くドイツのリブリのトーハン版である。

　これにより、店頭での書籍検索時の、倉庫などを含めた在庫ヒット率を、現在の60％程度から90％程度にまで向上させられるものである。

　2024年10月現在、同製造ラインでの製造、供給に賛同している出版社は、河出書房新社、PHP研究所、扶桑社、ポプラ社、である。この他、20社以上と協議中だという。

　先行的に一部の出版社、書店と提携し、DNPの既存製造ラインでの試験的な製造と検証に取り組む。

　またデジタル印刷用のデータのラインアップ拡大に向けて、「コンテンツデータバンク」を構築していくため、出版社や書籍製造会社との連携を強化する方針である。

　トーハンは、2025年度中の運用開始を視野に、2025年夏を目途に桶川センターの在庫管理センターの在庫管理システムを全面的にリニューアルする。

　桶川センター全体が書籍デジタル製造ライン、桶川書籍流通センター、ブックライナーとも連動することで、読者や書店の注文に対する「充足率の最大化」「調達リードタイムの最小化」を目指すという。

　筆者もドイツ・リブリを訪れた時、このシステムを見た。建物に入った瞬間に、この建物内部はうるさいなと感じたが、説明を受けて、ここが書籍製造ラインだと知り、驚いた経験がある。桶川センターの書籍製造ラインの成功を祈るものである。

第2章 ● 出版流通の現状を見る

2.7 日販の物流対策

◆ 出荷機能を統合し、オールインワンの物流価値を提供

　日販は2024年10月に埼玉・新座市に開設する新物流拠点の名称を「N‐Port新座」(NP新座)とし、カルチャー・エクスペリエンス(CX)の「厚木サテライト」「西日本センター」で担う文具・雑貨の出荷機能を統合する。

　日販グループとして、物流効率化とコスト削減を図り、取引書店にオールインワン物流の価値を提供していくものである。

　NP新座は日販グループが取り組む「物流再編プログラム」の第一弾である。

　施設の所在地は埼玉県新座市中野1-13-20、ロジスクエア新座内に開設される。延面積は7670坪である。文具、雑貨などを保管、仕分、出荷する他、出版社やその他の企業の物流受託事業を担う。

　NP新座の開設にあたり、ラピュタロボティクス㈱が提供する自動倉庫「ラピュタASRS」を導入する。また、ロボットなどが商品や商品棚を作業員の手元まで運ぶことが可能で、ピッキング作業の生産性を3倍に向上させることを目標にしている。

　日販グループの「物流再編プログラム」においては効率化、コスト削減だけでなく、作業員の負担軽減を追求する倉庫管理システムをNP新座から導入し、業務フローを標準化していく。CXの文具・雑貨の保管、出荷機能を統合することでオールインワン物流を進めて取引書店の利便性を高める。

　NP新座の半径3kmには日販グループの4つの物流拠点が集積し、その延床面積は約1万7000坪になる。拠点間の輸送距離が短縮され、繁閑に合わせた作業スペースや人員配置を融通できる。近隣には出版社の倉庫も多く、連携していきやすくなる。

　さらに、NP新座が入居する拠点は耐火・耐震・遮熱、遮音に優れ、安全性を確保している。災害用の備蓄品を常備しており、従業員だけでなく、近隣住民の支援を行うことも想定して新物流拠点計画が進められている。

　日販は王子流通センターを2023年リニューアルした。同センターは1974年

10月に開設され、約50年間にわたり、出版社と書店、図書館などをつなぐ出版流通を支えてきた。

出版市場が拡大し続けた1980年〜90年代、仕分、梱包、発送作業を効率化するFA化を進め、幾度となくリニューアルしてきた。そして2023年に「CO_2排出量の低減」と「職場の環境改善」を目指してリニューアルされた。同社が取り扱う多くの商品を荷受・出荷する出版流通の心臓部で、1000人以上が働くセンターである。そのパフォーマンスを上げるために再構築された。

◆ 王子流通センターの改革元年

王子流通センターでは2022年4月、有志の社員15人によるプロジェクトチーム「KAKEHASHI」が結成され、「職場環境改善会議」が繰り返し行われた。1000人の従業員にアンケート調査もしてきた。

当初、従業員からは「もともと期待していない」という声も少なくなかったが、空調設備を整え、休憩空間、会議室、トイレも改修。ロビーなど、施設内には美術品が置かれた。

中でも特に力を入れた食堂は清潔感のある広々とした空間に生まれ変わった。食堂の利用率はリニューアル前の25〜50%以上になった。5階の屋外は樹木や芝生などで緑化され、従業員にとどまらず、各種イベントで近隣住民にも開放している。

王子流通センターが取り扱う書籍は、1日平均約100万冊にも及ぶ。製本、倉庫会社などから「入場」するトラックと、書店・配送デポに「出ていく」トラックは1日計約300台。かっては同センター前には午前7時頃から、配送会社のトラックが渋滞し、豊島5丁目団地や近隣の住民から苦情が出ていた。しかし昨春にトラックの予約システムを導入して以降、入場する待ち時間は「30分以内」になった。

そして、CO_2の排出量は年間で10トン削減された。なにより大きかったのは、ドライバーが計画的に走行できるようになり、ストレスが軽減されたことである。王子流通センター改革元年であった。

どの取次でも、配送、物流センターは問屋街、住宅地、団地など、人、車が動く場所に存在することが多い。これは卸売業者に共通する悩みである。地域社会との共存を図ることが、卸売業者の第一使命なのであろう。

第2章 ◉ 出版流通の現状を見る

2.8 アマゾン全盛時代を分析する

◆ アマゾン上陸から日本市場制覇まで

　アマゾンの創業は1995年で、1998年にイギリス、ドイツ、2000年フランスに進出した。ヨーロッパで開店できたので、その勢いで日本と思ったのであろう。経済力が違うので、日本の陥落を甘く見たのであろう。ヨーロッパでは、上陸後、各国から猛反撃を受け、市場の硬化を痛いほど知らされている。

　アマゾンの進出スピードを見ると、2002年カナダ、04年中国、10年イタリア、11年スペイン、12年ブラジル、13年インド、メキシコ、14年オランダ、17年シンガポール、オーストラリア、18年トルコ、19年アラブ首長国連邦の16カ国である。出版点数の多い台湾、韓国、ロシア、アルゼンチン、北欧三国、南アフリカに進出しなかったことが不思議なくらいである。とにかく、日本市場に賭けたのである。彼等は、日本市場をよく研究していた。硬派、日本派のトーハンが受けるはずがない。取次会社の発達している日本ではどこか。大阪屋に向かうのは当然であった。そして2000年上陸となった。しかし調達力に限界を感じたアマゾンは日販に取次を変更した。数年して、注文品の充足率が悪い、対応が遅い等、不満を持ち、2017年バックオーダー中止を申し入れた。事実上の決裂である。その前にアマゾンは2012年に「Kindle」を発売し、電子書籍市場に参入している。

　アマゾンの日本における物流基地の建設並びに事業から、アマゾンの元気度、活気を年度別に見てみよう。

　2002年マーケットプレイス導入、05年物流センター「アマゾン市川」開業、07年八千代、08年靴・バッグを扱うサイト開設、09年堺、10年川越、大阪・大東市、11年常滑、狭山、仙台、12年「Kindle」発売、鳥栖、多治見、13年小田原、14年酒類の取り扱い開始、15年本買取サービス開始、東京・大田区、16年川崎、西宮、17年藤井寺、20年アマゾン商品の玄関への「置き配」開始、22年葛西、尼崎、24年アマゾンファマシー開業、小売店舗の設置：東京江東区塩浜店、東大阪市箕輪店、24年全日空と協定、北海道地区翌日配達可。

40

2.8 アマゾン全盛時代を分析する

　上記のことで、アマゾンの物流基地の充実がわかる。国内24カ所である。人口、需要に合わせた設置である。北海道への物流を全日空と提携して可能にしたのは流石である。

◆ アマゾンの新戦略

　2000年にアマゾンが上陸した当初はアマゾンジャパンは書籍販売中心の会社であった。この会社の狙いは見事に当たった。特に書籍販売では日本の販売制度を逆手にとって大成功するのに時間はかからなかった。日本の出版物販売の夢の様な好環境にアマゾンは驚くと同時に自国と対比した。日本の地理的環境の特徴に気付いたのである。2つある。

　一つは、東京中心であること、2つ目には、日本が狭小な国であること。アリゾナ州一州より小さい。早く届けられる。図書館も少ない。アメリカの7分の1である。しかも日本人は読書民族であり、本を買う習性が強い。販売土壌としてこれ以上の土地は考えられない。

　案の定、好成績でった。アジアでこれ程売れるとは思わなかった。そこで始まったのが投資である。アマゾンジャパンは2010年〜22年までに6兆円投資している。2022年は1年間で1兆2000億円である。兵庫、相模原、狭山市などの物流拠点の確保であった。

　アマゾンジャパンは出版物販売については、定着したと確信している。販売額を見ればわかる。日本最大手の紀伊國屋書店は1306億円（2022.9.1〜23.8.31）の売上である。アマゾンジャパンは2019年時点で2500億円の販売額である。

　2020年時、アマゾンと直取引をした出版社は3631社で、前年より689社増えた。アマゾンでは取次を経由するより、アマゾン経由（直取引）の方が4.7％得だと主張している。

　直取引版元で、取引金額が1億円以上の企業は172社、未満企業は3459社（取次口座を持たないe宅委託契約者を含む）である。

　日本市場については、本はもちろん、生活用品の拡充が並行して強化されるであろう。本について、「横暴とも思える点」が見られるのは残念である。アマゾンでは本の販売にもポイントがつく。古本のマーケットプレイス市場であればよいが、新刊市場では再販違反である。各国も、アマゾン商法の対策に頭を悩ませているが、これは「行政力で解決」したい。

第2章 ◉ 出版流通の現状を見る

2.9 平成期の出版物流のその後

◆ 栗田出版の倒産とその教訓

　トーハン、日販の大取次に比べて、売上規模の小さかった栗田であったが、人気取次、出色取次であった。その具体的事例は次の3つである。

≫1. 書店経営研究会の開催

　書店人育成の勉強会である。年に1〜2回開催された。栗田帳合以外の書店にも公開し、出版社も参加できた。50年の歴史をもつ、出版業界に誇れる書店人育成の機関であった。

≫2. 創業50周年記念出版の『出版人の遺文』（全8巻）の刊行

　今日の出版業界の基礎を作ってくれた8人の業績を語ったものである。

　岩波書店・岩波茂雄　改造社・山本実彦　講談社・野間清治　主婦の友社・石川武美、新潮社・佐藤義亮　中央公論社・嶋中雄作　冨山房・坂本嘉治馬　平凡社・下中弥三郎である。

≫3. ブックサービスの創立

　栗田がヤマト運輸と提携して、1986年（昭和61年）に作った本の宅急便である。現在も活躍している。こうした特色ある経営をしていた栗田であるが、7大総合取次の中で唯一、経営数字の未公開会社であった。経理の非公開体質は経営判断を遅らせてしまった。

　2009年青山ブックセンター倒産、黒木書店グループの不振等があり、1991年には701億円の売上実績は、2014年には329億円にまで落ち込んだ。

　2015年（平成27年）東京地方裁判所に民事再生法の適用を申請、事実上倒産した。倒産後わかったことは、営業利益が毎期黒字であるのに反し、経常利益が赤字であった。これは借金の仕方に問題があったのである。倒産会社であったが、金融会社は被害を被らなかった。

◆ 大阪屋の倒産

　大阪屋はトーハン、日販に次ぐ第3位の取次であった。2大取次とは4〜5倍

の差があった。売上高が1000億円の大台に乗ってから、20年間は売上伸長であった。この売上増の源泉はアマゾンとの取引開始、ジュンク堂書店の発展である。この売上高上昇は大阪屋の利益率を低下させていた。2004年の決算では書籍売上が雑誌売上を上回り、2005年は書籍売上シェアが59.4％、2006年62％になった。この間2000年には大阪屋―栗田出版が業務提携し、業界では好感視されていたが、2009年本社を売却し、経営が悪化した。

　2016年大阪屋は栗田を吸収、大阪屋・栗田が誕生した。社長に大竹深夫氏を迎え、新体制になり、業界の期待を担って出帆した。しかし実状は厳しかった。

　2018年5月25日臨時株主総会を行い、第三者割当増資を実施した。楽天が出資比率51％となり、経営権を取得した。大阪屋は楽天の子会社となった。2019年11月1日に「株式会社大阪屋・栗田」から「楽天ブックスネットワーク」に社名が変更された。

◆ 太洋社の自主廃業から倒産まで

　太洋社の倒産は他取次の倒産とはタイプが違う。1995年取引先の一番店・群馬・文真堂書店の帳合変更（トーハンへ）に始まった。当時文真堂書店の売上は150億円あった。（太洋社の売上は464億円）その後、いまじん、ゲーマーズ、東武ブックスなど大手チェーン書店が太洋社を去った。帳合変更による在庫返品があり、書籍の返品率が51.2％と異常値となった。2002年（平成14年）には9年連続の減収となり、会社存続が危うくなった。

　2016年（平成28年）2月5日、取引先書店に対して自主廃業を通知した。面食らったのは帳合書店である。路頭に迷う書店は日販かトーハンに帳合を求めねばならなかった。

　太洋社はすでに廃業処理策として、半年前から書籍の送品を日販に依頼していた。太洋社は2月5日時点で300法人、800店舗の書店と取引をしていた。3月15日で95.5％の書店が帳合変更したと、太洋社は発表している。

　2月26日に太洋社の主要取引先の芳林堂書店が破産した。この結果、太洋社は8億円の焦げ付きを受けた。太洋社はすでに自主廃業を取引先に通知してあったが、3月15日に廃業を断念、破産となった。急転直下の変貌に多くの取引先は面食らったと同時に唖然とした。前代未聞の倒産であった。

第2章 ◉ 出版流通の現状を見る

2.10 専門取次の倒産のその後

◆ 専門取次の倒産

平成時代の取次は出版の隆盛、横這い、下降、倒産とすべてを味わった。取次の受難のすべてであった。総合取次の大阪屋、栗田出版、太洋社に始まり、中堅取次の協和、専門取次、地方取次と連鎖し、総崩れの状態であった。

現在の出版流通の中心は日本取次協会（取協・加盟社18社、23年7月現在）である。会員社はトーハン、日販、楽天ブックスネットワーク、日教販、中央社、協和出版、日本出版貿易、共栄図書、鍬谷書店、東京即売、西村書店、博文社、不二美書院、村山書店、宮井書店、キクヤ、きんぶん図書、松林社である。

専門取次の雄は鈴木書店であった。大型書店、大学生協、個性派書店、地方書店の一番店をサポートしていた取次であった。商品構成、広報活動、販売促進、大取次にない小回りを信条とした活動をしてくれた。業界ピークの1996年の鈴木書店の売上は162億円であった。資本金1200万円、従業員61人である。岩波書店、有斐閣、中央公論社はじめ人文・社会科学の品揃えは抜群であった。しかし2001年鈴木書店は倒産した。

負債額は40億円、債権出版社は約300社であった。倒産の原因は、高正味、内払に大手老舗出版社優遇に対して、低正味、支払保留、中小版元の差別取引。これらが明確になり、引き金となった。赤字の直接原因は7.2%の粗利であった。トーハン11.29%、日販11.18%を見れば苦しくなることはわかる。

その前に関西の柳原書店が1999年に負債36億円で倒産している。柳原書店、日販（2000年に赤字）、鈴木書店と連続した取次の受難は専門取次、地方取次に飛び火した。

◆ 神田村取次の相次ぐ倒産

専門取次は神田村に集中していたので、神田村取次の悲劇と言ってよい。

2001年鈴木書店、03年日新堂書店、05年安達図書、松島書店（廃業）、13年

44

明文図書（自主廃業）、16年三和図書（廃業）、太洋社倒産、東邦書籍、17年
日本地図共販、18年日本雑誌、20年村山書店（廃業）と続いた。

　2010年代の神田村取次の特色は自主廃業である。神田村は大取次の補完機
関として成長し、多くの書店も恩恵を受けていた。神田村は地理的には東京の
ど真ん中に位置するが、実際の機能としては、全国の書店のための取次であっ
た。地方書店の商売熱心な店からの評価は高かった。

　2008年に倒産した洋販（YOHAN）は洋書販売の最大手であり、独占的な商
売をしていた。洋販はトーハンの海外事業部、日販のIPSに劣らぬ専門性、
信用度があった。1953年創立と歴史も古く、20ヵ国、150社の主要出版社と取
引をしていた。

　日本地図共販も地図、ガイドブック、地形図に特化したユニークな取次であ
った。モータリゼーション化で旅行人口の増加は、書店の地図、ガイドコーナ
ーに人を集めた。

　市街地図専門の日地出版は古手であったが、その市場は昭文社が取って代わ
り、全国の市街地図メーカーと席巻した。地形図、山岳地図では武揚堂がトッ
プメーカーであった。

　海外ガイドではダイヤモンド社の『地球の歩き方』が群を抜いて売れていた。
JTB、山と渓谷社、実業之日本社などのガイドブックも売れ行きに貢献した。
しかし書籍・地図のデジタル化が進み、本の利用者は減った。

　楽譜、楽書専門の村上楽器もユニークな専門取次であった。音楽番組、音楽
イベントの多さに比例して、また楽器を習う人の増加もあり、音楽愛好家の若
者が増えた。書店の棚も対応したが、村上楽器は目の付け所が違っていた。楽
譜、楽書はサイズが大きい、薄い等の造形の特色を指摘した。書棚改革を推進
したのである。書棚を高くする、書棚の幅を狭め商品の倒れをなくすなどした。
しかしヤマハ楽器、カワイ音楽教室なども音楽書を販売するうになり、市場が
狭くなってしまい、廃業に至った。

　専門取次、地方取次にまだ元気があった頃、地域一番書店も活気があった。
販売力があったので地域出版にも積極的であった。

　福島・岩瀬書店、宇都宮・落合書店、水戸・川又書店、小田原・伊勢治書店、
千葉・多田屋、群馬・煥乎堂など、現在も存在する店、廃業した店など悲喜こ
もごもである。

第2章 ● 出版流通の現状を見る

2.11 地方・小出版流通センターの役割

◆ 地方・小出版流通センターの誕生とその発展

1975年（昭和50年）秋に、東京・東村山図書館で「地方出版物展示会」が開催された。館長の鈴木喜久一氏は目利きであった。本が発行されているのに、読者の手に届かない出版業界のこの矛盾を新聞紙上に発表した。そこに着目したのが、地方・小出版流通センター社長の川上賢一氏であった。

川上氏は使命感に燃え、それまで勤めていた模索舎（ミニコミ誌書店）を退職して、全国の小出版を駆けめぐったのである。この涙ぐましい努力はNHKの報道番組で、全国に30分放映された。当時、筆者もその番組を観て感動した。

約1年の苦闘の末、出版、図書館関係者などの発起で「地方・小出版流通センター」が設立された。現在も継続、経営が維持されていることは凄いことである。筆者も当時細やかであるが出資させていただいた。

これまでトーハン、日販など取次が扱わなかった地方出版物、無名出版社の本を専門的に扱った。しかし経営が厳しいことは当初からわかっていた。それは多品種、小部数扱いだからである。

地方・小出版流通センター（通称：地方・小）のスタートは目覚ましかった。それは1976年（昭和51年）西武デパート（池袋）で行われた「地方・小出版ブックフェア」が大盛況であった。NHKはじめ各局テレビが全国ネットで報道したので、地方・小の存在が一挙に全国に知れ渡った。このフェアに筆者の店（千葉多田屋）もブースを持たせてもらった。

多田屋の出版部千秋社の刊行物は、『房総文学散歩』『房総の山』『千葉市郷土カルタ』『房総研究文献総覧』『南総里見八犬伝後日譚』『島崎藤村―房総巡礼』『九十九里浜』『街道往来』『房総文人散歩』『房総女性群像』『萬祝』『房総のふるさと』『千葉県の民話』『下総地方の民具』『旧家文書にみる九十九里東部村落の歴史』『房総漁村史の研究』『千葉県郷土資料総合目録』『千葉氏研究の諸問題』などである。

フェアに当たって、地方・小の取扱い目録『あなたは、この本を知っていま

すか』を刊行した。更に読者と版元を結ぶ情報誌『アクセス』（定期刊）を創刊した。

神保町に地方・小の店売部門として「書肆アクセス」が1980年に開設された。

1995年に、創立20周年記念事業が幕張メッセで行われた。祝辞に立った天野祐吉氏が『広告批評』は地方・小で育ててもらったと披露した。

時代の変化は目まぐるしいが、地方・小のスローガンである「既成の流通ルートにのらない本の開発」は続けられている。1冊の本の自由な流通の精神は今も厳然と生きている。

創立から今日まで川上賢一社長が一人で頑張っておられる。川上社長の仕事は日本の出版文化の貴重な遺産維持である。文化勲章ものの事業である。健康に留意されることを祈念している。

◆ 相次ぐ地方取次の倒産

地方取次の経営には季節性が大きくかかわっていた。繁忙時は当然、新学期、夏休み正月である。雑誌を扱わないために、不安定要素の多い経営であった。そこで出版物以外の収入源素材を求めるようになり、始めた新事業が英会話教室、学習塾経営、パソコン教室、事務機器販売、ファッション文具などであった。1990年代の出版好景気時代は収益を挙げたが、事業が不振に傾くと、投資した資金の回収に支障をきたした。中小取次の経営基盤はもろかった。

神奈川図書（通称カナト）はピーク時には56億円売上があった。しかし43億円まで激減した。パソコン教室、英会話教室の借入金の負担に耐えられず、41億7000万円の負債で倒産した。2005年に倒産した福岡・金文堂図書も同様であった。ピーク時56億円あった売上が、5年後41億円に落ち込んだ。九州、四国の約1000店の取引先の経営していた学習塾が、少子化や大型書店との競合で経営不振になり、23億円の負債で倒産した。

中京地区の名門三星が05年、負債10億円で倒産した。地元学参、地図、実用書の主力取次であったが、少子化による売上減で倒産した。

山口県宇部市の末広書店が2000年に自己破産している。関係会社の山口教販と山口図書も関連破産した。負債は末広書店は4億円、山口教販2億7000万円、山口図書6億円計12億7000万円の大型倒産であった。教科書販売会社が倒産したのは、日本では初めてであった。

第2章 ● 出版流通の現状を見る

2.12 マーケットインへの展望

◆ マーケットイン型への市場転換は容易ではない

　マーケットインの根底は、出版市場の量的把握にある。その根底を形成するものは出版情報の登録であり、読み取りであり、発注にほかならない。

　マーケットインは、取次のマーケットインと書店のマーケットインの二重構造になっている。書店がマーケットインを重視するとなると、出版社の書店営業が今こそ必要になってくる。普段営業マンがその書店を訪問していないとすると、書店がマーケットインによる事前発注をしても、その注文冊数が確保されるか極めて不安である。

　従来この業界は、出版社が創りたい本をつくり、取次が全国に配本するというプロダクトアウト型の典型であった。空中散布型とも言える荒々しい配本システムであった。欲しい本が来なくて、欲しくない本が取次から、見計らいで送られてくる。その商品は書店の資金繰りを悪くする原因である。そんなことは送品者（取次担当者）は一度も考えたことがないであろう。それでなくとも書店の資金繰りは、25日間の販売金額で、1カ月分（30〜31日）の送品金額（請求金額）を賄うのであるから、毎月5日分赤字が出る。1年経つと60日つまり2カ月分の借金を背負った書店になってしまう。銀行借金は蓄積され、書店の経営意欲は萎縮するのみ。この図式では出版業界は発展しない。

　出版社営業マンはその書店のマーケットの量も質も知らない。取次のパターンは更に不確実である。この結果発生した被害書店が全国に横溢したのである。しかし出版社が悪い、取次が悪いのではなく、書店自身が人任せだったことが、一番悪い。自分の蒔いた種である。やれ委託制が悪い、再販制が守ってくれないと不満を言う書店は自己防衛してなかったのである。紀伊國屋書店は10年連続黒字経営している。組織があったからではない。マーケットインができていたからである。

　理由が何であれ、書店が半分になってしまった現在、マーケットインが直視されたことは救いである。マーケットインは業界の福音である。

新システムによりパターン配本が見直され、指定配本重視となった。細かいことだが、事前発注書に書店発注者のサインが要求されるようになった。サインがなければ配本がない状態になる。

マーケットインは一時的に注文量を減らすことが考えられる。その現状を阻止、向上させるのは出版社〜取次の交流にかかっている。書店マーケットの現状を正確に取次に報告する作業がマーケットイン時代には重要になる。

取次の書店データの見直し、訂正である。ここで出版社の営業の重要性が高まってくる。

書店の選択、えこひいきの再考である。月に二度訪問する書店、1カ月に一度の訪問でよい書店を作ることが、出版社のマーケットインの精度を高めることになる。営業マンの主業務は書店に情報を流すこと、やる気を引き出すことである。無反応の書店は軽視、訪問頻度を減らす。行かなくなる決断は今こそ大事である、平均的なサービスはいらない。段階を設けることが今求められている。効率営業は書店に利益をもたらし、自社にもプラスである。

取次から書店への配本は自主注文対応で返品率が下がる。書店経理から考えれば、当月販売金額＋当月返品金額が取次請求額より多ければ、最低限、資金は回る。取次の送本量から目を離してはならない。マーケットインが励行されているかどうかの目安である。社長、店長の仕事であるが、不自然な数字は仕入発注者と協議すべきである。

書店と版元営業は読者に本を届ける共通の目的をもっている。書店担当者は読者つまりマーケットを知っている。専門書は更にその色合いが強い。

ここで重要になってくることが、出版社がJPROに登録した基本書誌データである。かって書協が発行していた紙の情報誌『これから出る本』はとうの昔になくなっている。

書協が2002年に日本出版データセンターを設立し、同年日本出版インフラセンター（JPO）に改組・改称した。2010年に「近刊情報センター構想」を発表した。2019年12月16日に「Books PRO」出版情報をすべての書店へ　が開催された。一般向けの書誌情報サイト「PubDB」（令和2年1月6日から「Book」に改称）を開設すると書協は発表した。「NOCS7」「TONETS V」との連携も進められている。書店向け書誌情報サイトBooks PROは2020年3月10日にオープンしている。書店の自主発注には必須のサイトである。

第2章 ◉ 出版流通の現状を見る

コラム　紙魚の目

ブックオフの「BOOK」離れ

　ブックオフの創業当時は古書店とは違う、新刊古本店として注目された。その名のとおり読み終わった本の買取の書店で、一気に有名になったチェーン書店であった。ところが今は違う。リユース店として存在するが、本がメイン商品ではないからである。

　現在の会社の実情を見てみよう。2024年5月の決算報告書によれば、売上高は1116億5700万円である。前年度は1018億円であるから9.6％の増である。2020年は843億円で4年間に32.4％伸長している。出版業界の連続15年間前年度割れと大分事情が違う。コロナ時は自宅読書の環境で、ブックオフの利用者は増えたが、今は本の売場は閑散である。

　しかし売上は上昇している。創業時は扱い商品が本だけであったが、今はバラエティーショップである。現在の扱い商品は書籍・ソフトメディアの他、家電製品（オーディオ、ビジュアル商品、コンピュータ等）、アパレル、トレーディングカード、ホビー商材、スポーツ用品、ベビー用品、腕時計、ブランド・バッグ、貴金属、食器、雑貨と豊富であり、これらの商品の買取及び販売である。書店は店の一部である。従って客層が拡がった。女性、家族、子どもが中心である。今は遊び場提供が大好評である。トレーディングカードやゲーム等で遊べる専門店として若者を集めている。ブックオフは「リユースビジネスの革命児」である。事業別の売上が決算書に計上されてないことは残念であった。

　店舗数は現在460店舗である。その内、首都圏が79.6％を占めている。47都道府県の中でブックオフのない県は長野、新潟、栃木である。海外にも店舗は、アメリカ、マレーシア、カザフスタンである。事業別の売上を見ると、ブックオフ事業88.7％、プレミアムサービス事業6.0％、海外事業4.2％、その他1.1％。従業員数はブックオフ1321名、プレミアム157名、海外99名、その他60名、全社52名、計1689名である。アルバイトは4965名、ブックオフは4520名（91.1％）である。

第3章

世界の出版流通の現状を見る
──雑誌ルートを利用した書籍の流通は日本独特

ノセ事務所　能勢 仁

この章の概要

　ドイツの出版流通は世界一である。1825年に設立されたドイツ図書流通連盟の存在は大きい。① MVB、②ブッヒュメッセ、③ ドイツ書籍業学校（現、メディアキャンパス）がドイツ出版のエンジンである。

　イギリスの書籍産業は輸出産業で対売上額の54.7％が輸出。取次流通は育たなかった。販売市場の半分は大書店とスーパーマーケットで、出版社や書店は2万3000社を超えるディストリビューターを利用していた。

　フランスの主な出版流通は、出版社→出版社運営の取次→書店の経路である。フランスの出版界ほど政治・行政を動かしている国はない。フランス革命で自由を勝ち取った精神が生きている。「反アマゾン法」を制定、圧力をかけた。アマゾンは1ユーロを払い抵抗してる。

　アメリカの出版流通は、取次、卸売業者の他に2万店のディストリビューターが担っている。インターネット書籍の市場の85％はアマゾンである。

　中国の出版状況は、長い間、国有の出版社や書店だけが許可されていた。1990年代以降は、改革・開放政策により、民営の書店や外資の参入も認められているが、「言論の自由」が保障されているとは言えない。

　韓国の出版産業でも「紙の本」は厳しい時代を必死に生き抜いている。電子書籍の現状などは日本の状況より進んでいると言える。

第3章 ● 世界の出版流通の現状を見る

3.1 ドイツの出版流通の現状

　コロナ以前には、筆者は1年おき程度にフランクフルトブックフェアに行っていた。ブックフェア参加後にヨーロッパ各地の書店訪問をした。コロナで中断してしまった。コロナ直前の2018年10月に、日本出版インフラセンター（JPO）を中心にして「ドイツ出版産業視察調査」が行われ、その調査書が発表されている。今回、ドイツの出版流通事情を記するに当たって参考にさせていただいた。わかり易くするために日本の流通と対比しながら見ていきたい。

　ドイツの出版産業の規模は現在、増加か横ばい状態であるが、書籍の需要自体は、減少している。書籍の価格が上昇したため、販売金額が伸びているのに反して、購入冊数が減少している（表1）。

　日本では、1997年の消費税増税から出版物の販売額減少と書店の廃業、倒産が始まり、販売額は26年間下降を続け、回復の兆しは見えない。

◆ ドイツの書店の流通チャンネル

　ドイツの書店は、全国展開、地域展開の2つのタイプのチェーン書店が出版業界をリードしている。全国展開ではフューゲンデューベル書店とタリア書店である。前者は1893年、ミュンヘンで創業し、1979年頃から事業が拡大された。2018年現在42店舗である。

表1　ドイツの出版産業規模

	ド　イ　ツ	日　　本
出版社数	1800 社	3971 社
取次	80 社	18 社
書店数	3000 店	1 万 2000 店
販売額	5162 ユーロ	1 兆 1292 億円
発行点数	8 万 5486 点	1 万 2568 点
人口	8315 万人	1 億 2568 万人
面積	35 万 8000Km²	37 万 8000Km²
ＧＤＰ	5 万 1040 ドル	4 万 2620 ドル

出所：ノセ事務所調べ

フランクフルト店は、フランクフルトブックフェアに参加した人がほとんど訪れる有名な店である。地下1階、地上4階の総合書店で、店中央空間部に真っ赤なエレベータが走ることで人気がある。

タリア書店は、創業1919年、店舗数は237店舗（2017年現在）。旗艦店はハンブルグ店である。この店は1、2階の4000平方メートルで、2階の児童書の充実には目を見張った。ヨーロッパ故地図、ガイドブックに力点が入るのは当然であるが、さらにその上をいき、ヨーロッパ各都市地図が豊富なことに驚いた。カフェも常時満席であった。

ステム・ヘルラーグ書店は、創業は1900年、出版社も兼ねている。店舗数は2店舗と少ないが、古書店を併設しているのが特徴である。旗艦店のフリードリッヒ店は3フロア8000平方メートルと圧巻である。

大型地域書店ではドイツ南部のオジアータ書店がある。2018年の報告書でも訪問している。創業は1596年で、大学の街チュービンゲンで創業した。店舗数はドイツに54店舗、チュービンゲンに仕入れと物流の拠点「オジアータセンター」を持つ。売上は約1億ユーロ（約140億円）である。店舗売上90％、オンライン販売10％である。従業員数は、800人（フルタイム換算で600人）、全員が書籍販売業の資格を持つ。80％は女性である。

大型地域書店のもう一店はドイツ中部のマイヤーリッシュ書店である。創業は1817年、店舗数は47店舗であり、旗艦店はアーヘン本店で、7000平方メートルの超大型店である。デュッセルドルフ店は4400平方メートルあり、階下に直接降りられる子ども用滑り台がある。超人気である。

上記のようにドイツではナショナルチェーン書店3店、ローカルチェーン書店2店で全国書籍流通をカバーし、その上各地の中小書店も特色を発揮して共存し、これが流通の完成をもたらした。前日18時までの注文は翌日届く。

次に流通完成の源泉である、取次、卸の流通網を見てみよう。

◆ ドイツの取次、卸による出版流通

日本のトーハン、日販のような一元的寡占型の取次は、ドイツにはない。ドイツの大手書籍取次店は、リブリ（Libri）、KNV（クヌッフ・Koch, Neff& Volckmar）、ウンブライト（Umbreit）の3社である。

リブリの創業は1928年である。本社はハンブルグにあり、2万平方メートル

の倉庫から世界5000社以上のディーラーや取次に配本を行う。最大手のリブリ市場の40%を占めている。取次機能の他に出版活動も盛んである。この出版機能は世界に例はない。子会社 Books on Demand が主役で自社で出版し、流通させる、鬼に金棒の商売である。グループ企業にはインターネット書店 Libri と物流会社 Boox-press がある。

KNV の創業は1829年である。リブリと並ぶ2大取次の一つである。本社はシュトウットガルトにある。倉庫はシュトウットガルトとケルンにある倉庫からドイツ語圏7000書店、世界70カ国の1200書店に配本が行われている。日本には毎週出荷されている。

ウンブライトの創業は1912年である。本社はシュトウットガルトにある。40万冊の倉庫を持ち、ドイツ全域、ルクセンブルグに配本している。前記2社に比べ規模は小さいが、サービスはよいと言われている。

日本にないドイツ独特の出版業界団体に、ドイツ図書流通連盟がある。この団体はフランクフルトに本部があり、1825年に設立された。全国組織のほか、16州に6つの地方連盟がある。加盟するのは、定期的に刊行を継続している出版社約1800社の95%、取次関係企業80社のすべて、書店約3000店以上の90%である。出版業界の大半を網羅している。

理事は9人、このうち6人が地方連盟の代表者。会長は3年に1回の選挙で、出版社、取次、書店の順番に選出される。会長の任期は3年で2期6年まで継続できる。

本部事務局の職員は40人、出版社や書店の従業員は事務局職員を兼任できない。事務局トップと No2 の2人は、現在、弁護士である。この連盟は非営利法人のため、事業は3社の子会社が行っている。その会社は、

≫1. エムファヴェ（MVB）

ISBN エージェンシーで書籍データベース「VLB」を運営するマーケティング会社の MVB。従業員120人である。

≫2. フランクフルトブツヒェメッセ

フランクフルトのブックフェアを運営しており、従業員5人である。

≫3. ドイツ書籍業学校（現：メディアキャンパス）

書籍業学校を運営している。常勤講師11名、非常勤40名である。

◆ ドイツの書籍取引の実情

　ドイツの書籍取引は、書店と出版社の直接取引と、取次を利用した取引が併存している。一般的に、書店は出版社から直接仕入れた方がよいマージンを得られ、仕入れ量によってマージン率が変動するため、仕入れ量が確保できる大手書店は出版社からの直接仕入れの比率が高い。

　最大手書店のタリアは、直接仕入92％に対し、取次仕入8％、2位のヒュゲンデューベルは直接仕入70％、取次仕入30％、オジアータ書店は直接仕入85％、取次仕入15％である。

　小規模書店はすべての書籍を取次リブリから仕入れているケースが多い。

　書店の仕入れは、年2回（春・秋）、出版社から送られる翌年の新刊書籍案内「シーズナルカタログ」を見て、仕入れ担当者（バイヤー）が発注する。補充注文は各店舗で発注している。取引条件は仕入れ量によって変動するが、書店マージンは、出版社直仕入れで40％、取次仕入35％が一般的である。

　ドイツでは書籍価格拘束法によって定価販売が義務づけられているため、書店は売れ残った在庫を返品している。返品率は日本より低く、オジアンダー書店は10％前後、タリアは15％程度、ヒュゲンデューベルでは10％前後である。

　上記見てきたようにドイツの出版業は大書店、中小書店、都市書店、地方書店で書籍流通に変化のあることがわかった。日本と違う点はドイツ図書流通連盟の存在である。出版社、取次、書店の平均化が図られていることは素晴らしい。東京一辺倒の日本のようでなく、地方、地域を尊重している姿も立派である。無書店都市、町村が増えている日本が恥ずかしい。ドイツ図書流通連盟子会社の3社はいずれも歴史が古い。書籍業学校、フランクフルトブックフェア、マーケティング会社のMBVの存在も大きい。

　出版社直取引が主流であるドイツでは、その考えが店頭に染み出ている。売切る熱意が徹底されていることを感ずる。店内が整理され、棚面平陳列が多く、読者を掴んでいる。販売資格を持った社員が多いので、インフォメーションも積極的である。

第3章 ● 世界の出版流通の現状を見る

3.2 イギリスの出版流通の現状

　いまイギリスには新しい風が吹いている。世界を席巻しているアマゾンに堂々と対抗している。国民性の違いなのであろうか？　日本では電車の中で本を読んでいる人は皆無である。スマホに夢中な人ばかりである。ロンドンの朝通勤電車の風景は今でも、かつての日本の風景と同じだという。イギリスの書籍出版産業は輸出産業である。世界では例のない特色である。国際統計が取りづらい現在なので、「出版年鑑・最終版」2018年版、出版物の輸出状況を見てみよう。

　当時イギリスの出版物売上高は4779億円、出版点数17万3000点、輸出額2616億円、対売上54.7％の高率である。書籍輸出額の割合はヨーロッパ41％、東南アジア15％、北アメリカ15％、オーストラリア11％である。出版非生産地域のアフリカには100カ国以上ある。この地域にもイギリスの出版物は届けられている。日本はイギリスから61億円の出版物を買っている。

　因みに、日本の出版物の輸出額を見てみよう。書籍売上7625億円に対し、輸出額は90億円である。売上に対して1.1％である。先進国の中で最も低い輸出率である。イギリスの54.7％に対し、日本はなんと1.1％である。英語の出版国際性に対し、日本語の閉鎖性、障壁を感ずる。イギリスに次いで輸出の多い国はフランスの23.9％である。ドイツは2.3％と少ない。

　イギリスのもう一つの特徴は大手出版社の巨大外資によるコングロマリット化である。ベルテルスマンはドイツ資本で、市場の16％を占めている。2位の

表2　イギリスの出版産業支援策
イギリス出版協会（Publishers Association）の政府への要求項目
「知的財産や人間の創造性を犠牲にすることなく、AI（人工知能）の成長を確実にし、経済全体にAIの可能性を広げること。」「イギリスが世界的に有利な位置にある知的財産と著作権の枠組みを、積極的に保護すること。」「出版輸出アクセラレーターを設立すること。」「読書（オーディオ）に対する課税を廃止すること。」「図書館と識字率向上への投資を行うこと。」
イギリスでは、書籍や電子書籍の付加価値税が廃止された（オーディオ）は課税対象。／日本では、消費税が「紙の本」や「電子の本」にも課税されている。
出所：経済産業省商務情報政策局コンテンツ産業課「各国の出版産業に関する調査」

アシェットはフランス資本である。市場占有は14%である（表2）。

◆ イギリスの書店流通の現状

　巨大書店ウォーターストーンズと W.H. スミスの実績は後述するとして、今活発な独立系書店から見ることにする。

　最近のイギリスでは電子書籍の売上伸び率より、紙の書籍の方が伸び率がよい。これはリアル書店の努力である。イギリスとアイルランド4000店の書店が加盟する協会（1858年設立、ブックセラーズ・アソシエーション）によると、電子書籍やアマゾンの利用者の増加にもかかわらず、今も56%のイギリス人が書店の店頭で本を買っている。

　成功を収めた独立系書店のパイオニア的存在はロンドンのドーント・ブックス（Daunt Books）である。1990年ロンドンのメリルボーンに創業、その後ロンドン市内に5支店を展開した。2016年に東ロンドンにバーリーフィッシャーブックス（Burly Fisher Books）がオープンした。この店はコーヒー、地ビール、ワインコーナーが併設されバーで飲める。

　同じ年に開店したリブレリア（Libreria）はキャメロン元首相のブレインが創業した書店である。店内は携帯禁止、イベントの時のみバーが開く。

　同年10月西ロンドンにW4ラヴ・ブックス（W4Love Books）がオープンした。W4は郵便番号で、店のあるチジック地区を指し、本好きが集まる場所にしたい店主の思いが込められている。子どもを大事にする店で、水飲み場、遊び場もあり親子づれが多い。

　前年2015年12月に北ロンドンに開店したインク@84（Ink @ 84）は作家とアーチストが創業した書店である。毎週金曜日は映画上映 Day である。

　ロンドン以外でもノーサンバーランド州ヘクサムのコギト・ブックス（Cogito Books）が2001年に創業している。オクスフォードシャー州ピッチングノートンのジャフェ＆ニール・ブックショップ＆カフェ（Jaffe and Neale-Bookshop&Café）は2006年創業している。

　バースのミスター・ビーズ・エンポリアム・オブ・リーディング・デイライツ（Mr B's Emporium of Reading Delights）は2006年の創業で、弁護士、大手書店経験店員が店主である。2016年10月に2店目をオープンしている。現在は書店開業講座も開催している。

第3章 ● 世界の出版流通の現状を見る

　成功している独立系書店は2016年6月18日から8日間、イギリス全国の独立系書店が共同で初の「独立系書店週間」を開催した。

　これらの盛り上がりは2013年発覚したアマゾンの非人間的な劣悪な労働条件、脱税問題などが、イギリスの書店を発奮させたことが発端である。

　この意気込みは独立系書店だけではない。大型チェーン書店も発展している。イギリス全国の都市のハイストリート（繁華街）600店、空港、駅、高速道路のサービスエリア600カ所で営業するW.H.スミスの努力は見逃せない。これに対し店舗数は少ないもののイギリスを代表する書店チェーンはウォーターストーンズである。1982年創業で、ロンドンの目抜き通りピカデリー店は地下1階、地上4階の重厚な素晴らしい書店である。

◆ イギリスの取次流通の現状

　巨大書店とスーパーマーケットが市場の半分を占めるイギリスでは、取次は育たなかった。取次としては1986年創業のGerdners（ガードナー）がある。イーストサセックスに本社がある。顧客は1500店ある。南部Eastbourneには35万平方フィート（3.25万平方メートル）の倉庫がある。

　図書注文の半分以上を処理する取次にウィテッカー（whitaker）がある。ウィテッカー社は1970年代から蓄積してきた電子書誌情報を利用し、全国オンライン注文を可能にした。

　大部分の出版社や書店は2万3000社を超えるディストリビューター（卸売業者）を利用している。大手書店は自身で倉庫をもち配送機能をもち、取次も兼

表3　イギリスの出版産業規模

	イギリス	日 本
出版社数	2255社	3971社
取次店	2万3000社（ディストリビューター）	18社
書店数	1085店	1万1495店
販売額	2990万ポンド	1兆1292億円
出版点数	12万9057点	6万6885点
人口	6708万人	1億2568万人
面積	24.4km²	37.8km²
一人あたりのGDP	4万5380ドル	4万2620ドル

出所：ノセ事務所調べ

ねていた。

　ロンドンには世界でただ1店の珍しい書店がある。それはイギリス王室御用
達のハッチャーズ書店である。
　1797年にピカデリーで創業、今日に至っている。書店の入口にはイギリス
の国章が掲げられている。王室御用達といっても、一般人も利用できる。開店
は朝9時と早い。迎えてくれる男性はスーツに蝶ネクタイ、女性もシックなスー
ツである。
　店内の配色は、床はグリーンの絨毯、全体的にダークグリーンを基調にして、
棚はブラックの木製である。3階の奥に進むと、エリザベス女王の若かりし頃
の写真がある。ワンフロア80坪、4層まであるが、登り易い階段である。踊り
場が広く、一部休息所になっている。年配者に優しい。王室、世界史、戦争史、
伝記の本が多い。
　フォイルズ書店はロンドンっ子の誇りの書店である。蔵書500万冊は世界一
である。創業1903年である。ウオーターストンズ（300店）、W.H.スミス（600
店）などチェーン化の激しいロンドンの中で2011年まで単店、巨艦主義を貫き、
これがロンドンっ子の人気の源であった。地下1階、地上5階、1440坪ある。
筆者が一番驚いたのはスコア（楽譜）の圧倒的な量で、40坪も割いていた。
動物関係書の多い（特に犬）こともイギリスらしい。
　動物愛護団体の支援がある。1階の店の側面ウインドウにある30出版社の新
刊広告には度肝を抜かれた。鹿島守之助が訪英した時に、フォイルズ書店を見
て、こんな書店を作りたいと思ってできたのが、八重洲ブックセンターである。
　ウオータストンズ・ピカデリー店は旗艦店である。地下1階、地上5階、
1560坪の壮大な書店で、入口にはヨーロッパ最大と書かれていた。エレベー
ターは売場中央に3基ある。
　脇には大理石の階段もある。レジは売場に合わせて、円形、L字型、直線、
扇形カウンターと形を変えている。とにかくサービスがよい。カスタマーサー
ビスは地階にある。3階は母と子のための小部屋のサービス、5階にはインター
ネットサービス、変わったサービスとしては、学生に対してのメンバーシッ
プ制度である。有名企業と提携したもので、割引、優待制度、ポイント利率アッ
プ等、趣向が凝らされていた。

第3章 ● 世界の出版流通の現状を見る

3.3 フランスの出版流通の現状

　フランスの主な流通経路は、出版社→出版社運営の取次→書店である。フランスの出版界ほど政治・行政を動かしている国はない。ドイツも対アマゾンの姿勢が見られるが、フランスはそれ以上の圧力である。出版に対する国の姿勢、書店援護の考え方が強いことを痛切に感ずる。

　フランスの出版制度には我国の独占禁止法の適応除外例規定と同様の効果を担保するものとして、定価販売を義務付ける法律（ラング法）が制定されている。オンライン書店の送料無料を禁止する「反アマゾン法」も制定されている。自由を尊重するフランスらしさを感ずる。

　ラング法は1981年に制定された。制定の背景は「書籍に関する国民の平等」「販売網の維持」「創作と出版の多様性の維持」である。書店は出版社が指定した定価の5％までは割引販売が可能である。電子書籍においてもラング法をモデルとして同様の法整備が進められ、2011年に制定された。

　反アマゾン法は2014年に制定された。オンライン書店に対して、ラング法で定められた5％の割引を禁止し、かつ送料無料を禁止している。制定の背景として、オンライン書店に顧客を奪われ経営が厳しくなっている街の書店を保護するためである。アマゾン社はこれに対し、送料を1ユーロに設定した。

　フランス文化省は35ユーロ未満の書籍注文に対して、最低配送料3ユーロを設定することを計画中である。

　2020年度の書籍販売は、売上45億ユーロ（約5850億円）、販売部数は3億9900万部である。ここ15年来、年間伸び率＋－2％前後と、ほぼ横這いで推移してきた書籍は成熟市場であったが、対前年比は＋12.5％と上昇した。

　2020年には書店の営業中止や雑誌の発売中止が多くなり、販売部数は落ち込んでいたが、現在は2019年のレベルまで戻った。

　美術本、芸術本は8.5％アップ、児童書は16％増で、市場を牽引する形である。ノンフィクション＋13％、一般文学＋12.5％、実用書＋12.5％、科学書＋10.5％、文庫本＋10％と全ジャンルの売上が回復した。

　電子書籍は＋16％である。フランス人の30％はデジタル本を1冊は読んだ経

験を有するが、今尚、紙書籍が市場を牽引していると言える。

　2021年フランスの出版市場で販売された本の4冊に1冊はコミックスであり、うち2冊に1冊が日本の漫画（NARUTO、鬼滅の刃、進撃の巨人……）であった。2021年フランスの漫画市場は急成長し、部数、売上は2019年、2020年に対して2倍以上になっている。

　出版物の売上に対しての輸出は第1位はイギリスの54.7%でダントツである。フランスは第2位23.9%である。日本は僅か1.1%である。

　フランスの翻訳書の国別出版点数では、2018年時点で英語7184点、日本語は、それに次ぐ第2位1555点である。第3位はドイツの773点である。

◆ フランスにおける取次、卸による出版流通

　フランスの出版流通は取次主導ではなく、出版社主導の流通である。アシェット社は出版市場の30%のシェアをもち、アシェット流通センターが20カ所あり、自社流通している。つまり出版社であり、取次なのである。75社の出版社の代行をしていることからもわかる。アシェット社の創業は1826年と古い。ソンム県パリ南東部 Maurepas 郊外に5ヘクタールの物流センターを持っている。アシェット社は児童書と実用書分野で発展してきた。

　第2位の取次は Interforum Editis である。創業は2004年である。2008年にスペインの大手出版社グループ Planeta に買収された。その他では出版社ガリマール（Gallimard）が運営する Sodis がある。この社の創業は1971年である。本社はセーヌ＝エ＝マルヌ県 Lagny sur Marne にある。

表4　フランスの出版産業規模

	フランス	日 本
出版社数	1000 社	3971 社
取次	32 社	18 社
書店数	2372 店	1 万 1495 店
販売額	40 億 3000 ユーロ	1 兆 1292 億円
出版点数	6 万 8069 点	6 万 6885 点
人口	6765 万人	1 億 2568 万人
面積	64.1 万 Km²	37.8 万 Km²
一人あたりのGDP	4 万 3880 ドル	4 万 2620 ドル

出所：ノセ事務所調べ

第3章 ● 世界の出版流通の現状を見る

◆ フランスにおける書店の出版流通

　最大手はフナック（FNAC）で全国に78店舗ある。創業は1954年である。キャッチフレーズは「Agitateur de curiosité」（好奇心を揺さぶれ）である。旗艦店はパリ Forum des Halles 店で、この店は8000平方メートルあり、本以外に CD、DVD、ビデオを販売するマルチ的な複合店である。フナックはオンライン書店とオフライン書店の統合書店を運営している。

　新刊より古書や絶版本、稀少本を中心にしているのが特色である。

　Furet du Nord 店も大きい。創業は1936年で、フランス北部を拠点とするチェーン書店で、13店舗ある。旗艦店 Grand' Place 店は7000平方メートルの超大型店である。ネット書店の在庫は5万8000点ある。

　France Loisirs 店はブッククラブである。1970年創業で、ドイツのベルテルスマンの子会社である。キャッチフレーズは「France Loisirs, vous n'êtes pas au bout de vos découvertes」（あなたは自分を発見していない）である。

　創業1908年の Le Divan 店も古い。パリ Convention 通りにあり、児童書専門書店である。一般のスーパーマーケットも重要な書籍の販路であることも認識しておこう。

　オンライン書店の主要店フナック、アマゾンコム、ア・ラ・パージュでは発注から商品到着まで80％以上が当日到着で、遅くても翌日には届く。

◆ パリの個性派、国際派書店

　「シェイクスピア＆カンパニー書店」は NHK の BS1で取り上げられたこともあるが、今や人気書店である。昔から知る人ぞ知る老舗書店である。

　今は観光客も来るので店内はごった返している。セーヌ川を挟んでノートルダム大聖堂の見えるブシュリー通り（Rue de la Bûcherie）37番地にある。大きな書店ではない。奥行きのある店で棚は英文学書でぎっしり。ヘミングウェイがパリ修業時代に通ったといわれる伝説的な書店である。

　店内のプレートに「見知らぬ人には親切にしなさい。彼らは変装した天使かもしれないから」と書かれている。2階に上がると書棚に囲まれてベッドのある部屋がある。お金のない作家志望の人が店内に宿泊していたのである。2階ではイベントが開かれ、有名な作家にも会える。作家、芸術家にやさしい街パ

リが生んだ、この書店はいつまでも残ってほしい。

「フナック（FNAC）」はフランス最大のチェーン書店である。旗艦店は地下鉄シャトレーレ・アル駅のフォラムショッピングセンターの中にある。

そのメインテナントがフナックである。フォラム店は1、2階約8000平方メートルの大型書店である。1階が本、2階が電化製品売場、コンピュータ、CD,DVD, などがある。店の入口からエスカレーターが走っている。駅の上という好立地であるから店内は人の渦である。

店前には渋谷に似てハチ公広場がある。恰好なデートスポットである。店は日曜・祭日は休業。日曜は信仰の日、日本と大違い。フナックは今60店前後ある。フランス以外にベルギー、スペイン、ポルトガル、台湾にも店はある。日本にもあった。（千葉市）従業員7000人、売上は紀伊國屋書店の倍ある。この店はヨドバシカメラが本を売っていると思えばよい。

「エスパース（I・G・N）」は1、2階の国土地理院の店である。世界でも有数の地図専門店である。シャンゼリゼ通りの中央部にある。この店では小中学生の地理学習も行われている。

映写室もあり、ビデオ、映画も見られる。フランスは勿論、ヨーロッパ各地の都市地図、山岳地図が豊富である。地球儀は色、形、大きさの違う商品が30種位あり、驚いた。国営のためか、サービスは今一であった。

〈アルボム書店〉はカルチェラタンの一角にある、コミック専門店である。いかにもフランスらしいと思った。学生、教授、研究者の街であるが、専門書店の貫禄がある。店は女性社長で女性の店らしさが壁面に表現されていた。タペストリー、風景画、かわいい動物の写真などが飾られていた。学生だけでなく、地域の人も利用していた。フランスではコミックの客層が広いと思った。

≫ カルチェ・ラタンの書店群

カルチェ・ラタンには、ソルボンヌ大学、パリ大学第1、第2、第3、第6、パリ高等師範学校など、名門高等教育機関が集まっている。したがって書店も多い。大学出版協会書店、人文書・歴史書の充実したコンパーニュ書店、カンプール書店……この店の親会社はスポーツ用品専門店なので、山岳書に特化している。ル・モニトール書店は、建築学専門店、この店の2階では個人の自宅設計図を描いてくれる。喫茶店に入ると書棚があり、店主の好みの本が並んでいることもカルチェ・ラタンらしい。

3.4 アメリカの出版流通の現状

　出版大国と思いきや、最近のアメリカの出版事情に変化が多い。その原因は
アマゾンにあった。数字を公表していないので、出版の真相がつかめない。イ
ンターネット書籍マーケットの85％はアマゾンである。中小出版社の中には
90％をアマゾンに依存している版元もある。

　アメリカ出版業界は、7年連続でオンライン売上が実店舗売上を上回ってい
る。

◆ アメリカの書店流通チャンネル

　アメリカでは本が売れる場所であれば、書店に限らず量販店や空港やギフト
ショップでも本は買える。日本では本は本屋にしかなく、流通ルートも取次を
通す以外に方法がなかった。アメリカでは本を取扱う業者は取次、卸売業者の
他にディストリビューターが2万店もある。書店開店バンザイの国である。

　ドイツでは書籍業学校を卒業し、開業の資格を取らなければならない。日本
は取次という専門業者との開業契約金のしばりがある。それに比べアメリカの
開店販売環境は極めて自由である。

　アマゾン登場以前は、書店環境は大型チェーン書店と個々書店であった。
1960年代前半まではウォルデンブックス（約1300店）とダルトンブックス（約

表5　アメリカの出版産業規模

	アメリカ	日本
出版社数	1225 社	3971 社
取次	2 万社（ディストリビュー含む）	18 社
書店数	1 万 2297 店	1 万 1495 店
販売額	173 億 6000 万ドル	1 兆 1292 億円
発行点数	20 万点	6 万 6855 点
人口	3 億 3189 万人	1 億 2568 万人
面積	983.4 万 Km²	37.8 万 Km²
一人あたりのGDP	7 万 430 ドル	4 万 2620 ドル

出所：ノセ事務所調べ

1500店）が全盛を極め、繁栄していた。しかし1960年代の半ばに前者はバーンズ＆ノーブル書店に買収され、後者はボーダーズ書店に買収された。こうしたM＆Aの経営方式は日本とアメリカの考え方の違う所である。アメリカでは会社を大きく育てて、その自社物件を高く売却することが社長の仕事である。つまり売却に抵抗がなく、後継者に譲る考えは全くない。

　日本のように、会社を成長、大きくして息子、係累にバトンタッチする考えはアメリカには全くない。最近でこそ、会社の吸収、合併が行われるようになったが、その根底には会社の存続という古い経営感覚があったのである。

　B&N（バーンズ＆ノーブル）とボーダーズは、2000年近くまでは隆盛を極めた。当時、B&Nはアメリカの書店売上の25％を、二番手のボーダーズは22％のシェアがあった。

　アマゾンの登場によって2社は急激に衰退した。ボーダーズは2002年に倒産した。原因は、①無理な海外進出、②デジタル対応の遅れ、③店内の公園化、公共図書館化と言われる。B&Nもアマゾンのキンドルに対抗して、開発したデバイスが失敗であった。

　そのため企業整備が進められたが、最近は安定、小前進している。

◆ アメリカの取次・卸による出版流通

　アメリカの書籍流通は、日本の取次に近い、書籍卸業の「ホールセラー」と中小出版社に代わって、受注や発送だけでなく、営業を請け負う「ディストリビューター」がある。

　日本との大きな違いは、取次口座さえあれば全国の書店に本を置いてもらうことができるわけではない点。どんな大手出版社であっても、ホールセラーやディストリビューター相手に自社の本を売り込み、タイトルごとに注文してもらわなくてはならない。

　各出版社は「返品可」「返品不可」の2種類のディスカウントレート（卸値価格表）を持っているが、殆どの書店は「返品可」で書籍を仕入れている。書店は年に2～3回発行される新刊目録を見て、仕入れている。

　流通会社の最大手はイングラムである。同社は全世界どこでも1週間以内に配送するサービスを提供している。

　中南米では、ブラジルを除くほとんどの国がスペイン語使用である。当該地

第3章 ● 世界の出版流通の現状を見る

区とスペイン語圏の書籍、レコード、POD（プリント・オンデマンド）、稀少書籍、専門書籍の物流サービスをしている。

イングラムは、1964年、テネシー州ラバーグで誕生した。2万5000の出版社の書籍を世界7万1000の顧客に配本を行っている。書籍の他に1400の雑誌出版社の4500誌を7000の小売店、店売、スタンド、スーパーマーケットに取り次いでいる。倉庫は260万点の書籍を保有している。

取次二番手のベーカー＆テーラーの創業は1828年である。本社はノースカロライナ州シャーロットである。図書館市場の紙書籍、電子書籍のシェアは1位である。しかしアメリカ第2位の規模のホールセラー（取次）である。ベーカー＆テーラーがリテール（書店）向けの卸業から撤退した。2016年に教育ビジネス志向のフォレット社に買収された。すでにニュージャージー州とネバタ州の倉庫を閉鎖し、従業員500人を整理した。

ベーカー＆テーラーが一般書店への卸業をやめ、学校や図書館向けに絞ってきたが、教育事業中心のフォレット社に買収されたことは納得がゆく。

アメリカには中小取次として次の会社がある。

(1) Booksource：創業1974年、古典や教科書を配本している。

(2) Delphi Distribution：創業1980年、カンザス州に事務所と倉庫を持つ。児童書出版社の書籍を取次ぐ。

(3) Santa Fe Books：創業1957年、フロリダ州マイアミにあり、スペイン語専門取次。

(4) Over Drive：創業1986年、電子書籍取次で公共図書館、学校図書館専門配信。

(5) Wholesalebooks.net：創業1992年、連邦、州および地方政府部門へ書籍、マルチメディアを供給する。同社は医学関係者に医学関連書を供給している。

(6) EBSCO Industries：創業1944年、雑誌取次である。図書館、政府、企業、病院へ雑誌を供給している。

書籍全体では半分位がアマゾンを通して売られている。つまりアマゾン一人勝ちの感があるが、実際には色々な変化が出ている。

出版社のペンギン・ランダムハウス社とサイモン＆シュースタ社が巨大な流通倉庫を作り、中小出版社の在庫を預かり、注文に応ずるサービスを開始し、

出版社兼流通業者になっている。

取次のイングラムは書籍、POD に乗り出し、出版社化している。

電子書籍の減少は時代の傾向であるが、その反対にオーディオブックの増加が顕著であり、車通勤者に好評である。これまでカセットテープ、CD などのフォーマットで提供されていた。そのスタイルがネット時代のラジオ番組というべき、好きな時に、好きな番組が聞けるようになった。台頭してきた出版ジャンルにセルフ・パブリッシングがある。個人版の E ブックである。

業界にはこの出版物の数字は発表されない。アマゾンが数字を出さないことと併せると、ますます不透明化される。Auther Earmings 調べではアメリカで売られている E ブックの83.3％をアマゾンが販売している。ビッグ5出版社の営業マンは、書籍全体の半分はアマゾンを通して売られていると見ている。なお E ブックは今でも全体の30％はアマゾンのシェアだと見ている。

NY の市立図書館で書籍が販売されていた。珍しい例である。文芸書、社会科学書、人文書、美術書が主であった。子どもの本、理工系の書籍はなかった。アメリカ図書館の開かれた一面を見た思いがした。

表6　主要各国の出版流通比較

諸外国における出版物の流通経路と取引形態
（1）フランス・韓国・日本は取次経由が主流であり、その他の国は書店と出版社による直取引が主流である。
（2）取引形態は、韓国と日本は委託販売が主流であるが、欧米は注文買切（条件付き返品許容）が主流である。
（3）日本以外の国では、書籍と雑誌では出版社や取次等の事業者が異なることが多く、流通経路も分かれている。
（4）日本は書籍と雑誌が同一経路で流通しており、これにより流通コストが抑えられ、書籍の価格も諸外国と比較し安価に抑えられている。

出所：経済産業省商務情報政策局コンテンツ産業課（ノセ事務所調べ）

表7　主要国の出版流通事情

	ドイツ	イギリス	アメリカ	フランス	日　本
出版社数	1800 社	2255 社	1225 社	1000 社	3971 社
取次数	80 社	2 万 3000 社	2 万社	32 社	18 社
書店数	3000 店	1085 店	1 万 2297 店	2372 店	1 万 1495 店
販売額	約 7000 億円	2990 ポンド	173 億 6 千万ドル	40 億 3 千ユーロ	1 兆 1292 億円
出版点数	8 万 5486 点	12 万 9057 点	20 万点	6 万 8069 点	6 万 6885 点
人口	8315 万人	6708 万人	3 億 3189 万人	6765 万人	1 億 2568 万人
面積	35.7Km²	24.4Km²	983.4Km²	64.1Km²	37.8Km²
GDP/ 人	5 万 1040 ドル	4 万 5380 ドル	7 万 430 ドル	4 万 3880 ドル	4 万 2620 ドル

出所：ノセ事務所調べ

第3章 ● 世界の出版流通の現状を見る

3.5 中国の出版流通の現状

◆ 変化著しい中国市場

　中国の出版状況は、長い間、国有の出版社や書店だけが許可されていた。1990年代以降は、改革・開放政策により、民営の書店や外資の参入も認められているが、「言論の自由」が保障されているとは言えない。

　1980年代には、まだ前近代的な出版事情は残っていた。

　その一例が書店の店頭風景である。陳列、販売方式が閉鎖的間接販売であった。わかりやすく言えば書籍は陳列ケースに入れられ、書棚に並ぶ本は直接手に取れず、手渡してもらう間接販売で、会計は指定された精算所に行って済ますものであった。1990年代に入り、中国は開眼した。

　1999年11月、一大書店革命が起こった。共産党情宣部が発表した世界最大の書店を国内に4店開店することであった。北京図書大廈、上海書城、瀋陽北方図書城、杭州図書大廈であった。中でも北京図書大廈は、北京国際ブックフェアに参加した出版人が必ず詣でる注目書店となった。売場面積1万6529平方メートル、在庫19万点という最大級の売場であった。地下1階、地上4階である。

　ブックフェアは、上海でも行われるようになり、やはり出版人の度肝を抜いたのが上海書城であった。在庫10万冊以上あり、敷地面積は1万平方メートルある。上海福州路の書店街・約50店ある書店街の中心にあった。店頭には扱い出版社200社以上が掲載されていた。2階にはカフェもあり、モダンな書店であった。

　各省には必ず1社以上の特色ある出版社がある。国を横断する出版社は3つある。①商務印書館（歴史書専門）、②外文書店（外国書籍、辞書専門）、③中国書店（中国古典専門）である。中国の出版社の特色は、版元が独自で物流センターを持っていることである。

　出版社数は2015年当時「北京224社、北京以外361社」で、新刊は2022年7600点である。販売額は書籍1082億元（1兆8394億円）、前年対比12.3％増、

68

雑誌224億元（3808億円）である。書籍売上の市場構成は社会科学27.5%、文化教育21.7%、児童書21.6%、文学・芸術20.3%、科技生活8.9%である。

筆者が数回訪問した北京図書大廈でも、人文社会ジャンルが1階主要売場を占めていた。1階には共産党史、革命思想書、軍事書、哲学、歴史書が中心であった。2階1983平方メートルのうち半分は音像売場、参考書、3階新刊文学書、ベストセラー、芸術書、4階生活書、実用書、中国医学、コンピュータ書、理工学専門書、地階は洋書売場であった。朝10時には1000人が入店していた。

電子出版物は8199点（4.8%増）、売上は20億元（340億円）12%増であった。現在は紙書籍の読書から電子書籍やモバイル読書に移行している。デジタル読書市場は415億元、7055億円売れている。読書ユーザーが5億人を超えた。男性57%、女性43%の割合とのこと。

◆ 書店の流通

中国の書店は今、冬の時代に入っている。閉店ブームである。新華書店は国営であるからつぶれない。閉店しても報告がないのでわからない。過去20年間10万店舗と言われてる。1995年民営書店が許されて席殊書店がリードし、400都市に600書店を作り、民営書店が10万店となり、新華書店を肩を並べるまでになったが、前記書店は2007年破綻した。

2020年には1573店が閉店している。重慶の「方所書店」（生活スタイル書販売で有名）が2020年閉店。同年に深圳・誠品書店が閉店した。2021年には上海一美しいといわれた「鍾書閣」が閉店した。ブックカフェ併営などで14都市、58店あった「言儿又」書店はすでに半分以上閉店。2004年から北京SOHOで頑張っていた、日本のポプラ社の店も2022年6月13日に閉店した。不動産不況で影響した店が多いというが上海大荒れである。しかし中国の出版市場に新たな潮流がある。TSUTAYA BOOKSTOREの中国展開が2020年から開始された。杭州蔦屋書店が1号店である。2号〜4号店が上海でオープンしている。成功を期待したい。

中国出版市場における日本企業としては、講談社が2005年講談社（北京）文化有限公司を設立している。2010年にKADOKAWAが広州天聞角川動漫有限公司を設立している。

2004年から頑張った「北京蒲蒲蘭文化発展有限公司」は、2022年に閉店した。

しかし中国に多くの絵本作家を育成した事業は高く評価されている。

日本と中国の流通コーディネートをしたのは取次である。日販は2003年に中国向け版権仲介業務を開始した。2004年に現地子会社「北京書錦縁咨詢有限公司」を設立した。くもんの幼児ドリルは300万部を突破している。

トーハンは2010年に中国出版東販股份有限公司を設立した。中国出版トーハンでは中国書籍の翻訳出版活動を行っている。第26回北京国際博覧会で、永年の取引実績が評価され表彰された。

◆ 中国のオンライン書店の現状

当当網…アメリカのIDGなどから投資を受けて、1999年11月にネットショッピングモールとして開店した。扱い商品は書籍、CD/DVD、化粧品、家庭用品、ファッション商品などである。書籍・音楽・映像ソフトの商品数は80万種以上である。電子書籍も販売している。

天猫網…アリババ集団が2012年に天猫網として開店した。英語名はTmallである。天猫網の前の社名は陶宝商城である。100％品質を保証し、理由を問わず7日間は返品可能である。ショッピングポイントで割引があり、人気がある。天猫網は無人書店も経営している。

京東網…2004年運営開始。2014年ナスダックに上場、2020年香港でも上場する。2022年雑誌『フォーブス』で、世界500のランキングで第46位。

中国ECサイトでは連続6年業界トップである。家電、服飾、生活用品、化粧品、食品、書籍、旅行商品等を扱う。

書籍に関してはAmazon中国に先行されている。

アマゾン中国…2004年にアマゾンは中国に進出した。書籍の販売に関しては当当網と業界を二分していた。現在は中国共産党から紙の書籍販売の停止を受け営業できていない。Kindleの電子書籍の販売だけしていた。2023年6月30日、中国のKindle電子書店は営業を停止させられた。アマゾン受難である。

2022年度の当当網の書籍売上の日本書ベストセラーを見てみよう。

第5位　東野圭吾　「白夜行」南海出版果麦

第8位　東野圭吾　「ナミア雑貨店の奇蹟」　南海出版果麦

第9位　小川　糸　「ツバキ文具店」　湖南文芸出版社

中国でも反アマゾン風が吹いている。フランス、ドイツに次いで世界的潮流になってゆくのか、興味深々である。

コラム　紙魚の目
変わりゆく中国の出版政策

　2024年11月9日、日本における「国際出版研究フォーラム」が開催された。このフォーラムは、日本出版学会、韓国出版学会、中国編輯学会が2年おきに開催してきた研究発表の交流の場である。

　今回のテーマは、「出版のデジタル化とグローバリゼーション：新たな出版学のために」をメインテーマに、次の4つのセッションが開催された。中国側の研究・報告は、具体的で実践的であった。

第1セッション：表現／編集制作
　デジタル時代教科書発展における5つの問題点

第2セッション：流通／配信、技術
　AI時代の出版プロセス再構築と技術応用

第3セッション：思想、歴史、文学
　中国ネット文学の海外進出：その歴史・現状と発展戦略

第4セッション：法・制度（著作権、アクセシビリティなど）
　融合出版の実践と考察

　いずれのテーマも、日本や韓国の研究者の報告と思えるような、技術革新の出版メディアへの応用とその普及を目指しての最新のテーマである。報告や討論も具体的で、若い研究者や実務家の報告は、実践的であった。この中国の研究テーマの変化が、「表現の自由」や「言論の自由」に発展していくことを祈念するものである。

出版メディアパル編集長　下村昭夫

第3章 ◉ 世界の出版流通の現状を見る

| 3.6 | 韓国の出版流通の現状 |

◆ 韓国の出版流通の現状変化

　韓国は、デジタル先進国として有名である。また教育産業が盛んである。書店の中に学習室があったり、受験者専門の受験者アパートもある。これは韓国の文化の表れである。受験層は高校、大学、公務員、司法、会計士等、幅は広い。受験者は自宅を離れ、受験アパートの一室にこもる。アパート近くには司法試験専門書店や受験参考書専門店がある。

　韓国の伝統の受験風景である。韓国の人は基本的によく勉強する民族である。大学進学率はフィンランドに次いで、世界第2位である。韓国出版文化産業院の「2020年・出版産業実態調査」によれば、書店のジャンル別売上比率では、受験参考書70％、一般単行本25％、児童書5％となっている。

◆ 取次と流通会社

　韓国の取次の役割は合理的である。地域を3つに分けており、①ソウル市内（当日配送）、②ソウル周辺（翌日配送）、③地方（翌日配送）となっている。
　配本パターンは次のようになっている。
(1) 坡州（パジュ）配送（教保文庫1日2回）、ブックシティ、ブックセン、韓国出版協同。ネット書店（アラジン、イエス24、YP物流、インターパークなど）当日配送
(2) **ソウル市内配送**：1400店余の取引先（原則当日配送）
(3) **首都圏配送**：1600店余の取引先（大学書店、出版社など）（翌日配送）
(4) **地方配送**：約300社、翌日配送

　主な取次会社は、ブックセン、松仁書籍、韓国出版流通、名門社、坡州出版団地。
　主な配送会社は韓国出版物流（市内）、コーアップロジス（首都圏）、ブックハブ（地方）、ブック＆ブック（市内・参考書専門）、ソマン流通（市内・キリ

72

3.6 韓国の出版流通の現状

スト教書専門)、全部で19の流通業者が配送を担当している。

◆ 出版社の現状

　出版社の数は多い。年間1点以上出版する出版社は8058社、1〜5冊刊行の出版社は5628社である。出版社登録社は5万9306社あるから、いかに小規模出版社が多いかわかる。年間5点以下刊行出版社は全体の75.7％に達し、他方31点以上出版する大手・中規模出版社は5.1％と少ない。韓国の出版社の場合、その分野は「学習参考書」「一般単行本」「児童書」「学術専門書」「全集」「学習誌」「雑誌」に分けられる。

　出版社の平均返品率は15.4％である。韓国の販売制度は、表1のように委託販売制度である。出版社が「委託販売者」であり、取次、書店は「受託販売者」となる。出版物の販売代金は、読者から書店、書店から取次を経て出版社に支払われる。委託販売なので、売れない本は返品となる。しかし書店が返品

表8　主要各国の出版物流通経路の比較

諸外国における主な書店の主な取引形態 / 書籍と雑誌の流通経路
（1）米　　国：出版社―書店の直取引 注文買切 / 別
（2）ドイツ　：出版社―書店の直取引 注文買切 / 別
（3）フランス：出版社―出版社運営の取次―書店の取次経路 注文買切 / 別
（4）韓　　国：出版社―取次―書店の取次経路 委託販売 / 別
（5）イギリス：出版社―書店の直取引 注文買切 / 別
（6）日　　本：出版社―取次―書店の取次経路 委託販売 / 同じ

出所：経済産業省商務情報政策局コンテンツ産業課「各国の出版産業に関する調査」

表9　韓国の図書定価法と各国の政策

　韓国の図書定価制は、リアル書店は定価割引ができないが、オンライン書店は定価の10％以内の割引可能で、発行日から1年を経過した図書を定価制の対象外とする時限再販と言うことができる。オンライン書店が有利な内容になっている。

＊出版物の販売価格規制又は再販売価格維持行為に係る競争法の適用除外が存在する国は、ドイツ・フランス・韓国・日本。そのうち日本以外の国では、文化政策ないし産業政策の観点から、出版物（電子書籍を含む）について、定価販売を義務付ける法律が制定され、適用期限や割引率の上限が決められている。
＊アメリカには出版物の販売価格規制等にあたるものがなく、ベストセラー本を中心に値引き販売がされており、出版社との直取引が主流。大手書店 Barnes & Noble、小売最大手 Walmart 等は独自の物流システムを備え、出版社と直取引を行っている。
＊独立系書店は、流通最大手の Ingram Content Group 等を利用して仕入れを行うとともに、出版社との直取引も積極的に行われている。
＊フランスの出版制度は、日本における独占禁止法の適用除外規定と同様の効果を担保するものとして、定価販売を義務付ける法律（ラング法）が制定されているほか、オンライン書店の送料無料を禁止するいわゆる「反アマゾン法」が制定されている。

出所：経済産業省商務情報政策局コンテンツ産業課「各国の出版産業に関する調査」

第3章 ● 世界の出版流通の現状を見る

しても受け取らない場合がある。取次が利益確保のために、残高対比決済を理由に受け取らないケースがある。日本では入帳保留がこれに似ている。

◆「紙の本」を売る書店の現状

書店は①大型チェーン書店、②オンライン書店、③地方書店の3大チャンネルに大別される。韓国が1988年のソウル五輪の後デジタル国になり、中進国から先進国に仲間入りし、デジタルに関しては日本は早々に追い抜かれた。そして韓国の書店業界は急変した。筆者は当時、出版社のアスキーに在籍し、毎年、ソウルブックフェアに通っていた。紙の本が売れた最盛期である。

ソウル市内のリアル書店は、どの書店も輝いていた。しかしネット書店出現によって激減し、韓国一番店の教保文庫の一人勝ちになってしまった。教保文庫は、創業1980年、教保生命グループ系列の書店である。20店舗あり、江南店は韓国最大の書店で1万1900平方メートルある。

八重洲ブックセンターと姉妹店の時代もあり、また『文春』を300冊も売ってことは語り草になっている。壁面の書棚の後ろにトロッコ用のレールが敷かれ、補充本が流されていた。学習参考書、子どもの本のコーナーの超々には脱帽であった。専門書も地域一番であった。2013年教保文庫は、韓国初の会員制サービス「sam」をオープンした。2020年にsam7.8インチ電子書籍端末機をリリースした。売上高545億円（2017年）、従業員数1034人（2017年）。

韓国の二番店は「永豊文庫」である。教保文庫と並んで有名な書店である。創業1992年、売上高139億円、支店数44店である。

◆ 変化著しい電子出版

韓国では、"紙の書籍"が主体で多分野への広がりを見せる中で、電子書籍の購読サービスが急成長している。また、オーディオブック市場も高成長を見せている。

電子書籍出版社は302社。このうち「紙の書籍」を主体とする出版社は93.6％である。つまり併業出版社である。電子書籍の制作は外部制作52.9％、自社制作47.6％ほぼ同数である。販売額は3257億円である。流通経路では「オンライン書店サイト」39％、「電子書籍専門サイト」32.7％である。ジャンル別販売では「文芸ジャンル」95.2％、「一般分野」4.8％である。

コラム　紙魚の目

地域書店の育成　出版文化産業振興法

『韓国出版産業の現状と変化』白源根氏コラム（14ページ）より

　2022年2月から施行されている「出版文化産業振興法」の改正法律では、地域書店の活性化のために国と自治体が役割を果たすように規定した。地域書店に関する定期的な実態調査の実施、書店のない地域に対して文化体育観光部長官と自治体長が支援策を講じること、自治体での地域書店活性化条例の制定、自治体の公共図書館蔵書購買において地域書店を仕入先として優先すること、などの規定を盛り込んだ。

　また、韓国出版文化産業振興院で地域書店の活性化を支援するように規定した。この法律によって書店の生き残りの悩みが解消されるわけではないが、少なくとも書店のない地域の問題は解決されると期待される。町の本屋を支援するのは、小売り事業者への支援策ではなく、市民の読書権や読書文化を支える事とつながるという点で大事である。

大手出版社と書店の経営事情が分かる資料

『韓国出版産業の現状と変化』白源根氏コラム（23ページ）より

　大韓出版文化協会の韓国出版読書政策研究所が2021年に発表した『2020年出版市場統計』で大手出版社や書店の売上高の推移を把握できる。金融監督院の電子公示システムの公示資料や中小企業現況情報システムを用いてまとめた結果、2020年の上位出版社77社の総売上高は4兆8036億ウォン（およそ4804億円）で、前年対比3.7％減少した。売上高はウンジン・シンクビック（6326億ウォン）、大教（5866億ウォン）などの順序で、子ども向け学習紙や教科書・学参に強い出版社が好調である。

　一方、書店分野では、教保文庫が6942億ウォン（前年対比13.8％増加）、オンライン書店のYES24が6130億ウォン（同19.7％増加）、アラジンが4295億ウォン（同20.3％増加）など、コロナ禍でもオンライン販売の成長が著しかった。

第3章 ● 世界の出版流通の現状を見る

コラム 紙魚の目

世界の本屋さんと出版流通

　海外で行われるブックフェア参加を軸に、30年間で58カ国をめぐりました。ヨーロッパ30カ国、アジア28カ国でした。

　こと出版に関しては、ヨーロッパの先進性が、際立っており、大学、宗教、芸術、文化、文明の歴史は古く、重厚である。

　書店の数では、圧倒的に多いのはW.Hスミスです。グレートブリテン時代の各国空港、有名ホテル、高速道路売店等、世界中に約900店の店があります。ロンドンやアムステルダムなど、主要な都市には立派な店舗を構えており、空港店などはCVSを兼ねた店である。しかしペーパーバックスを買うには便利である。

　それに比べて紀伊國屋書店の国際的な存在は別格である。中でもドバイ店は商圏が広く、飛行機で5時間以内とヨーロッパを含んでしまう。世界に類のない大規模書店であることと、客単価が極めて高いことが特色である。月商1億円がそれを示している。紀伊國屋書店はヨーロッパには出店していないが、10カ国、42店舗ある。幸い筆者は全部見させてもらっているが、各店とも地域一番店で、レベルが高い。これは地元読者に満足を与えることであり、地域書店から尊敬されていることも凄いことである。アジア、オーストラリアでは圧倒的に国際性の高い書店と言える。

　ドイツの一番店タリア書店は237店舗（ドイツ、オーストリア、スイス）ある。知名度ではフランクフルトのフューゲンデューベル書店がある。南部のオジアータ書店も54店舗と、ドイツの出版業界をリードしている。ドイツの凄さは夕方6時までに注文した本が翌日には届くところ。出版流通の完成度は世界一である。フランスも、現在は80％は翌日届くという。

　日本の実状は50年前と全く変わっていない。雑誌流通ルートに便乗した書籍流通の垢が未だに取れない。この流通後進性は、今の流通風土では永久に治らぬであろう。昨今、検討されているマーケットイン導入が、その解決策になることを祈念している。

76

第4章

出版業界の生き残り策
──自社の強みと弱みの分析から戦略が生まれる

ノセ事務所　能勢 仁

この章の概要

　出版社はメーカーであって、その後の流通は取次、書店任せであった。

　ところが配送機能に問題発生として通達してきたのが、返品運賃協力金の要請であった。本が読者に届き、売れて初めて出版社の利益が読める。運賃対応は業界全体で考える問題である。

　一方、出版社は常に売れる本づくりの命題がある。よい企画の発案、営業力は必須条件である。好事例から学ぶ、他企業から学ぶ、思案は無限大である。過去の遺産の再活用もある、他社からの委譲もある、海外に目を向けることも求められる。企業努力が求められている。

　本が売れないことは書店現場の声である。本を読む人が減った。文化庁の「国語に関する世論調査」によれば、月に1冊も読まない人が62.6％である。読書する人が急激に減ってきている。原因はスマホ使用のためが43.8％と半分に近い。仕事、勉強が忙しいが38.9％とやや救いである。

　ライフスタイルの変化は誰にも止められない。変化の中に読書接近の方策を考えたい。独立系書店がイベントで読者を集めている。彼らは書店をコミュニティの場所と考え、社会への働きかけをしている。日書連、地域書店組合、図書館が発案者になり、読書祭りなど考えられないか。再販の弾力的運用の活用も進めたい。今は独立系書店から目が離せない。

第4章 ● 出版業界の生き残り策

4.1 出版社の生き残り策を考える

　出版潮流の中で、コミックの存在は大きい。冊数主義で言うと、フランスでは二人に一人がコミックを読んでいる。そしてその半分は日本のコミックだというから驚きである。

　本家の日本はどうか。電子出版の普及で、紙のコミックは成長が止まっている。電子書籍の90％に接近するコミックは、ますます紙のコミックを阻止するであろう。

◆ 出版業界をリードする大手4社の戦略

　集英社、講談社、小学館、KADOKAWA の4社は、過去、現在はコミックで潤った。最大の被貢献社は、集英社であろう、直近の決算を見ると、出版売上1211億円は昨対4.5％の減である。しかし、出版権収入576億円は1.3％増加している。

　2022年に「集英社ゲーム」を設立した。角川を見習ったのか。ゲーム市場初参入である。ゲーム制作には多人数投入が求められ、ゲーム通がいなければ成功しなといわれる。頑張って欲しい。集英社は女子社員が45.3％と多い。この特色を利用したいものである。集英社のみ営業利益、経常利益が非公開である。残念である。

　出版業界のリード役を運命づけられている講談社もコミック単行本は不調である。しかし国内の出版権収入139億円、海外の出版権138億円は全売上の16.1％で、事業収入として社に貢献している。書籍は健闘した。『続・窓ぎわのトットちゃん』、本屋大賞『汝、星のごとく』（凪良ゆう）が、よく売れた。総合版元であることを再認識していただきたい。

　講談社しか出版できない「ブルーバックス」、人文書「選書メチェ」、絵本、児童書、若者向きの文庫、新書が欲しい。多くの出版賞をもつ講談社である。これは総合版元の特権であり、PR の義務がある。

　野間三賞（文芸、新人、児童）、吉川英治賞、科学出版賞、漫画賞（少年、少女、総合）、本田靖春ノンフィクション賞、野間出版文化賞等々。活用して

ください。

　小学館も業界のパイロットである。最近『ジュニア文庫』のオーディオブックを発刊した。

　音声出版として注目されているジャンルである。若い人に送るよい出版だと思った。『日本国語大辞典（第三版)』のデジタル版、書籍版の発刊の発表があった。小学館でしかできぬ出版である。絵本、童話、児童書、図鑑などは、小学館の財産である。大事にしたい。

　出版、映像、音、コミック、ゲームをまとめた得難い版元がKADOKAWAである。出版に限って言えば、若い人志向が中心であるが、硬派出版物もある。池上彰責任編集の『明日の自信になる教養』シリーズは幅広く読者を掴む出版物だと思う。韓国のBY4Mと合弁会社を作った。翻訳出版が楽しみである。所沢に角川武蔵野ミュージアムがある。角川文化振興財団の文化行事が行われていることは、KADOKAWAのエンジンだと思う。PRしてください。

表1　出版大手4社の4年間の決算資料

		2023年	2022年	2021年	2020年
講談社	売上高	1720億200万円	1694億8100万円	1707億7400万円	1449億6900万円
	営業利益	143億円	191億円	240億円	163億円
	経常利益	171億円	220億円	240億円	163億円
	税前利益	179億円	—	231億円	154億円
	純利益	114億1900万円	149億6900万円	155億5900万円	108億7700万円
	資本金	3億円	—	—	—
	従業員数	945名	—	—	—
集英社	売上高	2043億2500万円	2096億8400万円	1951億9400万円	2010億1400万円
	税前利益	300億6000万円	289億1100万円	412億200万円	—
	純利益	206億1700万円	159億1900万円	457億1800万円	209億4000万円
	資本金	1億80万円	—	—	—
	従業員数	764名	—	—	—
小学館	売上高	1087億7800万円	1084億7100万円	1057億2100万円	943億1600万円
	経常利益	48億6700万円	73億100万円	89億4500万円	72億4600万円
	純利益	21億4200万円	61億6200万円	59億9500万円	56億7300万円
	資本金	1億4700万円	—	—	—
	従業員数	698名	—	—	—
KADOKAWA	売上高	2581億900万円	2554億2900万円	2212億800万円	2099億4700万円
	経常利益	202億3600万円	266億6900万円	202億1300万円	143億6900万円
	包括利益	131億2100万円	154億4100万円	184億9700万円	137億200万円
	資本金	406億円	—	—	—
	従業員数	6269名	5856名	5349名	4910名

出所：ノセ事務所調べ（各社の決算月はまちまちである。)

第4章 ● 出版業界の生き残り策

4.2 企画力と営業力の向上が要

◆ 企画力のアップとパブリシティの活用

　現在、活躍している出版社の規模の大きさに差異あるが、各社とも個性的な出版活動をしている。読者には出版社の規模は関係ないということであろう。自分の興味に合った本、自分に必要な分野の本を出版してくれる版元が、マイ出版社である。本と読者の出会いの多い出版社ほど出版物は売れる。売れる要因は本の質、中身である。読者の興味、心を掴むために出版社は苦悶している。

　出版広告を Web でも、新聞広告、雑誌広告でも出稿する。書店の店頭に目立つように陳列してもらうなど方法はいろいろある。資力のある大手出版社が有利であることは言うまでもない。

　本を出した以上は知ってもらうことが肝要である。取次へのアプローチ、SNS の活用、新聞社の協力、パブリシティの活路など方法は多種多様である。

　業界の公開機関である出版情報登録センター（JPRO）の利用は必須である。版元ドットコムも視野に入れてよい。書店、読者に届くネット情報を活用しない手はない。

　出版社はメーカーである。その源泉が編集部であることは言うまでもない。編集者は新刊発行について知恵を絞り編集会議に臨むであろう。言い古されたことであるが、出版企画の良しあしは、タイムリー性、感動性、有用性など幅広い切り口から求められる。中でも読者に共鳴を与える本は感動性の高い本である。その意味では出版業は感動産業と言える。

　電通や博報堂の社員に企画の源泉のような人がいる。視野の広い人に多い。また疑似例、失敗例を豊富に持っている。考えが肯定的である……関心度の高さといってよい。編集会議での丁々発止は望む所である。企画が厳選され、昇華されてくる。

◆ 営業力のアップと書店訪問の実施

　次に出版社の生き残り策は営業の見直しがある。古いと思われるが特約店化、

拠点主義化である。これは営業マンが机上でパソコンとにらめっこしていては
できない。とにかく市場、書店に向かうことである。書店に情報を与え、情報
をもらうことである。

　岡部一郎氏が『出版業界に未来はあるのか』（出版メディアパル刊）の中で
「頼りになる書店」40店舗を公開している。この営業が実行できれば、「全国
売上シェアの50%は確保できる」と書店営業を推奨しておられる。

　参考までに、岡部さんが推薦される「首都圏主要40店舗」を挙げてみたい。

> 「紀伊國屋書店15店舗、八重洲ブックセンター1店舗、丸善ジュンク堂14
> 店舗、オリオン書房1店舗、三省堂書店3店舗、有隣堂書店2店舗、書泉2
> 店舗、須原屋1店舗、東京堂書店1店舗（2019年10月時点)」

　以前、東京ビッグサイトで東京国際ブックフェアが開催され、企画の一つに
勉強会があった。そこで有隣堂の専務（現社長）の講演会があった。その際、
専務が有隣堂30数店の売上順位を発表したことがある。大変参考になったこ
とを覚えている。「首都圏40店舗」にしても、有隣堂にしても各店個性がある
ので、訪問内容によって店は選ぶできである。

　かつて祥伝社が年一度、各県別売上上位店を発表していた。地方出張の時に
非常に役立った。

　前述した特約店化、拠点化はこれに相当する。自社商品をよく売ってくれる
書店を大事にしたい。つまり各県庁所在地の店、主要都市にKey店を持つこ
とである。親しい出版社営業マンと情報交換は必要である。彼は競争相手では
なく、同志と思えばよい。

　最低年1回の訪問でよい。しかしメール、FAX、電話は毎月最低一回以上は
社長、店長、担当者の誰かにコンタクトは取るべきである。机上でできる有効
な販促である。

　情報を流すこと、相手の情報をよく聞くこと、励ますこと、他店の好事例を
話すこと、上京の際は絶対立ち寄ってもらうこと、最恵国待遇を態度で示すこ
とが肝心である。

　相手に直仕入れの意志があれば、これも特約化の選択の一つになる。ただし
その場合は経理と相談の上、決定することが大切である。

第4章 ● 出版業界の生き残り策

4.3 自社の強みと弱みの分析

◆ 適正部数と定価の再考

　次に出版社の定価（本体価格）づけについて考えたい。書店の叫びは「粗利30％確保したい」という要望である。

　新卒大学生の初任給の20年前と今を比較してください。書店の文庫、新書の値上がりはどうですか、比較になりません。出版社の定価づけは、直接原価（印刷、製本・デザイン代）の3倍から4倍が一般的である。この方式を"みすず書房"方式に代えたらと考える。

　それは製作部数にかかった費用から逆算して、何円の定価（本体価格）にしたら採算がとれるかを計算して、その数字を定価にする。予定販売部数に大きく誤差が出た時には赤字になる。みすず書房の本は確かに高価格である。採算重視の考えは絶対必要である。

　マーケットイン志向の書店の注文数を尊重し、販促、広告、宣伝、パブリシティを展開してゆきたい。みすずファンは本の高いことは承知である。みすずの本から感動をもらえるので、定価に納得しているのであろう。

◆ 新潮社の新プロジェクト

　新潮社に「新作　成功プロジェクト」がある。実績の乏しい作家や新人作家の作品をヒットさせようと、立ち上げられたプロジェクトである。このチームは社内だけの部ではなく文芸書をよく売る書店、本をよく読む書店員を巻き込んでいる。

　この組織は会社の上部からの指示でできたものではない。書店員の協力を本の発売の半年前からスタートさせている。このプロジェクトの狙いは「タイトル」「装丁」「コメント推薦者の選定」「プロモーション」「書店員の協力体制」等について発売前に協議するものである。

　この方式で成功した作品を2つ紹介しよう。

　　『成瀬は天下を取りに行く』　宮島　未菜　　80万部販売

『＃真相をお話しします』　結城　真一郎　　30万部販売

　出版物は発刊されてからが販売の勝負ではない。このプロジェクトに協力する人の多くは「本屋大賞」の決定に関係する人が多い。今や出版社は特定書店の文芸目利きを発見することが大事である。地区担当営業マンには自社作品を必ず読み、この本をPRしてくれる目利き担当者を発掘する業務が加わった。

◆ 成功事例から積極的に学ぶ

　過去の発行物を再発行（リニューアル）して成功することもある。

　新潮社が1998年刊行の単行本『死の貝・日本住血吸虫症との闘い』（小林照幸著）を2024年4月に文庫本で発刊した。この本は死に至る地方病として、古くから恐れられていた寄生虫病「日本住血吸虫症」の根絶に尽くした人々の歩みを描いた本である。

　日本住血吸虫は淡水貝に宿る寄生虫であり、人体に入り込むと、肝脾腫や脳腫瘍などを引き起こす。甲府盆地や筑後川流域などの一部地域で多くの人々の命を奪った。

　江戸時代から戦後に至るまでの医師たちの苦闘、農業従事者、自治体の努力によって1979年以降は罹患者者は発生していない。『死の貝』は、最初は文藝春秋が単行本で刊行したが、長らく絶版となっていた。

　それを新潮社編集部の久保直司氏が「この本は後世に語り継がねばならない」と文春から出版権を譲り受けたものである。

　さらに営業的発想も加わり、ブームとなった。営業サイドの提案は未来屋書店商品部の井上あかねさんであった。新潮文庫『八甲田山・死の彷徨』『三毛別熊事件』を同時に発刊することがベターと提案、これが復刊の契機となった。

　『死の貝』は発売後2週間で3刷、2万3000部、『八甲田山』は100刷、135万部、『三毛別』58刷、46万部に達している。

　出版社の生き方の一つの例である。忘れ去られた作品を復活させる方法である。マガジンハウスの『君たちはどう生きるか』（新装版・コミック販）もその好例である。

　有吉佐和子『青い壺』（文春文庫）も11年ぶりに新装版として復活、24年3月まで累計50万部を突破している。

第4章 ● 出版業界の生き残り策

4.4 マーケティングと広報活動の展開

◆ マーケティングの自立性

多くの出版社が販売部、営業部をマーケティング部と改称したが、別途マーケティング局を設立した版元もある。出版社のマーケティングと出版物のマーケティングは異なる。

出版社のマーケティングは出版社の歴史、沿革、業績、方向性である。会社の性格、個性、主張と言ってもよい。製品は紙の書籍・雑誌であった。現在は電子出版もあり、コンテンツ産業の一員が出版社である。出版社に物理的、社会的なマーケティングの差はあるが、精神的、専門的にマーケティングの大小はない。

出版物は出版社の作った出版物マーケティングである。出版物マーケティングは拡がることも、縮小することもある。マーケッターは著者である。著者が市場形成者の中心で、編集者、営業マン、書店の外部活動でマーケットを拡げることができる。著者に依存することが出版業界では大事である。

著者交流、サイン会、朗読会、読者とのイベントが重要視される。顕在読者（購買者）と潜在読者がいるが、後者の開発は著者如何である。

マーケットの拡大に協業マーケティングがある。異業種とのコラボレーションである。大いに利用したい。また、同業種コラボもあり、現に活動している出版社は、成果を上げている。ビジネス版元と学参版元のコラボ、料理書と児童書版元など成功例は多い。

マーケティングの専門家であり、元・日本書籍出版協会専務理事をしておられた中町英樹氏は、マーケティングの定義を次のように述べている。

「編集者の仕事をバックアップする『マーケティング組織』は、編集者の企画を営業部、宣伝部と共有し、どのように市場に投入し、読者に届けていくかも含めて考えて対応することが大切である。そこには編集・営業双方各々の現場が自ら判断できる形をつくりあげる遠心型リーダーシップが必要である。」

（2016年10月21日「第43回出版研究集会」）で、パネリスト発言より）

◆ 多面的な広報活動の展開

　出版物の発行以前の広報を考えてみよう。

　出版社は、出版情報登録センター（JPRO）を利用することは当然である。現在利用出版社数は2838社ある。登録書店数は2947店ある。この情報が書店の自主発注のデータベースとなる。一般的に新刊・並びに出版社企画の販売促進の方法には5つのタイプがある。

(1) **訪店での商談　問題点**：訪店は事前にアポイントを取っておかないと、担当者、店長不在のことがある。日時、時間まで指定することがベターである。

(2) **電話での商談　問題点**：居留守を使われることがある。また休日、不在、休憩時に遭遇することもある。相手の繁忙時に当たることもあるので、短時間商談が求められる。

(3) **FAX での案内と注文受け　問題点**：今、業界で最大の悩みである。紀伊國屋書店・葛城伸一氏が文化通信社セミナーで語っていたが、年間にFAX 用紙費用が600万円かかるという。不必要の場合は版元に連絡、中止すること。

(4) **メールでの案内と注文受け　問題点**：発信者は一斉配信であろうが、受信者は個々である。長文は不可。簡潔なメールがよい。

(5) **本部への販促訪問　問題点**：アポイントは絶対必要。誰に、どんな用件か伝えておく。

(6) **POP、拡材の送付　問題点**：郵送代が高騰している。相手の立地、環境を考慮すること。

　新刊が発刊されると、出版社は新聞広告を出すことが多い。広告面は三八広告（一面下）と全五段広告が主流である。全五の半分の半五段を利用する版元も多くなった。

　首都圏の書店は、販促費と思い、朝日新聞、読売新聞、毎日新聞、日経新聞の一紙は購買して欲しい。首都圏以外の書店は県紙が貴県の広告紙である。出版社の担当者は首都圏在住者が多いと思うが、出張の際には出張先のコンビニ、駅売店で地方紙を買うことが必要である。

第4章 ◉ 出版業界の生き残り策

4.5 取次の生き残り策を考える

◆ 大手取次の生き残り策

　雑誌の時代が終わり、コミックも伸びが止まってきた。日販はCVSから手を退く。取次にとって雑誌受難の元凶は配送運賃の高騰によるものである。取次の経営を圧迫している。

　そこで今各取次は、返品運賃協力金を各出版社にお願いしている。取次決算書の経費の項目で、第1位は一般的には人件費である。ところが取次の事情は、他の産業とはちょっと違う状況が出てきた。

　6年前までは、経費の1位は人件費であったが、5年前からは、運賃・荷造費が第1位になってしまった。因みに先期の日販の有価証券報告書によると、荷造運送費は192億円であり、人件費は163億円である。その前年も204億円対174億円で、いかに運賃に経費が掛かっているかわかる。

　返品にも、取次は悩まされている。改善されているとは言い難い。返品からは何も生産されない。利益寄生虫に食われ、この害虫を駆除しなければ、取次に明日はない。

◆ トーハンの新しい戦略

　トーハンは、今、新しい仕事を始めた。それは小規模書店開業支援である。従来、大取次は零細書店に対しては冷徹であった。したがって、小書店が新規取引をすることは不可能であった。つまり、小書店は大取次からはお荷物書店と見られていた。

　その取次が、小規模な書店開業を支援するパッケージサービス「HONYAL」を開始した。

　これまでの連帯保証人や信認金（取引保証金）を原則不要とするなど、参入障壁をなくし、書店の少額取引に対応して本のタッチポイントを増やしていく。新刊配本はせず、注文品を週1回配送する。15％の返品枠を設けるなど、特別スキームを作った。

「HONYAL」の初期在庫は、卸価格で60万円から500万円。一般書店の初期在庫分は開業時の一時払いが原則だが、「HONYAL」では最大24回の分割支払いも提案している。

分割支払いを希望する場合は、個人または法人の代表取締役の1人を設定するが、支払い終了時に保証書を返還する。月々の仕入れ上限は卸価格で100万円、下限は同30万円となっている。

◆ 日販の新しい戦略

日販は、紀伊國屋書店、カルチュア・コンビニエンス・クラブ（CCC）と組んで、ブックセラーズ＆カンパニーを立ち上げた。設立の狙いは、出版社との直接取引によって、書店の粗利益を拡大しようとするものである。世界の出版流通で、取次を通して仕入れをする形態は日本だけである。アメリカ、ヨーロッパの書店はすべて出版社直仕入である。

現在、参加書店は、1000店目標で進んでいる。トーハン帳合の書店の対応はまだ決まっていない。これは仕入革命である。書店の廃業をこれによって食い止めたいものである。

ドイツの最大手書店のタリアは、直接仕入92％に対し、取次仕入8％、2位のフーゲンドゥーベルは、直線仕入70％、取次仕入30％である。書店マージンは直仕入40％、取次仕入35％が一般的である。

日本でも仕入革命で、書店マージンの革命的なアップを願いたいものである。日書連を交えマージン率アップ策運動を期待するものである。

日販は以前から文具は得意であった。今はグループ会社の中に2つの文具関連の子会社がある。グループの中三エス・ティは台東区の東京都立貿易センター台東館で、文具の共同商談会を開催した。メーカー133社が出展し、書店は450人が参加した。もう一社の日販セグモは「文具女子博2023」をパシフィコ横浜で開催した。この女子博は10年以上の歴史を誇る会で、今回は4日間で4万人の来客があった。160社が出展している。有隣堂、ツタヤ、日本能率協会なども出展している。

これは文具ではないが、子会社「ひらく」が入場料制の書店「文喫」を展開、本屋、カフェ、イベントで読者を集めている。子会社の頑張る日販である。

第4章 ◉ 出版業界の生き残り策

4.6 書店の生き残り策を考える

◆ 紀伊國屋書店一人勝ちの検証

　紀伊國屋書店の129期（2022.9.1〜2023.8.31）の連結売上高は1306億787万円（前年比8.0％増）であった。「店売総本部」「営業総本部」「海外事業」の全3部門で増収であった。3年連続の増収増益決算であった。

　出版界全体が減収時代に紀伊國屋書店が増収であるのは何故か探ってみたい。この減収状況は日本だけであって、ドイツ、フランス、アメリカ等、出版先進国はすべて増収の結果を出している。

　現在、紀伊國屋書店の国内店舗は69店舗である。和書の売上は業界シェア5％である。

　直近の出店ではゆめタウン出雲2022年11月である。現地ではよく出店してくれたと喜ばれている由。紀伊國屋書店好調の一因に外商がある。外商部門は北海道から沖縄まで29営業所があり、大学ブックセンター（大学施設内に所属する職員、学生を対象とした小型の書店）は81カ所ある。外商は前年比106％である。外商と大学との歴史は古い。紀伊國屋書店が高等教育機関のパートナーとしてできることをやっていけば、外商の事業は売上が増え成長が望めると確信している。しかし大学をはじめ高等教育はデジタルに予算がシフトされてきている。20年前は紙と電子の比率は88％対12％であったが、現在は紙14％、電子86％と逆転している。高等教育機関の予算配分の変化に驚くばかりである。

　大学の授業についても、授業の受け方、先生方の教え方も変化している。しかし電子教科書万能にはなっていない。むしろ小中高のICT活用教育を進めるGIGAスクールの方で、タブレットで授業を始めている。彼らが紙で学習するよりも、電子で授業を受けることが普通になる時代がくるであろう。現在はその意味で過渡期である。

　図書館の業務委託も増えている。今、全国で約2000人のスタッフが大学、図書館を中心に働いている。

88

◆ 紀伊國屋書店の海外戦略

　海外事業を見てみよう。10カ国、42店舗ある。1969年（昭和44年2月）サンフランシスコに海外1号店を出店した。筆者はその数年後、訪店した。店長さんに苦労話を聞いたところ、現地人の採用が大変だったという。アメリカと日本のプライバシーの受容意識が全く違うことに驚いたという。例えば、相手の性別、年齢、住所、学歴などは質問御法度だったのである。容貌から男女がわからず、面食らったそうである。

　現在、海外の事業売上は300億円を超えている。海外店の好調さは筆者も訪問しているので、真実感じている。2020年（令和2年）5月アブダビ店を開店している。その翌年に筆者はドバイ店を訪店した。月商1億円、従業員は90名（日本人スタッフ7名）、20カ国の言語理解は可能だという。フィリピン人、ベトナム人が多かった。ヨーロッパ人もいた。

　店頭から最奥の美術書コーナーまで歩いて5分かかった。商圏は飛行機で3時間以内といっていた。店長以下スタッフの教育の行き届いていることに感心した。

　高井昌史社長（当時）は2023年2月に新宿ハイアットリージェンシーで、「高井セミナー」を行った。その講演の中で、国内外を合わせた店舗別売上ランキングを発表した。

　そのベスト10店は、①新宿本店、②梅田本店、③シンガポール本店、④札幌本店、⑤ドバイ店、⑥クアラルンプール店、⑦横浜店、⑧グランフロント大阪店、⑨流山おおたかの森店、⑩シドニー店である。海外店が4店も入っているのは驚きであった。ドバイ店以上にシンガポール本店の方が売上は多い。筆者は訪店し店長から色々話を伺った。売場面積はドバイ店の半分以下である。スタッフは日本人5人、現地人85人。歴史もあるが、商品構成の良さ、社員教育の徹底に好調の原因はある。店長の管理能力は抜群である。

　紀伊國屋書店で、海外店で働いている人は1200人である。商材は和書だけでなく、現地書籍も当然売っている。シンガポール本店は英語書、ドイツ語書、フランス語書、中国語書を扱っていた。売上は和書・和雑誌は15％くらいのシェアである。海外店でもコミックは非常な人気である。ベスト10のシドニー店はコミックという表現を使わずに、グラフィック・ノベル（青年向き）と

MANGA（子ども向け）に分け、シドニー市内でも人気書店である。

　紀伊國屋書店の海外店で共通することは、地域書店と仲のよいこと、紀伊國屋書店を地元読書人が誇りに思ってくれていることである。デザイン書、美術書、建築書、写真集、環境書、他専門書などは抜群である。

　紀伊國屋書店は1949年（昭和24年）、75年前に洋書輸入を始め、今日に至っている。

　日本最大の洋書専門店と言ってよいであろう。すべての店ではなく、言語別に取り扱い店を絞っている。英語書籍23店舗、海外マガジン17店舗、フランス語書4店舗、ドイツ語書籍、スペイン語書籍3店舗、イタリア語書籍2店舗、ベトナム語、韓国語、中国語書籍（簡体／繁体）1店舗で扱っている（2022年3月現在）。

◆ ブックセラーズ＆カンパニーの育成

　現在、紀伊國屋書店の大仕事は2023年10月に立ち上げたブックセラーズ＆カンパニー（BS ＆ Co.）の育成、成功である。書店主導の流通改革である。TSUTAYAと日販、3社の会社である。

　店舗数は、1000店を見込んでいる。紀伊國屋書店の考えは、今までの書店間のライバル関係を超越して、「仲間になり、本を売りましょう」というものである。書店の粗利を30％にする仕入革命である。

　欧米では、書店が出版社から直取引することは出版流通の主流である。かつて日本は、出版業界の中枢は取次であると考えられ、また機能してきた。

　昨今、取次の立場が微妙である。書店のライバル感が、今、取次のライバル感に飛び火している。この調整役を紀伊國屋書店ならできるものと確信する。

　とにかく紀伊國屋書店は愚直に本を売ってゆく姿勢はゆるぎもない。「本気になって本を売ろう」と叫ぶ声を全国の書店は真摯に受け止めたい。

　BS ＆ Co.が設立を発表して1年が経過した。直接取引契約社が主婦の友社、徳間書店、三笠書房、スターツ出版、サンクチュアリ出版、インプレス、ダイヤモンド社の6社となった。正直、もう少し参加出版社があると思っていたのだが。直取引を受ける出版社側の負担、危惧が参加を渋らせたのであろう。業界初の仕入革命であるから、熟慮して今後に臨んで欲しい。すでに新条件で取引している書店の経営数字はよい。多くの書店の参加があれば版元も潤う。

◆ 有隣堂の新しい戦略

　1909年（明治42年）に創業した有隣堂であるが、ユニークで、新しいタイプの大型チェーン書店である。神奈川県を中心に東京都、千葉県など首都圏に40店舗展開している。2023年に西日本・神戸阪急に出店したが、関西進出は初めてである。

　大型店であるが、これほどバラエティーに富む書店は珍しい。経営ポリシーが確固たることの証である。毎年、前進している業績は素晴らしいの一語につきる。売上高（2021年8月期）は668億円である。売上の半分が本以外の商品である。これは大型書店では考えられないことである。以前から、有隣堂は事務機器に強い書店として知られていたが、確かにそのとおりである。事務機器に関連し、学童文具、事務文具、ファッション文具も充実している。

　筆者がオーストラリア・シドニーに行った時、国内一番店のディモックス書店の本店の店長が、文具の品揃えは有隣堂さんを参考にしたと聞き、嬉しかった。

　バラエティーの極めつけはミッドタウン日比谷店である。書店の経営もしているが、その他メガネ店、居酒屋、理容店、洋服屋も経営し、バラエティーの展開である。最近では日本橋に進出してきた台湾の誠品書店（売上、店舗数はNo2だが、品揃え、社員、品性ではダントツNo1）をサポートしている。「誠品生活日本橋店」は本を中心に、文具、雑貨、レストラン・カフェで構成されている。

　現在の有隣堂の売りは『有隣堂しか知らない世界』である。2020年6月に始まった「有隣堂の企業公式 You Tube チャンネル」である。現在、登録者数は30万人である。松信信太郎社長の「You Tube やるぞ」の一声の根底には「縮小してばかりの書店業界で、従業員に成功体験を持ってもらいたかった」という温かい心遣いがあった。自社制作も凄いが、登録者がますます増えていることである。県民の有隣堂は、地域密着をいっそう強いものにした。

　あと3つ有隣堂の誇りがある。

　1つ目は、買切書籍を売り切る努力、精神。2つ目は、取次を変えない一徹な社風。3つ目には、文庫本購入時に掛けてくれる特製文庫10色カバーである。

　書店業界の指標として、ますますの発展を期待したい。

第4章 ◉ 出版業界の生き残り策

4.7 国の政策と書店の再生

◆ 国は書店をどうみているか

経済産業省は2024年10月4日「書店振興プロジェクトチーム」が現在の書店をどう見ているか、どう支援したらよいのか「書店活性化の課題」を発表した。

国の小売書店観である。29項目ある。

①来店客数の減少、②粗利率を抑制する流通慣行（粗利率と小売価格）、③再販制度によりコスト転嫁が困難、④多すぎる出版物の刊行点数、⑤委託制度による返品率の高さ・適正配本の必要性、⑥書店規模を優先した配本、⑦書店における注文書籍の到着の遅れ、⑧雑誌に依存した流通形態、⑨発売日協定による配送指定、⑩公共図書館の複本購入による売上への影響、⑪公共図書館での新刊貸出による影響、⑫地域書店による公共図書館への納入、⑬図書館の納入における装備費用の負担、⑭新規出店の難しさ、⑮キャッシュレス決済の手数料負担、⑯キャッシュレス決済の入金サイクルによる資金繰りの悪化、⑰ネット書店との競合、⑱地方自治体（公共機関、学校等）による調達方法の変化、⑲文化拠点としての書店の重要性の理解の希薄化、⑳書店による新事業開拓の不足、㉑多様な特色ある書店への展開不足、㉒活性化のための書店主催イベントの支援拡充および手続き緩和、㉓国や地方の補助や助成の活用の低さ、㉔新商材等の導入にあたっての支援、㉕DX化、データ管理の遅れ、㉖店頭の在庫情報が未把握、㉗万引き問題、㉘付録付き雑誌などの店舗オペレーションの負担、㉙文化施設、読書推進人材の活用機会が希薄。

上記をまとめてみると5項目に絞れる。
- **構造的なこと5項目**：客数不足、粗利、コスト転嫁、キャッシュレス2つ
- **国の認識不足5項目**：文化不理解、人材活用、支援不足2つ　補助金
- **公共図書館5項目**：複本、貸出、納入、装備、調達方法
- **書店の不勉強7項目**：特色なし、データ管理、万引、在庫管理、付録、返

92

品、新事業
- **出版業界の問題7項目**：出版点数、ネット書店、注文、大書店主義、雑誌依存、出店難

「書店振興PT」を5つの視点でまとめてみた。書店、業界に問題ありが半分の14項目、行政側に原因ありが15項目と、官民半々であった。両者に問題のあることを改めて知った。

書店現場の声は斎藤大臣（当時）他行政にも届いている。特に大垣書店麻布台店で行われた「車座ヒアリング」では、日書連会長・矢幡秀治氏、他幹部も出席し、斎藤大臣を交えて交流した。大臣は「本との出会いの場である図書館、ネット、書店の共存が望ましいが、今、書店だけが減っている。この現状の問題を解決したい」と述べられていた。

◆ 新しい読者との出会いを求めて

鳥取の定有堂書店が廃業されたのは残念でならないが、イベントだけは継続されていることを聞いて、少しはほっとした。今、定有堂精神の書店が、ここ10年間に続々とできていることは心強い。大型書店に関心が集まる業界で、独立系書店が注目されていることは結構なことである。

≫ 荻窪の「Title」と下北沢の「B&B」

辻山良雄氏が荻窪に「Title」を開店した2016年が独立系書店元年である。その前に伏線はあった。小田急・下北沢に「B&B」をオープンさせた内沼晋太郎氏の功績は大きい。内沼氏は本屋をやりたい人の面倒をよくみてくれたからである。氏の多くの著作からも教示されることが多かった。「B&B」の店名からもわかるとおり、書店でビールが飲める発想はこれまで全くなかった。ビールは道具であって目的ではない。書店に集う人に、読書の場、話し合いの場の提供は、新しいタイプの書店の発想であった。

≫ 下北沢駅近くの「棚貸しの書店」

内田氏に教えを受けた和氣正幸氏は下北沢駅近くに棚貸しの書店「BOOKSHOP TRAVELLER」を開店した。和気氏は経営者として棚管理をし、棚使用者にも利用読者にも喜ばれている。書店にレンタル商法が取られた時、これは書店の一大販売革命であった。和気氏の開発した、この書店の不動産的商法も画期的であった。その後、神保町をはじめ、都内各地にでき始めている。

第4章 ◉ 出版業界の生き残り策

読書の場を大々的に時間貸し、提供する商法、読書環境作りをすすめているのは、大取次の日販である。日販は自社経営の箱根のホテルの一部にもこの読書環境を提供している。棚に大量に陳列されている書籍、雑誌が読めることは宿泊者に好評である。

≫京都・丸太町にある誠光社

こうした書店の自由な発想は、内沼晋太郎氏以前にあった。京都・丸太町にある誠光社の経営者である堀部篤史さんである。彼は独立する前は恵文社一条店の店長を務めていた。この店が個性的だったのである。全国のやる気のある書店主や店長が、また出版社の営業マンもわざわざ見学にいった。かく言う筆者も訪問した。本の分類の展開、時代性の取り入れ方、陳列方法、京都を生かした商品構成……どれもこれも斬新で店全体が圧巻であった。彼が独立して誠光社を立ち上げた。内沼氏を育成者、教育者とすれば、堀部氏は独立系書店の元祖をいってよい。

≫福岡市のブックスキューブリックと広島県庄原市・総商さとう

こうした書店は全国各地にできた。福岡市のブックスキューブリック（大井実社長）熊本市・長崎書店（長崎健一社長）、新潟市・北書店（佐藤雄一社長）、走る本屋さんで有名な掛川市・高久書店、北海道・砂川市いわた書店（岩田徹社長）この店は1万円選書の書店として全国的に有名。独立系時代以前の老舗書店である。NHK・他テレビ放映され、クローズアップされた。1万円送金すれば、その人に合った本を送ってくれる。広島県庄原市・総商さとう（佐藤友則社長）も頑張っている。

≫京都・大垣書店（大垣守弘会長）、山梨・甲府市、朗月堂

独立系に負けない元気書店では京都・大垣書店（大垣守弘会長）、山梨・甲府市、朗月堂（須藤玲子社長）等がある。上記以外にも地域社会に密着して、地域に貢献している書店は全国に多々ある。書店の心意気を感じさせる書店である。独立系書店はこれからである。

◆ 経営学を学んで、チャレンジャー店

次に書店が本来やらねばならない経営学を考えよう。金太郎飴書店にはならないで欲しい。個性的な書店であれば、読者は必ずわかってくれる。

ニッチャー書店になって欲しい。街には必ず一番店（リーダー店）がある。

貴社がそうであれば、その地位を絶対守る必要がある。社員のため、読者のためである。二番店もいる。

リーダー店を追うチャレンジャー店である。貴社がその立場であれば、リーダー店の強みを研究して欲しい。出版社の営業マンから情報を得ることも必要である。もっと大事なことは一番店の見学である。出版業界に欠けている最大のことである。スーパーマーケット、電機業界等の仕事の一つに相手の価格調査がある。常識になっている。相手を知ることは自分を育てることになる。書店ではこのことが悪事のように考えられていた。私事で恐縮であるが、小生はこの相手調査で、多くの友達を得た。ライバルを超越して仲間になると気分がす〜となる。相手もよく小生の店に来た。出版社の営業マンと会話する感覚とは違う。嫌みは全然感じなかった。だから組合活動が一緒にできたのであろう。

このジャンルに関しては「地域一番店だ」という自負部門を持とう。商品量では大型店に譲っても、知識、インフォメーションサービス、接客、陳列、クリンネスで自信を持てばよい。リーダー店、チャレンジャー店は無理であっても、ニッチャー店には自助努力でなれる。どうでもよいフォロワー店（無気力店）だけにはなって欲しくない。

◆ 経営数値に強い近代的経営

次に具体的な経営数字に入ろう。毎月のキャッシュフローが計算できる書店になろう。毎日の雑誌、書籍の送品金額の把握は当然である。同様に毎日の返品金額も把握する。返品は入帳にタイムラグがあるから注意。多分、月末5日間は入帳にならないであろう。翌月入帳と考え計算からマイナスする。

並行して今月の経費の累積を日次で行い、固定経費以外の突発的な経費を含め合算、月次経費を出す。このように仕入金額、売上、経費を正確に掴むことで資金繰りができる。

問題は売上が変動ということで、支払いに支障を来すことが判明する場合がある。そのために月半ばで、資金繰りの目途を立てたい。流動資金を持つことが大切である。金融機関からいつならどれだけ融資を受けられるか、これは支店長とよ〜く話しておくことが肝要である。

金融機関は親しくなった頃に、必ず人事異動がある。仕入れは資金繰りに直接関係してくる。

第4章 ● 出版業界の生き残り策

コラム 紙魚の目

図書館と書店の連携 さわや書店の例

経産省が書店と図書館の問題点を4つにまとめて発表した。

1. 公共図書館の複本購入による売上への影響

2. 公共図書館での新刊貸出による影響

3. 公共図書館への納入の問題

4. 公共図書館の納入時の装備費用の負担

　この傾向が顕著になったのは2010年以降で、図書館と書店業界の間で逆転現象が起こり始めた頃である。図書館の貸出冊数は上昇期、書店の販売冊数は下降期であった。その後図書館は安定期に入り、書店の下降は回復されず、継続である。地域書店が地元図書館と提携する報告が多い。

　盛岡市さわや書店は地元読書環境を育成させることで有名である。十年も前の話になるが、さわや書店の隣の店が閉店した時、その店を買取り、子どもの本専門店「モモ」を開店した。この店の品揃え、商品知識、レファレンスが評判となり、県内図書館の児童書担当者がよく訪問した。そのさわや書店の外商部長・栗澤順一氏が県内各公共図書館と連携をとっている。2023年の連携は次のとおり。

①岩手県立図書館100周年記念行事に積極的に参加、PR、多くの読者を送った。

②盛岡市立図書館で「本屋さんサミット」を開催した。県市内書店人、読書愛好家を交えて図書館の活用、読書推進を話し合った。

③滝沢市立湖山図書館で相羽英雄さんを囲む会を企画、多くの読者を集めた。

④紫波町図書館でテーマは「本と商店街」である。この町には書店が8店もあり、文化活動が盛んである。商店街の中の書店の在り方、図書館との連携など話題は豊富であった。市民の参加も多く、紙の本の復活だった。図書館には電子書籍はある。

⑤釜石市立図書館で開催。テーマは「戦争と講和」である。テーマが大きいので市民も驚いたが、国際都市釜石には向いていたという。企画者の栗澤氏の国際性、文化度を感じた。

第5章

出版業界十大ニュースを読み解く

—『新文化』紙が見た2010年から2023年の変化

ノセ事務所　能勢　仁

この章の概要

　第5章は日本の出版業界の2010年から2023年までの、毎年度の動きを記録したものである。このデータは出版業界紙『新文化』編集部が選んだ直近14年間の「出版業界十大ニュース」を基に課題を分析し、解説した。資料の提供で、ご協力いただいた『新文化』編集部に厚く感謝申し上げます。

　2010年はアップルの端末「iPad」が電子書籍にスポットを当ててくれた年で、この年を「電子書籍元年」とスタートを宣言してくれた。アマゾンの上昇気流に気付いた年でもある。当時アマゾンの全売上は2500億円であった。和書売上は約1000億円に達し、紀伊國屋書店に追い付いている。2012年はアマゾンの「Kindle」が発売された。13年には大阪屋、栗田、太洋社など赤字決算であった。消費税が8％になり、紙の本は売れなくなったが、電子書籍は好調であった。栗田、太洋社、大阪屋の順に倒産した。アマゾンは日販へのバックオーダーを停止した。スリップレス化が増えた。マーケットインが業界の流行語になった。コロナ禍が書店休業と巣ごもり特需の両面を生んだ。日販、トーハンが運賃問題で受難。日販はCVSから撤退と発表、業界は闇の中を歩く状態となった。

第5章 ● 出版業界十大ニュースを読み解く

5.1 2010年の十大ニュースを読み解く

≫1. 電子書籍元年

　電子書籍の登場は、縮小する出版市場の中で、出版社にとっては希望と危機感が同時にやってきた感があった。民間レベルで電子書籍の話題を引っ張ったのはアップルの「ipad」であった。公的レベルでは総務・経済産業・文部科学の三省が乗り出した「電子書籍ビジネスのインフラ構築」だった。先行投資のメリットの有無と問題も多い。「電子書籍話題元年」であったかもしれない。

≫2. トーハン・日販送返品適正化へ

　縮小する市場の中での供給過剰の原因は、多少返品が増えても売上を伸ばしたい気持ちが強いからである。日販は返品率の高い出版社と月毎の送品額を事前に話し合い、返品率の抑制と実売率の向上に取り組んできた。取引額1億～150億円ぐらいの出版社で、返品率40％以上の社は返品率が3.2％改善された。トーハンも送品規制に協力を願い、日販同様に返品率は減少している。

≫3. 国民読書年　各地で多彩な行事

　文字・活字文化推進機構、国民読書年推進会議などの九団体・組織は「国民読書年宣言集会」を10月23日に上野公園の旧東京音楽学校奏楽堂で記念式典として行い、アピール文を満場一致で採択した。読書量の底上げ、社会人の言語力向上、学校図書館の充実がなされることを期待するものである。

≫4. 『IQ84 BOOK1・2』　ミリオンセラーに

　村上春樹はベストセラー作家で、ノーベル文学賞候補にも何度も挙がっている。谷崎潤一郎、三島由紀夫も候補者であったが、選考中に亡くなってしまった。川端康成、大江健三郎は賞を掌中にしたが、春樹は未だしである。その後も国内では大ベストセラー作家で活躍中だが、国際的には声はかからない。ハルキストの応援ばかりが目につく。受賞が幻にならぬことを願うばかりだ。

≫5. 書店の疲弊が加速している

　アルメディアの調査によれば、日本の書店数は2000年時は2万1664店であった。2010年は1万5314店である。29.4％の書店が消えている。業界売上を見ると、2000年は2兆5124億円、2010年は1兆9750億円で21.4％の減少率であ

98

る。書店の疲弊がわかる。出版社から提案される施策があるが、長続きすることが少ない。出版社、書店共提案の一策一策を追う必要があると思う。

≫6.『もしドラ』がミリオンセラーに、ドラッカーブーム再燃

ダイヤモンド社がドラッカー生誕100周年事業の一環として発表した『もし高校野球の女子マネージャーがドラッカーの「マネジメント」を読んだら』（岩崎夏海著）がミリオンセラー（181万部）になった。読者もビジネス関係者だけでなく、9〜90歳まで幅広く読まれたことも頼もしいことである。

≫7. 雑誌の付録がアピール　宝島社に話題集中

書店活性化の名目で始められた宝島社の書籍以外の商品で、お客様を書店に呼ぼうとした付録作戦は成功した。店頭で付録をじっくり見る女性を見れば一目瞭然である。好評の原因は品物がブランド品であること、センスがよいこと、価格性が高いことなどである。書店側では雑誌に附録を装填する作業が大変だと困惑していたが、売上寄与商品なので我慢しているようだ。

≫8.「池上本」「内田本」のブーム

二人の共通点はテレビ出演が多いこと、独自の語り口であること、主張があることである。池上彰はかつてNHKの子ども番組でニュース解説をしていた。当時のわかり易さ、詳述さが人気の秘密である。池上彰、内田樹のみならず人気作家の本が、茂木健一郎（35点）、和田秀樹（28点）、勝間和代（24点）、池上彰（19点）、佐藤優（19点）、内田樹（14点）と、多数刊行された。

≫9. アマゾンの上昇気流

アマゾンジャパンの全売上は2500億円で、そのうち書籍雑誌の売上が約1200億円、和書売上が約1000億円という。アマゾンが日本で事業を開始してから9年になるが、その伸びは目を見張るものがある。アマゾンのシステムについては2019年になってから倉庫見学会が開かれている。売上額で見ると紀伊國屋書店に匹敵する。インターネット書店であるから、いつでも受注し、早いものは翌日配達が可能。送料も購入額1500円以上は無料配送である。

≫10. 青少年健全育成条例

東京都は都議会本会議でマンガ規制を盛り込んだ青少年健全育成条例改正案を可決した。出版関係者のほか、漫画家自らによる反対意見は都に届かず、コミック10社の会は抗議として、2011年3月の「東京国際アニメフェア2011」への出展を取りやめるとの緊急声明を発表した。

第5章 ● 出版業界十大ニュースを読み解く

5.2 2011年の十大ニュースを読み解く

≫1. 東日本大震災出版対策本部を設置

　書協、雑協、日本出版クラブの出版三団体は、東日本大震災に対応するため「東日本大震災出版対策本部」を設置、出版界全体の対応窓口に位置づけた。書店被害について取協は、「全壊・半壊」が104店、「浸水・水濡れ」53店、「商品汚損」630店の計787店、11月末時点での「営業停止店」は81店、「廃業した店舗」は19店とまとめている。取次会社における罹災品の返品額は本体価格ベースで16億円強と発表された。

≫2. 震災関連本相次ぐ

　震災直後、機動力のある新聞社から現地の惨状を伝える写真集が相次いで出版された。河北新報社刊の写真集『巨大津波が襲った3・11大震災』は売れた。1970年に刊行された吉村昭記録小説『三陸海岸大津波』は増刷を重ね、15万部が売れ、印税は被災地に寄付された。震災、原発関連書が約1000点発行された。写真集、ノンフィクション、啓発本、研究書等ジャンルは多岐にわたった。被災地県では昨年比3%アップの売上であり、全国的にもよく売れた。

≫3. 電子書籍の新たな展開

　2010年の電子書籍元年を受け、新たな展開が見られた。村上龍『限りなく透明に近いブルー』、立花隆『電子書籍版　立花隆全集』、講談社の京極夏彦の新作『ルー＝ガール2』は単行本、ノベルズ、文庫、電子書籍の4形態で刊行された。北方謙三『水滸伝』（全19巻）の電子化、新潮社『新潮新書』の全電子化、岩波書店も『岩波新書』『岩波ジュニア新書』の電子化を発表した。

≫4. 「タニタ本」430万部に

　『体脂肪計タニタの社員食堂（正・続）』（大和書房）は合計430万部売れた。実用書は雑誌と並んで書店の主食である。時期を問わず、また書店の大小に関係なく売れる。実用書の中でいつも好調ジャンルは料理本である。その中で人気最高なのはダイエットに関連する料理本である。「タニタ本」がこの種の本を刺激したことは当然である。料理のレシピ本が健康ブームの後押しをし、メガヒットになった。

≫5. 消費税引上げの際、軽減税率導入を政府税調に要望

　日本出版書籍協会、日本雑誌協会、日本書店商業組合連合会、日本取次協会の4団体は政府税調に対して「消費税率引上げの際には書籍、雑誌など出版物に軽減税率の導入」を求める要望書を連名で提出した。

≫6. 書店大商談会　盛況

　2010年に続いて東京書店商業組合が「首都圏書店大商談会」を実施した。会場を秋葉原駅前UDXに移し、展示会場も広くとった。今年から大阪でも、梅田スカイビルアウラホールで「BOOKEXPO」が開催され、出展社は東京96社に対し124社。来店書店数、商談件数、成立金額も大阪の方が多かった。2011年には札幌でも開催。この3地区はJPICが主催している。県単位では愛知・三重・岐阜が名古屋で、九州7県の会が福岡で実施されている。

≫7.「自炊本」横行と対策

　2010年の電子書籍元年を受けて、大手出版社の対応は目覚ましかったが、既成の本をバラバラにして、スキャナーで読み取り、原稿を電子化する悪徳業者が出現してきた。自炊ブームで自炊代行業者が多く現れ、断裁済みの本を貸出したり、自炊済みの本をオークション出品するなど、私的複製の範囲を超えた行為が横行した。作家122人と出版社7社が質問状を送付する事態となった。

≫8. 日販、2015年までに返品率25%に

　古屋文明社長は、「新春を祝う会」で「2015年までに返品率25%に」と指針を掲げた。2年前に42.4%だった書籍の返品率を今年の中間決算で35.6%と、約7%改善し、「脱・委託宣言」から構造改革が進んでいることを実証した。

≫9.「出版デジタル機構」設立

　講談社、集英社、小学館、新潮社、文藝春秋など出版社20社は出版物を電子化する場合のデータ作成・保管・配信業務なども代行し、電子出版ビジネスを包括的にサポートする共同出資会社「出版デジタル機構」（仮称）を設立することで合意した。

≫10. 再販制度についての動き

　日書連の大橋信夫会長は通常総会で、再販制度に対する日書連の方針を転換、弾力的運用に切り込むことを表明した。一方、出版流通協議会では、相賀昌宏委員長が再販制度について、諸外国の動向を注視しながら「非硬直的な運用を基本姿勢にする」と、弾力的運用推進を言明した。

第5章 ● 出版業界十大ニュースを読み解く

5.3 2012年の十大ニュースを読み解く

≫1.「緊デジ」難航するも目標達成

　経産省から10億円の助成金を得て、電子書籍の普及と東日本大震災の被災地支援を目的にした「コンテンツ緊急電子化事業」が出版社だけでなく、書店や取次からも注目を集めた。日本出版インフラセンター（JPO）から6万点の電子書籍を目標に、制作・管理・配信する運用スキームが発表され、2月から順次説明会が行われる。4月には、産業革新機構から出版デジタル機構へ総額150億円の出資枠が用意され、市場を創出する構想も動き出した。

≫2. 本格的電子書籍時代の幕開け

　楽天の子会社 Kobo 社（カナダ）は7月電子書籍端末「Kobo Touch」を発売、アマゾンは11月「Kindle Paperwhite」を発売し、電子書籍時代の幕開けに。「Kindle」の契約条件に関してはアマゾンと出版社間で攻防もあったが、エージェンシーモデルとホールセールモデルを両立する形で落ち着いた。

≫3. 書店 M&A　再編の動き急

　3月には平安堂が、地元・長野県で鉄鋼原料や建設関連資材、OA システムなどを手掛ける高沢産業に株式100％を譲渡した。同社は平安堂の10店舗と役員・従業員を引き継いだ。同月、ジュンク堂書店は近鉄百貨店の子会社ビッグウィルの株式86％を取得し、店舗の屋号はジュンク堂書店に変わった。6月には、トーハンが明屋書店の株式の40.8％を取得、総株主の議決権数に対する割合は76.55％に達した。全国15の都道府県に84店舗を構え、売上高164億円を計上する明屋書店がトーハンに帳合変更したことも注目された。8月には、くまざわ書店が沖縄の球陽堂書房の株式100％を取得した。

≫4. 出版者の権利付与問題

　電子書籍事業が活発になる一方「出版者への権利付与」問題が難航した。電子書籍の違法な海賊版への対応や利用・流通の促進を目的に法制化への話し合いを進めた。衆議院議員の中川正春氏を座長に業界三者、図書館、作家、議員で組織する「印刷文字・電子文化の基盤整備に関する勉強会」（中川勉強会）も活発に動いた。「出版者への権利付与」では、「①著作隣接権、②設定出版権

の拡大、③（出版者に）訴権を付与する方法」などが検討された。

≫5. 送・返品同日精算で対立

日書連は4月の理事会で、日販とトーハンが返品入帳に関し、「優越的な地位を濫用して不正な取引をしている」とし、公取委審査部に申告することを決め、5月に実行した。書店団体が大手取次2社を相手取り、公取委に申告したのは初めてと思われる。"身内を売る"恰好になったことで、業界関係者の不安を煽った。この問題も本質は、書店側から取次業界に要望されていた課題で、「取次会社から書店に送品した月次請求分と、書店の返品入帳の期限を同時にして、相殺・精算するよう求めた」ものである。

≫6. トーハン社長交代騒動

5月中旬以降、トーハンの社長交代劇の騒動が続いた。ポプラ社の坂井宏先社長がトーハンの社長に就くという人事構想が伝えられ、山崎厚男氏（当時会長）、近藤敏貴氏（同社長）、上瀧博正氏（同取締役相談役）、小林辰三郎（同取締役）の進退情報が錯綜した。トーハンは財務顧問であった藤井武彦氏が社長に、近藤社長が副社長となる新体制を発表した。

≫7. 客注対応迅速化で実験　楽天が二次取次に参入

楽天が二次取次業に参入する……。9月に流れたこのニュースは、業界の耳目を集めた。日本出版インフラセンターが経産省から受託した「フューチャー・ブックストア・フォーラム」の一環で、11月から実験的に開始。楽天の在庫を利用して、書店の客注対応の迅速化を目的に行われている。

≫8. 太洋社が改革へ中期計画

太洋社は11月に東京・文京区の本社を賃貸ビルに建て直し、不動産事業に本腰を入れる中期事業計画を発表した。従業員の希望退職を募りながら、来年の秋をめどに東京・末広町にある自社保有のビルに移る。

≫9. 大震災復興基金

東日本大震災の支援を目的に、書協、雑協、日本出版クラブで組織した出版対策本部の「〈大震災〉出版復興基金」の義援金額は昨年6月から今年1月末までで計2億2256万0117円となった。

≫10. ミリオンセラー年末にやっと　文藝春秋『聞く力』1点のみ

2012年のミリオンセラーは『文春新書』の阿川佐和子著『聞く力　心をひらく35のヒント』の1点に止まり、ベストセラー不作の年でもあった。

第5章 ◉ 出版業界十大ニュースを読み解く

5.4 2013年の十大ニュースを読み解く

≫1. 大阪屋、楽天などの出資暗礁に 臨時株主総会は来年に持ち越し

　大阪屋の南雲隆男社長が楽天をはじめ、講談社、小学館、集英社、大日本印刷と「資本・業務提携の協議に入っている」と公言したのは、6月5日に行われた「大阪屋友の会連合大会」の席上だった。その後ブックファーストがトーハンに帳合変更、夏にはジュンク堂書店の新宿店閉店、アマゾンジャパンの帳合変更と重大局面になった。前出5社の資本政策を進め、臨時株主総会で増資の決議を行う考えであったが、年内についに臨時株主総会は開かれず、いよいよ重大局面に立たされた大阪屋である。

≫2. ミリオンセラー続出……豊作の年

　2013年、100万部を達成した書籍は11点で出版史上初である。小説の文庫本が6点を占めた。映像化で原作本が好調だった。村上春樹『色彩を持たない多崎つくると、彼の巡礼の年』（文藝春秋）、東野圭吾『疾風ロンド』（実業之日本社）で前者は4月12日発売後、わずか7日でミリオンを達成。近年好調だったダイエット本がベスト10にランキングされなかったことも特色である。

≫3. 取次会社の明暗くっきり 中堅4社の厳しさ増す

　大阪屋、栗田、太洋社、日教販の4社は赤字決算であった。この背景には、既存店の販売不振・廃業問題もあるが、主要書店の帳合変更の要因が大きい。取次の書店争奪戦は見苦しい限りである。7月末には法経・ビジネスに強かった明文図書が自主廃業した。中央社は主要取引先、アニメイトの好調さを受けて4期連続の増収、増益決算であった。返品率も非常に低い。

≫4. 大雪・地震・台風の天災被害 遅配、客足減強いられる

　首都圏の大雪、北海道の強烈な寒波など、年初から天災に見舞われた2013年。4月には兵庫・淡路島の地震災害。10月の関東地方を襲った台風26号で首都高が全面閉鎖、雑誌の輸送が止まり多くの書店が被害を受けた。最低気温がマイナス20度を下回った北海道では店舗の売上は30％減であった。

≫5. 文化庁が報告書をまとめる

　紙の本が対象の「出版権」の範囲を電子出版にも広げる最終報告書を文化庁

がまとめた。「紙と電子の一体的な出版権の設定」では「企画から編集、制作、宣伝、販売という一連のプロセスを引き受ける出版者と著作者」が取り交わす契約は「紙媒体での出版と電子出版に係る権利が同一の出版者に一体的に設定される」と記された。

≫6. 武雄市図書館が物議　危惧される書店への影響

CCC（カルチュア・コンビニエンス・クラブ）が指定管理者となり、2013年4月1日にリニューアルオープンした武雄市図書館（佐賀）が業界関係者の間で物議を醸した。書店への影響が危惧されている。新刊書店のツタヤとスターバックスを併設。自動貸出機でTカードが利用でき、ポイントもつく。開館時間も午前9時から午後9時までと異例づくめ。オープンから半年で来館者は3.2倍になり、他市からの来店者が増えたことも特色である。

≫7.「緊デジ」6万点になる　約70％が大手出版社

経産省が10億円の予算を出した「コンテンツ緊急電子化事業」が3月末で終了する。タイトル数は6万4833点に及んだ。そのうち東北関連書は2887点、全体の3.5％と低調であった。約7割が自前で対応する予定だった大手出版社のコンテンツであった。もっと多くの出版社の関心を引いて欲しいものである。

≫8. 講談社が快 "進撃"

講談社の2012年度の第75期（2012年12月1日〜2013年11月30日）決算が18年ぶりに増収増益となる見通しである。売上高は前年より約20億円増の約1200億円になるという。電子書籍の売上も前年の1.5倍に拡大された。

≫9.「特定秘密保護法」が可決・成立

国家機密の漏曳に厳罰を科す、「特定秘密保護法」が12月6日、可決・成立した。これに対し日本書籍出版協会、日本雑誌協会、日本ペンクラブなどの業界団体が一斉に猛反発の姿勢を示した。国民の「知る権利」「報道の自由」を損なうことも懸念される。数多くの業界団体が廃案を求めている。

≫10. 各地で本屋大賞、商談会行われる

全国各地での「本屋大賞」の開催や商談会の拡がりなど、書店自ら企画して取り組む動きが目立った。2004年に創設された本屋大賞は、NPO法人・本屋大賞実行委員会が運営する文学賞で2013年で10周年を迎えた。本を売る最前線の書店員の声が反映されており、人気度は高い。一方、「書店大商談会」は東京、大阪、北海道、愛知、静岡と拡がっている。

第5章 ● 出版業界十大ニュースを読み解く

5.5 2014年の十大ニュースを読み解く

≫1. 消費増税で書店の販売環境が悪化

2014年4月からは消費税が8%になったことで、書店の販売環境は悪化している。出版科学研究所の調べによると、上半期の販売金額は前年同期比5.9%減である。3月末には一部書店で駆け込み需要もあったが、低迷には変わりない。一方で電子書籍の点数は経産省の支援事業もあり、12月19日現在では72万点に及んでいる。2014年は電子書籍の売上は1000億円を超えると見られている。紙の書籍の落ち込みを電子書籍が補填するかたちになることが予想される。

≫2. 著作権法改正が成立　出版権、電子書籍に拡張

ネット上の海賊版を差し止めるため、出版界は著作隣接権の創設を求めたが、経済界などの壁に阻まれ出版権を電子書籍に拡張することで決着し、著作権法改正が成立した。改正法では、紙媒体の出版行為やCD-ROMなどによる頒布を「第一号出版権」、著作物の複製物を用いてネットで自動公衆送信する行為を「第二号出版権」と規定、電子配信業者が出版権を締結できる道を開いた。

≫3. 大阪屋、本社売却し37億円を増資

10月の臨時株主総会では6社で37億円を増資することを決め、出資する楽天の出資比率を35.19%、講談社、小学館、集英社、KADOKAWA、大日本印刷はそれぞれ11.56%にすることを決議した。さらに11月の臨時株主総会では、出資した企業より、新たな取締役を選出、執行役員も含めて新体制を築いた。

≫4. 割引サービス、消費税免税……アマゾンが話題の中心に

学生を対象にした大幅な割引サービス「アマゾンスチューデントプログラム」では、緑風出版など日本出版者協議会加盟の3社が抗議の姿勢を示して自社出版物の出荷を停止した。有隣堂などは応援フェアを行った。あけび書房など4社は、同プログラムが「再販契約違反」に当るとして、日販に対する違約金も請求している。

≫5. 超人気！キャラクター「妖怪ウォッチ」　800億円市場創出

小学館の『妖怪ウォッチ』が大ヒットし、社会現象になった。その市場規模

は800億円以上である。『妖怪ウォッチ』は、2011年からプロジェクトがスタートした。約1年後漫画連載を始め、8カ月後にはゲームソフトを発売、5カ月後にはテレビアニメ化、そして12月には映画が公開され、メディアミックスに成功した。

≫6. 文具・カフェ・雑貨……書店複合化進む

主要な書店を中心に「文具・雑貨」「カフェ」「コンビニ」を併設する店が増えた。日販はダルトンを子会社化して雑貨商材をヒットさせた。大阪屋も関連会社のリーディング・スタイルでカフェや文具・雑貨を複合化して、直営店を4店出店した。トーハンは明屋書店でセブンイレブンを隣接させた石井店（松山市）を開店。

≫7.KADOKAWA とドワンゴが経営統合

2013年10月角川書店は、出版社10社を統合して、社名を KADOKAWA に変更した。その後、2014年はドワンゴとの統合を果たし、日本発の「コンテンツプラットフォームビジネス」の構築を始めた。

≫8. ミリオンセラー、2014年は1点のみ

2013年の豊作から一転、2014年のミリオンセラーは、アスコム『長生きしたけりゃふくらはぎをもみなさい』の1点だけであった。一方、中国・韓国に対するバッシング本（いわゆる「ヘイト本」）が多く刊行され、ベストセラーにも入っていた。

≫9. 特定秘密保護法が12月10日施行

国民の「知る権利」や「報道の自由」を損なう恐れから、出版界が反対の声をあげ続けた特定秘密保護法が施行された。正当な取材行為も妨げられ、国民の知るべき公の情報を得ることが困難になることは極めて残念である。

≫10. 「料理本レシピ本大賞」創設

書店員発の「本屋大賞」が全国各地で盛り上がっている中で、2014年は書店員有志と取次会社が実行委員会を組織して「料理本レシピ本 in Japan」大賞が創設された。これまで小説など文芸分野で本屋大賞をつくる動きはあったが、実用書部門は初めて。料理、お菓子の2部門が設けられ、88社、219点がエントリーした。主婦と生活社が『常備菜』『まいにち食べたい"ごはんのような"クッキーとビスケットの本』で両部門の大賞を受賞した。フェア開催店は約2000店に達し、増売効果も顕著に表れた。

第5章 ● 出版業界十大ニュースを読み解く

5.6 2015年の十大ニュースを読み解く

≫1. 栗田出版販売が民事再生法を申請

2015年、出版界で最も注目を集めたのは栗田出版販売の経営破綻である。6月26日東京地裁に対して民事再生法の適用を申請した。債権社約2000社（100％弁済を終えた少額債権者を除くと約900社）、債権総額約130億円（当時）の規模となり、業界全体に衝撃を与えた。……業界にはこうしたニュースが多すぎる。誰も責任をとらない体質が心配である。急に発生する事態ではない。従業員、家族、取引業者の迷惑を経営者、役員はもっともっと真剣に考えるべきである。

≫2. 又吉直樹の芥川賞受賞作が248万部 『火花』書籍市場を牽引す

お笑いコンビ・ピースの又吉直樹『火花』（文藝春秋）が文芸書の分野だけでなく、書籍全体の市場を大きく牽引した。2014年12月に同小説を掲載した文芸誌『文學界』が、創刊以来初めて増刷し、3月に発売された単行本は純文学作品としては異例の15万部でスタートした。

≫3. 定期購読で需要喚起も低落

今夏、雑協、取協、日書連が行った「年間定期購読キャンペーン」では参加した2935書店によって12万1109件の定期購読を獲得し、145万部相当の需要を掘り起こした。雑誌の発行部数は1997年の65億冊がピークで、2014年は20億冊にまで落ち込んでおり、2015年はさらにそれを下回る。

≫4. 紀伊國屋書店が"春樹本"を買切り 書店卸し事業で注目集める

スイッチ・パブリッシングが発売した村上春樹『職業としての小説家』について、紀伊國屋書店が初版10万部のうち9万部を買切って、全国の書店および取次会社に流通した。「アマゾンジャパンへの対抗策」「書店マージンの向上」「取次会社の配本パターンに依存せず、返品率を改善する」など構造的な改革に着手した。

≫5. 海老名市立図書館、TRCとCCCが共同運営

武雄市図書館に続き、CCC（カルチュア・コンビニエンス・クラブ）が指定管理者で運営する海老名市立図書館、館内にツタヤが出店するなど話題にな

108

った。リニューアル段階で選書や分類に関する TRC（図書館流通センター）の意見が通らず、両社の間に亀裂が入った。

≫6. 元少年A手記、ヘイト本など波紋

太田出版が6月に出版した少年Aの手記『絶歌』は大きな波紋を呼んだ。通常どおり売る書店、シュリンクする書店、売らない書店など様々だった。一方で、いわゆる「嫌韓」や「反中」をテーマにした書籍が多く出版された、売り方は自由である。

≫7. カフェ複合の書店増える

有隣堂は新宿で「STORY STORY」を、啓文社は福山市で「BOOK PLUS緑町」、紀伊國屋書店も新宿本店でカフェをオープンした。その他、オリオン書房、大垣書店、勝木書店など複合化が進んでいる。

一方、取次会社による買収では、トーハンが住吉書房やアバンティブックセンターを、日販があゆみBooksの全株式を取得した。また、伊勢治書店は運営する4店のうち2店と外商センターを、同社の筒井正博社長とトーハンが出資した合弁会社に事業譲渡した。7月にはリブロ池袋本店が閉店し、跡地には三省堂書店が出店した。

≫8. 書誌情報登録窓口・JPRO が稼働

日本出版インフラセンター（JPO）は、著作権法の改正で電子書籍に出版権が認められたことを受け、出版権情報を含んだ書誌情報の登録窓口となる「出版情報登録センター（JPRO）を創設させた。書誌情報の登録件数は12月16日50万点に到達した。

≫9.「改正著作権法」が施行

1月1日、電子書籍にも出版権を拡張した「改正著作権法」が施行された。11月には同法を適用した初の逮捕者が出た。発売前の『週刊少年マガジン』（講談社）や『週刊少年ジャンプ』（集英社）の掲載作品を海外向け海賊版サイトに不正公開したとして配給会社勤務の日本人や中国人の男らが逮捕された。

≫10. 軽減税率適用求め活発な動き

消費税率10%引上げ時の出版物への軽減税率適用を求めて、業界全体が精力的に動いた。12月16日には与党税制改正大綱で、軽減税率適用の検討課題に「書籍・雑誌」が盛り込まれたことを受け、新聞と同様に軽減税率の適用を求めた。

第5章 ● 出版業界十大ニュースを読み解く

5.7 2016年の十大ニュースを読み解く

≫1. 太洋社が自主廃業から一転・自己破産

　太洋社は2016年2月5日、「自主廃業」の準備に入った向きを取引先にファックスで通達した。同8日には都内で説明会を行った。「太洋社が危ない」という噂は2015年夏ごろから出始めていた。ところが、自主廃業から一転して、倒産に追い込まれたのは、芳林堂書店が今年2月に自己破産したことが大きく影響していた。これにより太洋社は、さらに不良債権を抱え、倒産を余儀なくされた。

≫2. 書店のM&A、資本提携相次ぐ

　大手取次会社による買収案件が例年以上に目立った。4月日販はユニーが運営する57店のうち36店舗を取得、ユニーの夢屋書店事業部は8月に廃止した。さらに文教堂グループホールディングスの株式28.12%を取得し、文教堂の筆頭株主になった。日販は16億円を出資し、11月に約200店舗の帳合を一本化した。一方、トーハンは2月に文真堂書店、6月に住吉書房と八重洲ブックセンター、9月に鎌倉文庫、10月にあおい書店を傘下に収めた。

≫3. 新取次「大阪屋・栗田」が誕生

　大阪屋と栗田出版販売が4月1日に統合、新取次会社「株式会社大阪屋・栗田」が始動した。旧大阪屋の大竹深夫社長が代表取締役社長に、日販の専務である加藤哲朗氏が特別顧問に就いた。

≫4. 熊本地震で書店が被災・休業

　4月の熊本地震では、県内の紀伊國屋書店、金龍堂、明林堂書店、ニューコ・ワンの運営するツタヤ、長崎書店、竹とんぼなど数多くの書店が被害に遭い、休業を余儀なくされた。そんな中、本震から2日後には、長崎書店が「元気に仮営業中！」の手書きポスターを店頭に貼り出して一部スペースで本の販売にあたった。業界では講談社や文藝春秋がいち早く義援金募集活動を始めたほか、〈大震災〉出版対策本部も業界横断的な支援に乗り出した。

≫5. 『週刊文春』がスクープ連発

　「甘利大臣の収賄事件」「清原和博の後悔告白」「宮崎謙介議員の二股婚約破

110

棄騒動」など、『週刊文春』のスクープ記事がことごとく社会問題に発展し、国民の注目を集めた。その取材力が話題になった。

2016年10月から「休業」していた新谷学編集長が復帰したことも大きな要因だった。書店では発売と同時に完売する店が多かった。社会がつけた綽名は「文春砲」であった。

≫6. "雑誌読み放題" に憂慮の声

電子版の読み放題サービスへの懸念が拡がった。トーハンでは、dマガジン参加雑誌の紙版の販売部数が、非参加雑誌に比べて落ち込んでいるとの調査結果を発表した。

また、アマゾンジャパンは8月、月額980円で雑誌を含む和書約12万点が読み放題となる。「kindle Unlimited」を開始する。

≫7. メジャー雑誌　休刊相次ぐ

メジャー誌の休刊が相次いだ。『AneCan』（小学館）休刊、同社では1925年創刊の学年誌『小学二年生』も12月発売号で休刊する。『クーリエ・ジャポン』（講談社）は会員向けデジタルサービスに移行した。

≫8. 初の12月31日「特別発売日」

12月31日の全国一斉発売「特別発売日」が初めて設定された。雑誌130点、書籍40点で、部数規模は840万部。すべてがその日のために制作された特別版である。大晦日から正月にかけての読者需要を喚起し、新たな市場創出を目指す企画である。当日の書店サポートや人員確保など懸念の声もあったが、多くの書店が増売に努める体制である。31日の読売新聞や同日昼のテレビニュースで報道された。

≫9. 『文庫X』全国650店以上に波及

「それでも僕は、この本をあなたに読んで欲しいのです」。さわや書店の長江貴士氏が企画した覆面販売企画『文庫X』が全国の書店に波及した。650書店以上で実施された。同店では5034冊を売り上げた。『現代用語の基礎知識』（自由国民社）の"世相語"として『文庫X』が立項された。

≫10. 教科書発行社が謝礼問題

教科書発行社による学校関係者への謝礼が社会的ニュースになった。文科省が7月に行った調査では、4社が140校に計約336万円相当の教材などを無償提供していた。

第5章 ● 出版業界十大ニュースを読み解く

5.8 2017年の十大ニュースを読み解く

≫1. コミックス売上急落　紙版と電子版の売上同額に！？

雑誌コミックスの売上不振が業界三者に大きな影響を与えた。特に単行本コミックスについては「2017年に入ってから落ち幅が大きくなった」という書店が多く、前年同月比で15％以上減少する月もあった。10月は同20％強減少した書店もあった。出版科学研究所によるとコミックスの2016年の推定販売金額は、紙版が1947億円（前年比7.4％減）、電子版が1460億円（同27.1％増）だった。その合計推定販売金額は過去最高になった。

≫2. 深刻さ増す輸送問題　配送会社、出版輸送から撤退相次ぐ

トーハン「新春の会」で藤井武彦社長は「2017年は物流再生元年」と位置付け、日販の平林彰社長は「悠々会新年会」でこの配送問題に「出口が全く見えない状況」と発言し、深刻さを伝えた。日販の安西浩和専務やトーハンの川上浩明専務も各種会合でこの事情は説明している。藤井社長が京都トーハン会で、初めて出版社や関係各社にコストの一部を負担して欲しいと訴えた。

≫3. アマゾン、日販へのバックオーダー停止

アマゾンジャパンが6月末で、日販の非在庫商品を出版社から取り寄せる発注（バックオーダー）の停止を発表。売上上位数社の出版社では、日販在庫商品発注（スタンダード）の引当率改善に一定の成果があったものの、中規模以下の出版社のスタンダードがバックオーダーに回るなど、日販と定めた引当率目標とは隔たりができてしまったと説明した。善後策として、出版社と直接取引する「e託販売サービス」を推奨。5〜6月に10回以上、出版社向け説明会を行った。各出版社では、ロングテール商品の売上毀損を憂慮しつつ、アマゾンとの直接取引の検討や、在庫管理方法を再検討するなど対応を迫られた。

≫4. 今年も M&A、倒産の動き激し

2017年も倒産や M&A、提携など、再編の動きが目立った。取次会社では太洋社に続いて、日本地図共販と関連会社のキョーハンブックスが破産した。出版社ではガム出版、日新報道、創拓社出版、週刊住宅新聞社などが倒産した。CCC は徳間書店、美術出版社を子会社化した。マガジンハウスは8月日之出

112

出版と販売業務提携した。

≫5. 文藝春秋・松井社長　図書館に文庫貸出中止を提言

　全国図書館大会で、松井社長は「文庫の貸出しをやめて欲しい」と提言した。松井社長は15年に行われた同大会で、新潮社の佐藤社長が発言したベストセラーの複本問題にも触れ「その根源にあるのは、本は買うものではなく、図書館で借りるものという意識が読者にあるから」という見解を示した。文庫も新書も図書館で読めるという読者の意識を変えるきっかけとして訴えた。

≫6. 異色ベストセラーが目立つ

　2017年のベストセラーは『いきもの』や『うんこ』、80年前に刊行された書籍を再編集するなど、ユニークな企画が目立つ。高橋書店の『おもしろい！進化のふしぎ　ざんねんないきもの事典』が大ベストセラーとなり、6月現在で141万部売れた。文響社の『日本一楽しい漢字ドリル　うんこかん字ドリル』は小学生を対象にした学参書。主婦層中心に話題化し、6点累計は281万部。マガジンハウスの『君たちはどう生きるか』は80年前の本を漫画化、110万部のベストセラーとなった。

≫7. 万引犯情報を書店と共有

　全国万引犯罪防止機構が「万引防犯情報活用システム」を考案した。「犯人・盗難被害品情報」を随時登録して、犯人の顔写真や映像を共有化するもの。当該人物が書店に入店した時点で、書店関係者に分るような仕組みである。

≫8. 中吊り広告入手問題で、文春が新潮社に謝罪

　文藝春秋が『週刊新潮』の中吊り広告を、トーハンから発売前々日に入手していたことが5月に発覚。文春側は不正や盗用は一切ないと否定した。9月に文春松井社長が新潮社を訪問、謝罪した。文化を売る企業として猛反省すべし。

≫9. 工藤社長、岡副社長が辞任

　丸善・ジュンク堂書店の工藤恭孝社長と岡充孝副社長が退任した。2014年度から3期連続赤字だったという。工藤氏は1976年創業以来の社長であった。

≫10. イシグロ氏がノーベル文学賞

　長崎県出身の日系イギリス人作家カズオ・イシグロ氏がノーベル文学賞を受賞した。イシグロ氏の8作品すべてを邦訳している早川書房に注文殺到。代表作の『日の名残り』44万部、『わたしを離さないで』74万部など、8作合計で117万部売れた。

第5章 ● 出版業界十大ニュースを読み解く

5.9 2018年の十大ニュースを読み解く

≫1. 取次会社が運賃協力金要請……版元には仕入条件の見直しも

　出版輸送問題は危機的な状況にある。2017年12月から出版社に対して運賃の協力金を要請し始めた。運賃協力および仕入条件の見直しを求めたのは日販、トーハン、大阪屋栗田、中央社。運賃については日販が約170社、トーハンが300社に声かけした。取次会社では運送会社のドライバー不足、高齢化、長時間労働、低賃金、燃料価格の高騰などと「待ったなし」の状態である。

≫2. 楽天が大阪屋・栗田を子会社化

　大阪屋・栗田は5月25日、臨時株主総会を行い、第三者割当増資を決議。出資比率51%となった楽天が、大阪屋・栗田の経営権を取得して子会社化した。講談社、小学館、集英社、KADOKAWA、大日本印刷の5社も追加出資。楽天の執行役員で大阪屋・栗田の副社長だった服部達也氏が社長に昇任した。楽天の子会社になってからは、決算や部長級以下の人事異動は非公表になった。取引書店、出版社は現場の人物と物流をしている。部長以下の人事こそが、これからの新大阪屋・栗田に求められるものである。旧・栗田は決算数字を公表しなかったことが対応の遅れの要因となった。

≫3. コミック市場回復基調に

　コミック市場は上半期、乱立した海賊版サイトにより売上不振が続いていた。しかし4月の『漫画村』閉鎖以後、売上が上向き。また今夏に講談社、小学館、集英社が新刊コミックの本体価格を値上げした。これにより8月以降のコミックスは前年同期比でプラスになっている。外部要因として、映像化の影響もプラスに作用している。出版業界では海賊版サイトの対策を敢行。アムタスなど電子書店5社は、4月に日本電子書店連合会を設立した。

≫4. 日販、トーハンが物流協業へ

　日販とトーハンは、両社における物流協業の検討を開始した。事前に公取委に相談し協議OKの回答をもらったものである。両社が手を取り合うことは前代未聞である。両社は今後、制度面、システム面を含め、出版流通の合理化に向けた協業について検討してゆくことになる。

114

≫5. 取次の書店直営化が加速

書店地図が激変している。トーハンは札幌弘栄堂を傘下に、三洋堂ホールディングスの筆頭株主になった。広島の老舗書店・廣文館の事業を継承することになった。日販は東武ブックスを傘下にし、店名をクロス・ポイントと改称した。また日販が文教堂の筆頭株主であり、11月の株主総会で嶋崎富士雄社長が辞任し、常務の佐藤協治氏が社長になった。CCCは旭屋書店と資本提携した。

≫6. スリップレス化、40社に

かつてのビジネスレターであったスリップが今や無用の長物になってしまっている。昔は有価証券でもあった。報奨券のことである。出版社に送付すれば、現金が送られてきた。POSの発達によって、販売記録はすべて取次、出版社に送られる時代である。スリップの機能が失われたのである。POSレジを導入していない書店や、スリップを売場管理のツールとして活用している書店からはスリップレスの困惑の声がある。

≫7. 自然災害で書店が被害

自然災害が多い。2月北陸の豪雪、6月大阪北部地震、7月西日本豪雨、9月北海道地震などがあった。これに対して業界ではトーハンが被害を受けた書店に対して、当月支払の一定猶予を実施した。従来は商品の入帳について優遇措置などあったが金融面での支援は初めてことで、書店にとっては有難い。

≫8.『新潮45』が突如休刊

『新潮45』が、10月号の特別企画「そんなにおかしいか『杉田水脈』論文」をめぐる騒動で休刊することを決定した。発刊後に「性的マイノリティへの差別・侮辱である」との声が出版業界内外で相次ぎ、社会問題化したからである。

≫9.「本の日」初の展開

11月1日を出版業界で「本の日」と決めた。発案者は新風会会長の大垣書店の大垣守弘社長である。この発言から「業界全体の事業にしよう」ということになった。11月1日は、すでに「古典の日」として知られている。河出書房新社ではこの日を有効に使っていた。

≫10.「"こどもの本"総選挙」に12万票

ポプラ社が「面白い本と出会って欲しい」と企画した「"こどもの本"総選挙」に約12万8000票の投票があり、1位は『おもしろい！進化のふしぎ　ざんねんないきもの事典』（高橋書店）であった。このアイデア大切に育てたい。

第5章 ● 出版業界十大ニュースを読み解く

5.10 2019年の十大ニュースを読み解く

≫ 1. 倒産、買収、合併相次ぐ

　2019年も出版社、書店で倒産や買収、統合が相次いだ。書店では1月に大阪・天牛堺書店が破産、6月に札幌・なじわ書房が自己破産（大垣書店が引き継ぐ）、名古屋地区の強力書店であった、ザ・リブレット屋号の大和書店が破産した。20店舗を抱えていた。広島のフタバ図書の経営悪化のニュースは6月から始まっている。出版社では地球丸が破産、ゆまに書房は大修館書店に吸収された。マキノは文響社の子会社に、メディアドゥがジャイブを買収している。日本雑誌販売は自己破産した。凸版印刷が図書印刷を買収している。注目されたのは文教堂が事業再生ADR申請で上場廃止を免れているが、2020年8月時点で債権処理できなければ……そこまで追い込まれている。

≫ 2.「マーケットイン」流行語に

　出版社の間で「近刊登録」の意識が高まり、「マーケットイン」が流行語になった。トーハンの近藤敏貴社長が会合で「市場のニーズを起点としたマーケットイン型流通の構築」を繰り返し訴えた。この取組を支えているのが日本出版インフラセンターの出版情報登録センター（JPRO）である。10月のJPRO登録率は73.8％と過去最高であった。配信出版社数は670社で増加傾向にある。

≫ 3. 中国・九州1日遅れに

　出版輸送が危険に晒されている。ついに中国・九州地方への雑誌・書籍の配送が1日遅れる非常事態である。やむなしの判断によるものである。全国同時発売は今や過去のことになってしまったことは残念である。輸送業界からは業量平準化と発売日・配送時間指定の緩和を求める声が挙がっており、取協と雑協は来年度以降、休配日を週2日設定する方向で検討している。

≫ 4. 海賊版サイト撲滅へ

　海賊版サイト『漫画村』運営者、星野路実が7月にマニラで拘束され、9月に逮捕された。同サイトは2016年1月に開設されて以降、書店売上に甚大な影響を与えた。被害金額は3000億円と見られる。昨年4月に閉鎖後、書店の売上は回復した。出版科学研究所の発表によれば1〜6月のコミックスの推定販売

金額は前年比5％増、電子コミックが同27.9％増である。無料で漫画を読める海賊版サイトは500以上存在し、大手出版社は厳しい姿勢で臨んでいる。

≫5. 日販、持株会社制に移行

日販は5月27日に臨時取締役会を行い、10月1日付で「日販グループホールディングス」に社名を変更する。「取次」「小売」「海外」「雑貨」「コンテンツ」「不動産」「その他」の事業を担う子会社26社を事業会社として、新たなスタートを切った。第72期（2019年4月1日〜2019年9月30日）の中間決算では、本業である日販単体の「取次」が赤字であることは、皮肉以外の何物でもない。

≫6.「買切」の取組み続々

旧来の委託制度を見直し、返品率と書店マージンを改善する「買切」への取組みが目立った。返品率改善を目的とした「直接取引する出版社からの買切仕入」がこれからは増えることは当然である。自社マーケットを掴めば買切条件でも十分商売になる。他の業界を見ればわかる。粗利を十分とる必要がある。

≫7. 軽減税率適用かなわず

消費税率が8％から10％に引き上げられた。出版界では長年、軽減税率適用を陳情してきたが叶わなかった。諸外国、先進国で出版物が軽減税率でない国はありません。出版物を大事にしていることがわかる。諸外国では書籍ルートで雑誌は売っていない。

≫8. 台風豪雨で書店被災

2019年も全国的に自然災害が発生した。そのたびに雨漏り、商品損壊で休業したり、入帳問題で悩むことが多い。2018年トーハンがこうした事情の書店に支払猶予策をとってくれたことが報じられている。結構なことである。

≫9. 樹木希林本ベストセラー

樹木希林さんが逝去した後、12月発売の『一切なりゆき』（文藝春秋）を皮切りに関連書が続々と刊行され、書籍7点で計250万部売れた。多くの書店でフェアが展開された。時流もあるが、催事は書店にとって顔である。

≫10. 集英社、純利益100億円に迫る

集英社は8月に発表した第78期（2019年6月1日〜2019年5月31日）決算において、100億円に迫る最終利益を計上した。売上高は1333億円（前年比14.5％増）で10年前の水準に回復した。「雑誌」「書籍」「広告」「その他」の全4部門で増収であった。Ｖ字回復である。

第5章 ● 出版業界十大ニュースを読み解く

5.11 2020年の十大ニュースを読み解く

≫1. 1400書店超が一時休業、新型コロナ感染拡大で

　新型コロナウイルスの感染拡大により、4月7日に7都道府県、同16日に全都道府県に拡大して発出された緊急事態宣言で、1400店舗以上の書店が休業を強いられた。日販は取引書店のうち約650店、トーハンは約700店、楽天ブックスは約100店が一時休業した。4月13日、東京都は「古書店」を休業要請対象にしたが、「書店」は除外すると発表。商業施設や駅ビルなどが営業自粛したことで、多くの書店が休業せざるを得なかった。営業できないまま家賃を支払う窮地に立たされた。書店経営に大きなダメージを与えた。一方、自社物件や営業を続けた施設に入居する書店は継続して営業、来店客で賑わった。

≫2. "巣ごもり特需"生まれる　学参・ドリル・電子が大幅伸長

　コロナ禍に伴う書店の一時休業や外出自粛は経済活動の停滞をもたらしたが、巣ごもりによる特需もあった。2月27日、安倍晋三首相（当時）が全小中高と特別支援学校の臨時休校を要請してすぐに、書店で「小学生向けの学参・ドリル」と「読み物系児童書」が大きく伸張した。

　また疫病を題材とした小説やノンフィクションが注目された。アルベール・カミュ『ペスト』（新潮文庫）は4月、1969年の刊行から約50年で100万部を突破した。スティーブン・ジョンソン『感染地図』（河出文庫）などと併売する書店も多かった。

≫3. 『鬼滅の刃』社会現象に　経済効果2000億円

　『鬼滅の刃』が記録的な売上で社会現象となった。全23巻合わせたコミックスの発行部数は1億2000万部（電子版含む）。コミックスに加えノベライズ版も大手取次会社の年間ベストセラー総合部門の上位にランクイン。

　12月4日に発売された最終巻の初版は395万部。発売日は多くの書店で行列ができ、早々に品切れになる書店が続出した。

≫4. テレワークが日常化、業界イベント中止が相次ぐ

　出版社の編集を中心にテレワークがすっかり日常化した。当初は不安視する声もあったが、「これで十分仕事ができる」という認識が広がった。一時的な

感染予防策ではなく、就業規則を変えて実践する会社もある。

出版界でテレワークを最初に実施したのは、オトバンク。1月27日、全従業員に対して、原則、在宅勤務を発令した。

≫ 5. 取次「書籍協力金」を要請　出版社ごと個別交渉へ

取次各社が「雑誌の運賃・超過運賃の協力金」に続いて、「書籍の協力金および条件見直し」を本格的に進めた。各社の取次事業が営業赤字を計上する中、持続可能な出版流通を実現するため、日販、トーハン、楽天ブックス、中央社などの取次会社が書籍についても出版社毎に個別交渉した。

≫ 6. 大手4社が好決算　集英社、当期純利益209億円に

講談社、小学館、集英社、KADOKAWA など大手出版社が軒並み好決算となった。コミックコンテンツを柱にした「デジタル」「出版権」「物販」事業などが好調で、新たなビジネスモデルを軌道に乗せた。中でも、集英社は第79期決算で、売上高1529億円（前年比14.7％増）で、昨期の2倍強に達した。

≫ 7. 総額表示義務化に波紋　業界団体が政府に陳情

販売価格の税別表記を認める消費税転嫁対策特別措置法が、来年3月31日に期限を迎える。9月、SNS では「出版物の総額表示義務化に反対します」が拡散されるなど話題になった。日本出版者協議会、日本出版労働組合、書協、雑協、総額表示を考える出版事業者の会など業界団体が反対声明を発表した。

≫ 8. 「ところざわサクラタウン」竣工、KADOKAWA が複合文化施設

2016年に KADOKAWA と所沢市が発表した「COOL JAPAN FOREST」構想の拠点施設・ところざわサクラタウンが11月6日にグランドオープン。レストランや複合文化施設など角川経営の武蔵野ミュージアムがある。

≫ 9. 老舗雑誌　相次ぎ休刊、感染拡大で広告減収も

4月から6月にかけて『アサヒカメラ』『商業界』『東京ウォーカー』『横浜ウォーカー』など、老舗雑誌が相次いで休刊した。新型コロナウイルス感染拡大により、広告収入の減少幅が大きくなったことも要因と見られる。『JJ』（光文社）は12月23日発売号で月刊発行を終了する。

≫ 10. 三者再編　今年も続く、戸田書店5店も CHI グループ

業界三者で M&A など業界再編の動きが見られた。宝島社が子会社の洋泉社を吸収合併した。協和出版販売が子会社の村山書店と関越ブックを吸収合併、丸善ジュンク堂書店も戸田書店の5店舗を、丸善 CHI グループ書店とした。

第5章 ● 出版業界十大ニュースを読み解く

5.12 2021年の十大ニュースを読み解く

≫1. トーハン、メディアドゥと資本業務提携

　2021年も出版界の様々な企業合従連衡の中で話題をさらったのが、3月に締結したトーハンとメディアドゥによる資本業務提携だった。メディアドゥはトーハンの筆頭株主となり、紙版と電子版の出版流通を担う取次会社2社が手を組んだ。

　トーハンは中期経営計画、REBORNの柱の1つに掲げ、メディアドゥとのデジタル事業もこの一端と位置付けている。リアル書店の活性化を図る上で、紙・デジタル双方の出版物を扱える取次会社へとアップグレードした。

≫2. 集英社　最終利益457億円に

　集英社が第80期（2020・6・1〜21・5・31）決算で創業以来、過去最高売上高となる2010億円を計上し、当期純利益は457億円を超えた。

　これまでにない桁違いの業績は、出版社がコンテンツ会社に進化した象徴として注目された。同社の売上高は、78期1333億円、79期1529億円と伸長、80期で2000億円を超えた。当期純利益も同様に98億円、209億円そして450億円と倍々ゲームの好調である。

≫3. 企業の再編相次ぐ　フタバ図書、廣文館など

　2020年に続き、「M&A」や「合併」「資本提携」など企業再編が相次いで行われた。3月フタバ図書は日本出版販売、蔦屋書店など6社が9億円出資して設立した新会社「フタバ図書」に事業譲渡。日販の上席執行役員の横山淳氏が社長に就いた。同じ広島の廣文館は10月、大垣書店のグループ会社になった。

≫4. 書店売上　6月から急落

　好調だった書店売上が、6月を境に悪化した。出版科学研究所の調べによると、2020年12月から6月までの書籍、雑誌販売推定金額は6カ月連続プラスで、特に4月の前年同期比は9.7%増であった。しかし、6月からは一転してマイナスが続いている。緊急事態宣言下だった7月23日に東京五輪が開幕。その頃は都内の感染者が1日で4000人を超える日もあった。さらに猛暑や前年の『鬼滅の刃』ブームの反動もあった。

120

≫ 5. 出版社の倒産相次ぐ

2月に枻出版社が民事再生法を申請、7月に水中造形センターが事業停止、9月には海竜社が自己破産。帝国データバンクによると、11月までに12社が倒産した。枻出版社は2月、実業之日本社に『RIDERS CLUB』などバイク誌と関連書籍事業を、ヘリテージに『2nd』など7誌と飲食事業を譲渡した。海竜社は高齢となった代表の後継者が見つからず、45年の歴史に幕を下ろした。

≫ 6. 日販が流通抜本見直し

日本出版販売が深刻化する出版流通を抜本的に見直し、配送コースの新ダイヤグラムの策定に着手した。5月から配送会社25社とのべ50回以上にわたるヒアリングを開始。首都圏の自家配送エリアを対象に、272の配送コースの実験と問題点を洗い出した上、「書店とコンビニの同一配送」や「本以外の商材配送」を模索している。

≫ 7. コロナワクチン職域接種

出版健康保険組合が約1万人の被保険者に、新型コロナウイルスのモデルナ製ワクチンを約2万回接種した。7月6日から9月8日、千代田区の出版健保会館で行った。1日平均600人を受け入れた。出版関係者からは感謝と安堵の声が上がった。

≫ 8. 雑誌情報など機能拡充

日本インフラセンターの出版情報登録センター（JPRO）は、1月から書店向け書誌情報サイト『BooksPRO』で雑誌の基本情報を表示開始。3月からは出版社などが運営する受発注サイトとも順次連携し、12月時点で出版社200社以上の商品が注文ができるようになった。

≫ 9. 雑誌休刊点数が87誌

出版科学研究所によると、今年1～11月までの休刊点数は87誌。年内、約90点になる見通し。4月に『日本カメラ』、6月に『週刊パーゴルフ』など、発刊から50年以上の老舗専門誌が休刊した。

≫ 10. 図書館権利制限　見直しへ

5月「図書館関係の権利制限規定の見直し」を含む「著作権法の一部を改正する法律案」が成立した。2023年春ごろの図書館等公衆送信サービスの開始に向け、出版関係団体で構成する補償金監理団体設立準備委員会と、図書館関係と権利者団体による関係者協議会が検討を進めている。

第5章 ● 出版業界十大ニュースを読み解く

5.13 2022年の十大ニュースを読み解く

≫1. 書店売上大幅減少 「本が2割落ちている」

2022年の書店売上は、前年にあった新型コロナウイルスの巣ごもり特需や、『鬼滅の刃』（集英社）の大ヒットの反動もあり、大幅に減少した。出版科学研究所によると取次ルートの推定出版販売金額は1〜10月まで、すべての月で前年実績を下回った。特に2月と6月は2桁減少となり、10カ月間累計の前年同期比は9.8%減だった。

≫2. 角川会長が逮捕、起訴

KADOKAWAの芳原世幸元専務、馬庭教二元五輪担当室長が9月6日、角川歴彦元会長が同14日、東京オリンピックのスポンサーをめぐる贈賄容疑で、東京地方検察庁特捜部に逮捕された。10月4日に起訴された角川容疑者は同日に弁護士を通して会長職を辞任する意向を示した。角川被告は報道各社の代表取材で、「賄賂を渡したという認識は全くない。」「僕には決裁権がない。後で報告を聞いた」と語り、無罪を主張した。

≫3. コスト増で新刊値上げ続々 用紙・印刷・製本・運賃など

「用紙代」「製本・刷版代」「倉庫代・改装費」をはじめ「チラシ」「段ボール」「システム」などの諸費用が高騰して、出版社の負担が大きくなった。ある出版社では、用紙代の値上げについて春、夏、冬と3回にわたって応じている。紙の販売代理店からは毎年のように要請されていたが、「今回は譲れない」と強硬で、用紙代だけで前年比50%増になっている。取次会社への運賃協力金を含めて原価は販管費が高まり、多くの出版社が新刊書籍の値上げを余儀なくされた。

≫4. 商談会・フェアなど再開 オンラインイベントも定着

コロナ禍に入ってから約2年が過ぎ、春先から各地で会合、贈賞式、商談会、ブックフェアなどのリアルイベントが相次いで再開された。特に夏から秋にかけては、特約店会、各地の日販会、トーハン会などが開催された。季節の恒例行事に訪れる関係者も増えている。海外でも4月、ロンドンブックフェアが3年ぶりに開催された。

122

≫5. 大型書店「本店」リニューアル

　三省堂書店、八重洲ブックセンター、紀伊國屋書店の「本店」が次々と建て替えやリニューアルを発表した。5月8日、三省堂書店の神保町本店が本社ビルの建て替えに伴い一時閉店。6月から仮店舗で営業している。八重洲ブックセンター本店は9月、東京駅前の再開発計画により、来年3月に閉店すると発表した。紀伊國屋書店の新宿本店は10月、耐震工事を完了した。

≫6. 配送コースを再編・整備　日販の取引・流通改革進む

　日本出版販売の「取引構造改革」「サプライチェーン改革」が着々と進行している。10月に発行した「出版流通改革レポート」では5月までの進捗を報告。それによると、書籍粗利改善施策「PPIプレミアム」の参加社は出版社26社、書店20法人に拡大。グループ書店のマージンは28.3%となった。

≫7. BOOK MEETS NEXT 初開催

　読書推進月間「BOOK MEETS NEXT」が初開催された。業界全体で書店店頭の活性化を図る取組みで、出版文化産業振興財団（JPIC）を中心に開催。近藤敏貴理事長が実行委員長、紀伊國屋書店の高井昌史社長が運営委員長を務めた。

≫8. 3社協業で流通改革　トーハン・DNP・丸善ジュンク堂書店

　トーハンと大日本印刷（DNP）、丸善ジュンク堂書店が協業して、出版流通改革に乗り出した。10月、東京・北区にあるDNP書籍流通センターをトーハン桶川センター内に移設して、「桶川書籍流通センター」とした。出版社とのEDI連携を強化し、プリント・オン・デマンドでも生産してゆく。

≫9. 海賊版訴訟相次ぐ　運営者を提訴、新たな対応策も

　2022年も海賊版をめぐる訴訟が相次いだ。講談社、小学館、集英社、KADOKAWAは2月、海賊版サイトにサービスを提供してきた米国のIT企業・クラウドフレア社を提訴。小学館、集英社、KADOKAWAは7月『漫画村』運営者に損害賠償を求める訴訟を起こした。

≫10. 時事問題で関連書話題に　ウクライナ侵攻、安倍元首相銃撃

　国内外の時事・社会問題が本の売行きに大きな影響を与えた。『物語ウクライナの歴史』（中央公論新社）をはじめ、ロシア、ウクライナの関連書が売れた。4月にはソ連軍の女性狙撃兵を描いた『同志少女よ、敵を撃て』（早川書房）が「本屋大賞」を受賞した。

第5章 ◉ 出版業界十大ニュースを読み解く

5.14 2023年の十大ニュースを読み解く

≫1. 日販　コンビニ流通から撤退、2025年7月トーハンが引き継ぐ

　日本出版販売がファミリーマート、ローソンの大手コンビニ2社の流通から撤退すると発表した。日販の奥村景二社長は『新文化』11月16日号に掲載したインタビュー記事で、コンビニルートの収益は15年から赤字で、2022年度は売上高317億円に対して32億円の営業損失を計上。23年度には営業損失40億円程度になる見通しで、「25年2月末」の撤退期日を明言した。「未来に向けて書店へ安定した流通を維持していくためのもの」として決断したと話した。

≫2. 新会社設立　出版社と直取引へ　紀伊國屋書店/CCC／日販

　紀伊國屋書店、CCC，日本出版販売の3社が10月1日、新会社㈱ブックセラーズ＆カンパニー（BS & Co.）を設立した。売上高1000億円を超える大手書店2法人の店舗や日販グループ書店など約1000店が、出版社と直接取引して「粗利30％以上」を目指す。BS & Co. は書店と出版社の契約代行と共同仕入を担う。6月、三位一体を合言葉にしてきた出版界に、「中抜き」構想がリリースされ、10月に設立して稼働した。紀伊國屋書店の高井昌史氏が会長に、宮城剛高氏が社長に就いた。

≫3. 大型帳合変更続く、トップカルチャーも10月に

　10月1日、トップカルチャーが、日本出版販売の関連会社、MPDからトーハンに帳合変更して取引を開始した。6月、MPDが出版社へその旨を通知し、8月にはトップカルチャーがトーハンと第三者割当増資契約を締結。トーハンが約6億7000万円を出資してトップカルチャーの株式22％を保有する筆頭株主になると発表した。約60店舗の帳合変更が話題になった。未来屋書店と丸善ジュンク堂書店が昨秋に、日販からトーハンへ帳合を変えており、相次ぐ大型帳合変更に日販の経営を心配する声が高まった。

≫4. インボイス制度で混乱、免税事業者対応に追われる

　10月に始まった「適格請求書等保存方式（インボイス制度）」に業界各社が対応に追われた。消費税の控除・還付を受ける際、課税事業者のみ発行できる適格請求書が必要となった。著者やライターなど、出版業界では年間売上

124

1000万円以下の免税事業者として働く人が多い。

≫5. 書店売上さらに厳しく、書店数8000店台に減少か

書店店頭の売上が2022年から、さらに落ち込み、閉店する書店が増えている。出版科学研究所が調査する紙版の出版販売推定金額は10月末時点で前年同期比5.8%減で着地しそうな気配である。4月1日時点で、日本書店商業組合連合会の加盟書店は2665店。前年度から138店減少した。

≫6. 書店議連が第1次提言　出版が「産業構造転換枠」対象に

「街の本屋さんを元気にして、日本の文化を守る議員連盟（書店議連）」は5月、第1次提言をとりまとめ、「経済財政運営と改革の基本方針2023」に「文字活字文化の推進」が盛り込まれた。議連は関係各省庁へ「不公正な競争環境等の是正」「書店と図書館の連携推進」「新たな価値創造への事業展開の支援」をはじめとする要望を提示した。

≫7. 関連書誌の売行好調、WBC優勝、阪神タイガース日本一

ワールド・ベースボール・クラシックで日本代表チームが14年ぶりに優勝、阪神タイガースが38年ぶりに日本一となり、その関連本が好調だった。ベースボール・マガジン社、文藝春秋などの出版社が雑誌やムックなどの形態で発行。世界文化ブックスのWBC本は決勝後、最短「中4日」で取次搬入した。

≫8. 八重洲ブックセンター本店、一時閉店。東京駅前再開発、28年再出店

3月、八重洲ブックセンター本店が東京駅前の再開発計画に伴って休業した。2028年度竣工予定の超高層大規模複合ビルに改めて出店する計画。1978年の開業以来、44年にわたる歴史にいったん幕を下ろした。

≫9. 大手出版社が電子タグ装着開始

講談社、小学館、集英社の大手出版社3社が8月から順次、PubteXが供給するRFIDタグを雑誌扱いコミックスや文庫に装着して流通させ始めた。タグは「しおり」に埋め込まれ、製本会社で挿入される。トレーサビリティを確保し、商品管理・棚卸や万引防止などに役立てることが期待されている。

≫10. KADOKAWA／紀伊國屋書店、過去最大の業績

KADOKAWAと紀伊國屋書店が、連結決算で過去最高の実績をたたき出した。KADOKAWAは3月期連結決算で売上高2554億円（前年比15.5%増）、営業利益259億円（同40.0%増）を計上。紀伊國屋書店も8月期連結決算で売上高1306億円（同8.0%）、当期純利益31億円（56.5%増）を計上した。

第5章 ● 出版業界十大ニュースを読み解く

5.15 14年間の十大ニュースを読み解く

2010年から2023年までの14年間「出版業界の十大ニュースを見てきた。その中で、出版業界の中で一番ニュースになったのは「取次問題」で、13回と多かった。次は「書店に関連した記事」で11回、以下「大手出版社」「アマゾン」などである。この順に沿って、改めて出版業界の問題点を分析してみよう。

◆ 崩れ行く中小取次

20世紀末から、柳原書店、鈴木書店の中堅取次の倒産が始まり、2010年代に急激に進行した。実際には『新文化』紙面では大きく取扱われていなかった。中小・専門・地方取次の倒産は小記事として掲載されていた。

中堅取次で最初に経営が悪化したのは大阪屋。2000年にアマゾンが上陸し、大阪屋と取引を開始した。当初はアマゾン様様であったが、大阪屋の営業力不足で取引はなくなった。しかし売上には貢献していた。当時急成長していたジュンク堂書店との取引は書籍が多かったために書籍型取次になってしまい、経営を圧迫。2014年本社を売却、18年には楽天の子会社となり、大阪屋の社名はなくなった。大手2社取次に次いで栗田は関東では人気取次であった。2015年民事再生法の適用を申請したが、債権社200社、債権総額130億円で倒産した。栗田だけ決算数字を公開しなかったことが、傷口を早く深くしたと言える。

太洋社は、取次四面楚歌の中、取引最大手書店・文真堂書店が帳合変更したことが引き金となり、経営者は経営意欲を失い、自主廃業を取引書店に通告、書店を慌てさせたが、取引書店芳林堂書店の倒産の連鎖で、太洋社は自主廃業から一転、自己破産せざるを得なかった。奇妙奇天烈な破産であった。

残った2大取次の日販、トーハンも悩みは多かった。返品率の上昇は経営を圧迫、最初は「雑誌の運賃・超過運賃の協力金」のお願いであった。その後、輸送会社から配送費の高額な請求があり、各出版社に「書籍の協力金及び条件見直し」をお願いする状況となってしまった。元来、取次の出版物配送は5万店以上あるコンビニ店配送のついでに8000店書店に本は届けられていた。日販はCVS取引は5年も赤字が続き、そこで撤退を決意したものである。

◆ 悪化する中小書店の経営状況

　次にニュースの多かったのは書店である。読者に直接本を渡す業界の尖兵である。アルメディアの調査によれば、日本の書店数は2000年時は2万1664店あった。2010年は1万5314店（29.4％減）。業界売上は2兆5124億円に対し1兆9750億円（21.4％減）である。

　因みに直近2023年は11495店（47.0％減）、1兆1292億円（55.1％減）である。しかし書店はこうした悪環境の中で色々と努力している。書店頑張りの一面を業界紙『新文化』は取り上げている。2010年には東京書店商業組合が「首都圏書店大商談会」を秋葉原駅前「UDX」で開催した。足場もよく、96出版社の応援もあった。この年は大阪、札幌、福岡でも商談会は行われた。

　2013年には「本屋大賞」座談会が行われた。芥川、直木賞以上の賞だと評価の高い本屋大賞は2004年に創設され、以後年々実売に結びついている。最近は「料理本レシピ本大賞」も人気がある。書店のカフェ複合が増えている。

　11月1日が「本の日」と定められたもは、2018年のことである。読書週間の中心の日になった。コロナ禍は書店に打撃であった。しかし巣ごもり特需で、子どもの本、ドリル、参考書がよく売れた。

◆ 業界をリードする大手出版社・書店の役割

　次は大手出版社、書店の躍動である。業界売上の56％をこれらの出版社は占めている。書店売上を作ってくれる版元である。2021年に集英社は売上2010億円、純利益457億円を超えた。純利益は98億円→209億円→457億円と倍々ゲームである。2023年 KADOKAWA は過去最高の業績を上げている。連結決算で2554億円（15.5％増）、営業利益259億円（40.0％増）であった。講談社は増収減益であったが、2023年は売上高は1720億円で最高であった。

　紀伊國屋書店の10年連続黒字は凄い。2022年、売上高1306億円（8.6％増）、純利益は31億円（56.5％増）という驚異的な伸びであった。新しい流通を求めてブックセラーズ＆カンパニーが2023年に設立された。多くの出版社、書店の参加を期待したい。アマゾンは売上が紀伊國屋書店の2倍以上になった。投資額が大きい。中国では営業停止の状態である。日本はますますアマゾンの虜になっていないだろうか。

第5章 ◉ 出版業界十大ニュースを読み解く

コラム　紙魚の目

直販を考える

　日本では、委託販売が基本であるから、配本は取次任せである。直販（直接販売）は取次を通さないので、取次は「直仕入」を白い目で見ていた。

　筆者の書店経験から申し上げると、筆者は直仕入れ大好き人間であった。一人のお客様が10冊以上の注文をしてくれた時は必ず直仕入れした。

　このまとめ買いに対して、出版社には献本制度というサービスがあった。10冊以上の注文に対して献本がついた。献本には外献本と内献本があった。筆者は内献本主義であった。20冊の注文に対し、19冊の請求で、1冊献本してもらった。直仕入れは15〜20％は割安であった。即送金すれば、更に5〜10％安くなった。

　直販には暗い歴史がある。現在85歳以上の人しか知らないであろう。直販を取次も書店も目の敵にしていた時代があった。当時、版元は学研である。学研は1946年、古岡秀人が創業した。同年から『小学1〜6年の学習』を創刊、1957年から『1年〜6年の科学』を発刊した。この学習誌は書店を通さず、小学校の教室で教師が販売していた。出版業界では、この学研の販売方式を直販と呼び、蔑視した。1971年日本消費者連盟に「学校を商売の場所にするな」と批判され、「学研コンパニオン」が、直接、家庭に届ける訪問販売に切り替え、売上は維持された。当時、学研の社員が書店で学研の名刺を出すと、目の前で破られる光景があった。

　1960年代、学研の雑誌『中学コース』と旺文社の『中学時代』の競合が始まった。書店は旺文社、読者（特に女性徒）は学研であった。コースが勝利した。『時代』は1991年に廃刊、「コース」は1999年に廃刊になった。上記は出版史の一断面である。直販というイメージは暗いものであった。取次経由が正常、直販は非正常であった。

　直販業者を「かつぎ屋さん」と呼んだ時代もあった。学校の職員室に自由に入れた時代である。ドリル、問題集の業者が商売をしていた。直販で大成功した学研は大会社である。売上1641億円、純利益34億円、従業員2万8162名、資本金198億円である（2023年）。

第 **6** 章

出版流通150年史に学ぶ
―― 委託制度と再販制度の変化と課題

ノセ事務所　能勢 仁

この章の概要

　明治、大正、昭和戦前、戦後を通して150年以上の年月が流れた。本格的な出版流通は、明治20年の博文館誕生以降である。業界的に明治初年〜20年は語られていないが13社が誕生している。そのうち11社が、現在も隆々として出版界のメインメンバーであることは驚きである。

　明治時代の出版業界は、博文館、春陽堂によってリードされ、実業之日本社が委託制を導入したことで終わった。取次網は、すでに完成していた。明治42年に東京堂以下5社が出揃い、流通は万全であった。

　大正時代は、書店網が完成した時代である。大正8年には各県別組合が、ほとんどの県でできていた。雑誌出版社の創立が多く、大正雑誌ジャーナリズムをリードした。ダイヤモンド社、オーム社、主婦の友社、改造社、日本評論社、小学館、文藝春秋、集英社などが、現在も健在で活躍している。

　昭和戦前は円本、文庫誕生、講談社の『キング』全盛、検閲制度に悩まされながらも、岩波書店、三省堂、新潮社など、昭和元〜12年は書籍の発行が多い。

　戦後は取協が業界を取りまとめた。日販、トーハンの競合、アマゾンの上陸、コミックスの全盛時代、電子出版の台頭等目まぐるしかった。

第6章 ● 出版流通150年史に学ぶ

6.1 明治の取次事情と出版流通

◆ 博文館の台頭、東京堂の設立そして4大取次の誕生

　出版評論家の小林一博氏が興味深い発言をしている。それは日本最初の取次店といわれる良明堂が"西南の役"で活躍したのではないかということである。雑誌・書籍の取次ではなく、薬の問屋としてである。良明堂が雑誌・書籍の取次を届けたのは明治11年（1878年）であった。

　しかし、それ以前から薬の卸をしていた。明治10年の西南の役では、半年以上に亘り九州4県（熊本、大分、宮崎、鹿児島）で官軍と西郷軍が戦った。官軍死者6403人、西郷軍6765人と差が少ない。多数の負傷者を救護するために博愛社（日本赤十字社の前身）か活躍した。官軍の組織部を見ると軍医部に多くの人を割いている。西郷軍でも拠点には必ず病院と弾薬製作所が設置されていた。医薬品の調達、配送の一役を良明堂が担っていたという見方である。

　明治13年（1880年）に京都で東枝書店が取次を創業している。明治18年（1885年）に大阪で前田清文堂、三松堂が創業している。明治19年（1886年）には、後に4大取次の一つになる東海道が創業している。明治20年（1887年）には、後に大手に成長する上田屋が創業している。明治の出版変革年であるこの年には、博文館が創業していると同時に、東京書籍出版営業組合131名が設立された。初代頭取は金港堂社長の原亮三郎であった。

　この頃になると、近代出版業の動きが始まる。春陽堂と硯友社の結びつき、博文館が創業し、『日本大家論集』を発刊した。この雑誌は各種の雑誌から論文を抜粋した月刊誌である。大成功を収め、引き続き多くの雑誌、書籍を刊行した。いずれも大量生産による廉価版であり、多くの読者を掴んで"出版王国・博文館時代"を築き上げた。創業者・大橋佐平は上京前、長岡で新聞を発行していた。新聞ジャーナリズムから雑誌ジャーナリズムに転向し、成功した実例である。彼の業績は博文館のスタートだけでなく、出版取次の東京堂を創業させ、制作と販売の両面で成功し、業界を刺激し、明治初期の出版界の牽引的役割を発揮した。

130

明治23年（1890年）東京堂創業、初代社長は高橋新一郎である。新潟県生まれである。大橋佐平の妻松子の弟である。義兄佐平の勧めにより、神田表神保町に東京堂書店を開業、小売業を始めた。開店当日の売上高は4円70銭だったという。書籍、雑誌のほか、新聞、雑貨、一枚摺を扱っていた。しかし持病と郷里（湯沢）の雑貨商経営のため、1年あまりで郷里に戻った。

博文館の2代目社長は大橋新太郎である。父佐平と長岡で新聞を発行していたが、明治20年（1887年）父が博文館を興すと、翌年上京、雑誌『太陽』の創刊を始め、雑誌、書籍で活躍、博文館の名を高めた。付帯事業として共同印刷、東京堂、博進社など発展させ、大橋育英会も設立した。出版業以外でも活躍し、貴族院勅選議員、衆議院議員など政界、財界でも活躍した。

東京堂は創業者佐平の次男、大橋省吾が2代目社長である。はじめ小売業、翌年卸部を開業した。高橋新一郎の養子になっている。

明治24年（1891年）に北陸に有力な取次が誕生した。北陸3県の有力書店が結集した北隆館である。金沢（宇都宮源平）、福井（品川大右衛門）、富山（福田金次郎）、高岡（磯野小兵衛）である。明治25年（1892年）に大阪で和本専門の取次、塩屋が誕生している。明治28年（1895年）至誠堂創業、明治31年（1898年）文林堂が創業。この頃は日清戦役の後で、戦争写真集、記録書などの出版で業界は潤い、出版量が多くなり、第1次取次活躍期であった。

明治32年（1899年）には3大取次が結集している。東京堂（大橋省吾）、東海堂（川合晋）、北隆館（福田金次郎）。取次が集まる時は必ず何か問題を解決する時である。今回は雑誌の乱売を防止するためである。不当競争から自分の利益を守るための会合であった。

日本は日露戦役にも大勝した。国際的にも注目される国家に成長した。富国強兵、殖産興業を成就した明治末期、取次の集大成があった。明治42年（1909年）主要取次6店が揃った。翌年文林堂を含めて7大取次の結集である。東京堂、東海堂、北隆館、至誠堂、上田屋、良明堂、文林堂である。

明治42年（1909年）、実業之日本社の『婦人世界』が日本初の雑誌の委託販売を始めた。販売部数は伸びた。業界が刺激を受けたことは当然であった。こうした大量流通に7大取次は応えてくれているのである。なお、書籍の委託販売を大学館が、明治41年に始めている。

第6章 ● 出版流通150年史に学ぶ

6.2 大正の取次事情と出版流通

　大正時代は明治時代の反対の動きである。取次の動静はあまりないが、書店の動きは活発である。特に各県書店組合の結成が促進され、大正8年（1919年）にピークを迎えた。現在の日書連と同様の全国組織ができ上がった。現状と異なることは、全国的組織には至らず、各県別の個別組合の結成であった点。その機運は、「書店のまとまり」となり、昭和時代にバトンタッチされた。

◆ 雑誌の委託販売で「大量販売時代を迎える」取次各社

　取次は出版社、書店と異なり、一朝一夕にできる組織ではない。すでに明治時代に3大取次を始め、中小取次、地方取次が育成されていた。

　明治末期に出版流通に大変化が起こった。実業之日本社による雑誌の委託流通である。明治41年（1908年）に『婦人世界』を「明治42年1月号から、返品自由の委託販売を始める」と発表したからである。実験的な委託販売が成功裡に終わり、業界は一気に大量販売ムードになった。さらに拍車をかけたのは、翌年に講談社が創業し、「面白くて、ためになる」雑誌王国の誕生である。先行する博文館は19大雑誌を発刊し、大々的に新聞広告を実施していた。

　大正時代にできた取次店は少ない。大正7年（1918年）5月に三進堂書店が創業している。最初は出版社であったが、まもなく取次業に転身した。社長は関信太郎である。この取次は昭和19年（1944年）、戦時企業整備により「日本出版配給統制株式会社」（日配）に統合された。戦後、昭和21年（1946年）取次業を再開した。改組して「明文図書」となり神田村の重鎮となった。ビジネス書、法経書の品揃えは群を抜いていた。

　栗田書店が1カ月遅れで誕生している。昭和戦前、三進堂同様、日配に統合された。戦後取次業を再開、昭和24年（1949年）に雑誌部門を分離して栗田雑誌販売株式会社を設立した。昭和27年（1952年）に栗田ブックセンターを神保町に開設した。新刊書籍の収集力は取次内で光っていた。また、書店の育成に力を注ぎ、「栗田・書店経営研究会」は長く続き、業界の財産であった。

　大正8年（1919年）に取次業最古参の良明堂が廃業した。世界大戦後の経済

不況によるものである。大正14年（1925年）4月、関東大震災の被害の経験を
し、共同歩調を取った5社（東京堂、東海堂、北隆館、至誠堂、上田屋）の各
取次店は、在庫の新刊雑誌の火災保険について、共同して東京海上火災保険と
契約した。同年4月至誠堂が倒産した。同年7月誠文堂主（小川菊松）が中心
となり、大誠堂を設立、雑誌取次業務を引き継いだ。

　大正デモクラシーは雑誌発行の土壌を作った。多くの雑誌出版社が創業して
いる。大正2年（1913年）ダイヤモンド社、大正3年（1914年）オーム社、大
正5年（1916年）主婦之友社、大正8年（1919年）改造社、日本評論社、大正
11年（1922年）小学館、大正12年（1923年）文藝春秋社、大正13年（1924
年）集英社である。書籍においても岩波書店、平凡社、白水社、帝国書院、春
秋社、大修館書店、文英堂、金の星社、創元社、数研出版などが創業し、出版
流通は激化している。大正生まれの主な雑誌を見てみよう。

　博文館14誌、ダイヤモンド社8誌、講談社7誌、岩波書店5誌、小学館6誌、
朝日新聞社6誌、毎日新聞社4誌、実業之日本社4誌、誠文堂新光社4誌、改造
社4誌、研究社4誌などである。その他23の出版社が新雑誌を創刊させている。
大正11年（1922年）に『週刊朝日』と『サンデー毎日』が発刊され、出版頻
度が高くなっていることも、雑誌業務の多様化に拍車を掛けてきた。この状況
に対応するために、取次の再編成が大正末に起こった。

　大誠堂の設立は雑誌取次業界再編成のきっかけとなった。大誠堂を中心に上
田屋雑誌部を合併した。もう一つの動きは東京堂、東海堂、北隆館が出資し、
大東館を創立させたこと。代表は上田屋書店主・長井庄一郎である。

　取次業界は東京堂、北隆館、東海堂、大東館の4大取次となった。以後この
情勢は昭和16年（1941年）の出版新体制による日配統合まで続いた。

　大正最終年15年（1926年）11月に業界の快挙があった。奥村銀松が奥村松
栄堂を開業した。最初から雑誌だけの専門取次である。オクムラがその真価を
発揮したのは、戦後のことである。神田村で「雑誌のオクムラ」と言われるほ
どの人気の雑誌専門取次であった。首都圏の書店が九段（東販）か駿河台（日
販）の自社取次で仕入を済ませると、神田村取次を一巡することが昭和20年
〜40年代の書店主の仕入れコースであった。オクムラに行くことは仕入れ以
外に元気をもらう役得があった。必ず女性社長から声を掛けられ、お茶をご馳
走になるサービスがあった。肝っ玉母さんの店として人気を博した。

第6章 ◉ 出版流通150年史に学ぶ

6.3 昭和戦前の取次事情と出版流通

◆ 昭和時代の取次と国家統制

　昭和時代の取次の最初の動きは、円本対応であった。昭和2年（1927年）に始まった円本ブームは全集ブームでもあった。ブームは長続きせず、各取次は、その対応に追われた。

　表1は、昭和3年（1928年）に結成された取次販売業者の活動状況をまとめたものである。

　表2は、昭和18年（1943年）3月の国家統制後の取次（日本出版会）の動きをまとめたものである。

表1　昭和時代の取次の状況

昭和3年 1928年	10月：関西2府15県の取次販売業者によって組織する「昭和会」（会長、盛文館・岸本栄七）は幹事会を開き、全集販売の行詰まりの打開策として、全集発行者に対し3％の正味引下げの交渉を決定した。 11月21日：全集発行者を歴訪、要望書を提出した。 12月1日：全集発行者協会は総会を開き、要望拒絶を決定した。 12月12日：昭和会は総会を開き、3％を1％に変更し、再度交渉した。 12月21日：全集発行者協会は再度拒否した。 12月28日：昭和会は交渉相手を協会ではなく、個々の発行者にすることを決定した。
昭和4年 1929年	1月22日：平凡社が回答、85％から83％に引下回答、他社もこれに倣った。上記の経過で全集の正味引下げの問題は解決した。
昭和11年	6月：販売向上をめざし九州共販が誕生した。
昭和13年 1938年	4月：東京堂以下4大取次は、雑誌正味1％下げを決定、更に運賃荷造費を1kg当たり3厘下げることを決定、実施した。この年に商工省の要請によって、4大取次は雑誌の扱い量について報告をした。
昭和15年 1940年	情報局の指導により、日本出版文化協会が設立された。国家による文化統制のスタートである。日本雑誌協会、東京図書出版協会その他出版関連団体は解散させられた。協会の専務理事に久富達夫（前情報局次長）が就任している。
昭和16年 1941年	5月：4大取次他全国取次業者を統合し、出版物の一元的配給機関「日配」が誕生した。日本出版配給株式会社である。社長は江草重忠である。
昭和18年 1943年	3月：日本出版文化協会を改組して「日本出版会」が創立された。この団体が第2次世界大戦が終わるまで、日本の出版会のすべてを掌握した。国家統制の最悪例である。このために取次業界は無用の長物と化した。

出所：『日本出版百年史年表』日本出版書籍協会（ノセ事務所調べ）

134

6.3 昭和戦前の取次事情と出版流通

表2　日本出版会の動き

昭和18年 1943年	4月21日：板紙使用を抑制のため書籍の上製本の承認制を実施した。 4月23日：赤尾好夫（旺文社）以下51名による第1回評議員会を開催、事務局機構及び職制・統制規程・用紙配給調整規程・出版物配給調整規程の原案を可決。 5月：かねて指示の組版及び活字使用の制限、書籍用外函の廃止を全面的に強制。同月、書籍の全面的買切・売切制実施を控え、業者向け予告誌「新刊弘報」用に内容紹介文の提出と出来予定日の通知を会員に連絡（月末締切）。 7月11日：7～9月の用紙割当量は4～6月と同量と発表。 8月5日：健全娯楽図書に対する用紙の特別助成のため、会員からの候補図書を募集。同月、審査会議を設け審査制を強化、用紙の重点特別配給、不急書の発行不承認にし、また、書籍の全面的買切・売切制の実施に伴い、計画配給の徹底のため発行所による寄贈、その他例外配給は、新刊発行部数の10％、重版5％とする。 9月1日：統制違反に対する強硬態度を発表、全会員の自粛自戒を要望。 10月20日：10～12月期の書籍出版企画に臨時措置要綱を定める。同月、産業従事者に健全娯楽読物の組合せ計画配給を実施。 11月1日：用紙資材難対策として出版物の版面積の増大を図る版面規制を定める。同月4日、自発的廃業者に対し、11月25日までに申し出を勧告。 12月21日：来年以降書籍の印刷、製本の発注については、発注先に発行承認書を提出のこと。同月27日、書籍などの公定価格の実施までの暫定措置として「書籍等例外許可価格申請要綱」を定め、価格査定委員会を設置すること。 12月21日：雑誌の整備結果として、中央公論、現代、公論、文藝春秋、改造、日本評論の残存を発表。同月31日、出版事業整備要綱に基づく書籍出版部門の統合申告を締め切る。
昭和19年 1944年	2月11日：統合による新事業体として、日本地図、龍文書局、産業図書、宝文館、至文堂など20社を決定。『出版文化』に発表。同月21日、資格審議会承認の新事業体として、日本評論社、日本出版社、平凡社、岩波書店、新潮社など52社を発表。 3月1日：新事業体として東京堂、筑摩書房、春陽堂、明治書院など84社。同月、不急出版物に対して、一時停止の取り扱いを加えた。 4月4日：書籍出版企画臨時措置要綱を廃し、「新事業体書籍出版企画措置要綱」を定め書籍出版企画を承認制とした。同月、書籍雑誌の活字使用につき制定した活字使用制限要領を撤廃した。 5月1日：企画編集者規程を公示、資格を審査し、登録制を実施。同月、雑誌企画届に主要記事の題目、筆者名、筆者資格肩書、掲載理由を明記提出した。また、新事業体の決定に伴い、新たに業務委員55名を委嘱。 6月19日：出版引受会社の設立を計画、大橋進一、江草四郎ら11名の設立委員委嘱。同月、30日　空襲対策として児童用絵本300万冊を疎開し保管の打ち合わせを行う。 7月1日：用紙規格外の判型による出版に許可制を実施。同月25日　雑誌の価格につき小売業者、卸売業者、発行者により「価格査定規則」を制定。 8月16日：出版人総決起大会を九段会館で実施、参加者1000名、同月21日、特配の良質紙を科学技術部門の書籍、雑誌部門に振り向けることを決定。 9月1日：疎開学童に対し、集団的利用のため、書籍雑誌の配給要領を決め、まず『少年倶楽部』など10誌を発表、10名に1冊の割合で配給計画を実施。 10月：日本印刷文化協会を協力に、表紙は1色刷、400頁以下の出版物は無裁断か一方截ち32頁以下の表紙は本文共紙。 11月：情報局の指示により出版非常措置要領を立案、雑誌発行順位を決定、発表。 12月：松村秀逸『宿敵米英ヲ撃テ』（漫画社）に10万部、三省堂『明解国語辞典』に1万5000部を産業向けに特配。
昭和20年 1945年	1月1日：空襲対策委員会及び空襲対策本部を設置。同月10日　指定出版物 2月4日：生産協議会設置。印刷工場、出版業者の疎開対策を促進。 2月4日：第2次「非常用文藝図書」として、『こころ』『半七捕物帳』『春琴抄』など66点を決定。 5月23日：『日本読書新聞』休刊。 6月1日：情報局の指示により、出版非常措置要綱を発令、従来の実績による用紙割当を停止し、約1500点を選定、重点発行の承認制と用紙の集中的特配を強行。同月4日、日本出版会会長・挾間茂辞任し、石川武美着任。事務機構を縮小し、企画査定を廃止、機能はほとんど停滞した。 8月15日：ポツダム宣言受諾。出版界も壊滅状態のうちに終戦を迎える。出版社約300社。印刷業者罹災率：東京都66.5％、大阪府53％、全国業者の30.3％罹災。書籍の日配への最終搬入は5月船橋甼一『悉皆屋康吉』創元社である。

出所：『日本出版百年史年表』日本出版書籍協会（ノセ事務所調べ）

第6章 ● 出版流通150年史に学ぶ

6.4 戦後の取次事情と出版流通

◆ 日配の解体。しかし、出版流通の機能は、新取次に引き継がれた

　戦後の取次は、旧日配が昭和24年（1949年）に閉鎖され、その年に5大取次が誕生したところから始まる。昭和16年（1941年）当時、東京を中心に大小70軒の専門図書、雑誌取次があった。全国では大小300軒以上あった。それが国策により"日配"（日本出版配給株式会社）という統制会社1社になった。

　戦後も、一時も休むことのできない雑誌流通があるために、戦前の流通機構は、すぐに機能した。そして5大新取次に引き継がれた。

　取次は雑誌ブームに牽引された。戦後民主主義を受け、総合雑誌『新生』『世界』『展望』『真相』『リベラル』などが続々創刊され、社会に流れた。一方、娯楽に飢えていた大衆は、カストリ雑誌、エロ雑誌に群がった。書籍のベストセラー『日米会話手帖』『旋風二十年』、硬派『西田幾太郎全集』なども戦後すぐの取次を潤した。業界売上は、売上金額では、昭和21年（1946年）359億円、昭和22年は431億円、昭和23年は530億円と20％以上伸長している。

　昭和23年（1948年）までは書籍の伸び率が高く、雑誌は昭和25年まで2桁成長している。昭和30年（1955年）は週刊誌の爆発的な伸びが業界を引っ張った。昭和30年の業界売上は945億円で、翌年からは1000億円業界になった。

　昭和25年（1950年）に取次30社で出版取次懇話会が結成された。この団体が今後の日本の出版界をリードすることになり、業界三者の中心的な役割を果たした。対外的にも折衝団体として機能した。最初に取り組んだのは国鉄との交渉であった。当時、出版物の流通手段は国鉄の貨車便であった。

　取次の運賃問題は、外に対しては国鉄であり、内に対しては書店であった。取次、書店にとって運賃の負担は、正味に関係する死活問題であった。国鉄運賃は何度も値上げされるので、この問題は可変的である。例えば昭和26年には、運賃、荷造費の書店負担は1.5％であったが、国鉄の運賃アップのために2.7％になった。小売書店では負担できないということで、地方書店救済の方法として地方定価5％プラスができた。しかし、地方定価の寿命は短かった。

136

6.4 戦後の取次事情と出版流通

表3 戦後の取次状況

昭和20年	11月：出版、取次、小売の3者により「出版配給協議会」できる。
昭和21年 1946年	9月：日本出版販売統制株式会社の統制を取り、日配の旧称に復帰する／同月、機構を全面的に改め商事会社として10月1日発足。社長：永井茂弥／同月、西村書店創業（社長：西村平三）。
昭和22年 1947年	2月：栗田書店復活開業／8月：日配、小売書店報奨制実施要領決定す。取引高、入金率、信認金、協力度を基準に3ヵ月を1期とする。12月分より実施／同月、鍬谷書店創業（社長：鍬谷睦男）／9月：日配、新刊書籍の委託取引制を実施。
昭和23年 1948年	2月：過度経済力集中排除法制定により、日配排除される。
昭和24年 1949年	2月：安達図書創業（社長：安達政義）／3月：大蔵省、商工省の閉鎖機関令により日配閉鎖　従業員数2452名／9月6日：大阪屋設立（代表：福永政雄）／同月10日、日販創立（社長：相田岩夫）／同月19日、東販創立（代表：尾張真之介）／同月20日、日教販創立（代表：森下松衛）／10月7日：中央社創業（代表：佐久間長吉郎）。
昭和25年 1950年	8月：取次30社で、出版取次懇話会結成（会長：藤井誠治郎）／10月：日販、工学書協会と特約店制度を結ぶ。
昭和27年 1952年	名古屋の三星創業（社長：星野孝一）／東販、全国書店共助会設立する。
昭和28年 1953年	5月：出版取次懇話会と小売全連、運賃・荷造費の負担について対立。数次の会談を行い、運賃諸掛改正実施案に合意す。北海道、九州の遠隔地を保留して妥結。（従来の諸掛2.7%を廃し、荷造費1%・運賃実費計算制）。6月1日から実施。
昭和29年 1954年	東販、電算機導入す。
昭和30年 1955年	1月：出版取次懇話会、雑誌の付録合戦に伴う特別雑誌附録輸送規定違反問題につき発行社に警告、自粛を要望す／2月：出版取次懇話会、工学書協会に対し、返品条件付き新刊入銀正味制による取引の延期を申し入れる。協会側は同意せず事態は悪化す／工学書入銀制問題につき、協会、取次懇話会、小売全連の3者、了解点に達し覚書を交換／12月：東販「新年号雑誌販売コンクール」を実施、日販「新年号雑誌特別報奨増売運動」によって応酬、販売戦を展開す。
昭和31年 1956年	2月：東販「全国出版協会・出版科学研究所」発足／3月：取次懇話会、出版社に対し、取次と小売書店との取引条件は取次側に一任の要望書を発送／6月：再販売価格維持契約本部励行委員会、学生消費組合・職域生活協同組合など11団体を、再販契約の除外例と決定／7月：取協、都内の雑誌前日渡しの停止を決定／再販励行本部は貸本業者は対象外と決定す。
昭和32年 1957年	2月：取協、出版社による小売書店への直接販売は正常販売ルートの破壊を招く行為として、出版団体連合会及び雑協に対し是正を要望／3月26日：取協、国鉄運賃値上げに対処するため「委託書籍の仕入正味1%引下げ」を各出版社に要請する／同月29日、取協、小売書店に対し、国鉄運賃値上げの暫定措置として4月1日から雑誌は運賃2.2%を請求、書籍は正味1%引下げて新運賃の請求を通告／4月1日：各取次、取協の申し合わせに従い、委託書籍の仕入正味1%引下げ扱いを強要実施。関連団体の中止を申し入れる／4月2日：取協、雑協の申し入れ、1%引き下げを撤回す／7月：取協と小売全連、書籍運賃の処理につき暫定処置として新運賃の12%臨時戻し方式に合意し、8月1日から実施。
昭和33年 1958年	8月：日販、東販、週刊誌販売促進のため、特別陳列台を製作、30日、栗田など取次7社が抗議し、9月両社は原価で譲ることにした。
昭和34年 1959年	1月：取協は破損防止のため書籍返品荷造に段ボールの使用を要望する書協に対し、2月1日から一応全面的に使用実施と回答／3月：国鉄、取協に対し雑誌の付録及び増刊号などに関する特別扱運賃規定の改正案を正式通告。翌月20日、付録の重量制限を実施。
昭和35年 1960年	4月：東販、日販など大手取次7社、取協、雑協、小売全連に対し、出版物の配給機構として直販ではなく、出版社ー取次ー小売書店を通ずる販売ルートの確立に関する要請書を提出、協力を要請／8月4日：取協、運賃込み正味問題につき期限完了（8月31日）後の対策として、協力金負担措置の延長を書協に申し入れる／翌年1月20日（妥結）：委託書籍実売売上の定価1%相当額を援助金として提出、これで了解が成立、両代表が覚書に調印。

出所：『日本出版百年史年表』日本書籍出版協会、ノセ事務所調べ

第6章 ● 出版流通150年史に学ぶ

コラム ■ 紙魚の目

マーケットイン導入でどう変わるか?

　読者の読書ニーズは、自分の好きな作家、好みのジャンル、専門家、研究者は自己専門分野である。この志向範囲に入らない市場もある。それは店頭で見て面白そうだ、生活実用書として読んでみようとさせる本である。衝動買いさせる本も、その読者の心を動かしたからである。政治情勢や社会流行の必要感も書棚前にいる時、そんな心理になることがある。

　マーケットインは、待ちの書店では、読者より先行していなければならない。その先行を押してくれるシステムが日本出版インフラセンターの出版情報登録センターの「BooksPRO」である。

　書店の仕入れは業務の最先端の仕事である。仕入れは担当者か店長の仕事である。近刊情報は2カ月前からわかる。「著者」「タイトル」「定価」など基本情報19項目がある。コメントも利用したい。

　東京・国分寺にBOOKS隆文堂(社長高橋小織)がある。ファッション誌発売日に見た光景である。朝の忙しい時間にファッション誌を読んでいた女性社員がいた。なにをしていたのか後で彼女に聞いてみた。来月発売の同誌の付録、特集などを書き留めていたのである。

　さらに凄いことは、その日のうちに来月の雑誌の申込数を申告していたという。この時、この店はマーケットの見える書店だと思った。この店は雑誌にもPOPがつけられていた。

　仕入担当者は朝礼時に仕入れ書籍の情報を社員に伝達することも肝要である。それと同時に同書の特徴、同著者の過去の販売冊数も報告すれば親近感もわく。パートさん、アルバイトさんにも伝言が必要である。彼らにやる気が出るからである。

　こうした情報は取次にも出版社から届けられることである。マーケットインは商品だけに行うものでなく、書店にも適用すべきだと思う。取次、出版社両者協議が必要になることあるかもしれない。効率配本のために書店を絞ることもマーケットインである。

138

第 7 章

戦後の古書業界が歩んだ道
──古書業と神保町を支えた人々の物語

八木書店会長　　　　八木　壮一　監修
『日本古書通信』編集長　樽見　博　著作

この章の概要

　本章は、戦後の古書業界を支えた人々と、変わりゆく古書業界を紹介している。

　第1節では、時代の変化に合わせ営業形態を変えつつ、古本屋としての矜持を保ち続けた龍生書林さんの1977年（昭和52年）から2017年（平成29年）までの歩みを軸に、古書業界の変遷を紹介している。

　第2節では、私（樽見）が古書業界に入った1979年（昭和54年）以降に出会った、古書をこよなく愛し、商売に励まれた個性と魅力にあふれた古書店主たち（主に故人に限った）の思い出を書いた。ともに「古書店のありうるべき姿とは何か」を考えたものである。

　なお、本稿は『日本の古本屋メルマガ』242号、244号、246号（2018年1〜3月）及び、全国古書籍商組合連合会機関誌『全古書連ニュース』494〜502号（2023〜2024年）連載を一部編集し、再録したものである。

第7章 ● 戦後の古書業界が歩んだ道

7.1-1 変わりゆく古書業界のかたちと人
第1話　龍生書林に見る古書店の変化

初出誌:『日本の古本屋メルマガ』242号(2018年1月)

　時代にそって物事が変化していくのは当然だが、古書店のかたちも変化していくのだなと最近つくづく思うようになった。中でも、戦後文学書を中心に扱ってこられた大田区の龍生書林さんの閉店は象徴的だと感じた。閉店理由は営業不振ではなく、古書店を取り巻く環境の変化にあったのではないだろうか。古書店の仕事の基本は、お客から古書を買い取り、次の読者へ手渡していくことで、何ら変化はないが、仕入れて販売していく過程、具体的には古書価決定の仕組みと、販売法が大きく変化している。拙著『古本通』(2006年、平凡社)では、古書市場における入札のシステムや、店買い、宅買い(古書店が直接お客の家などに行き蔵書を仕入れること)の在り方などを具体的に解説したが、改めて、ここ30年間における古書店の営業形態の変遷を辿ってみたい。

◆ 龍生書林・大場啓志さんの歩み

　龍生書林の大場啓志さんは、最初、神奈川県伊奈野市の東海大学の近くで開業した。その後、蒲田駅前や、神保町一丁目山田書店のビルの中、浅草にも出店した時代があったが、大田区池上に移ってからは古書目録販売が中心となった。近代文学、なかでも戦後文学初版本、受賞本を専門としてこられた。

　2017年(平成29年)末古書組合を脱退、翌年の夏と12月に、「古書目録りゅうせい」65号と66号を出して、年末事実上の閉店となった。宮城県から上京後サラリーマン勤めを経て20代後半から70歳代まで45年間に及ぶ古書店歴を誇るが、彼の歩んだ道こそ、ここ30年ほどの古書店の営業形態の変遷の様子そのものだと思う。戦後文学初版本のブームが起こったのは、三島由紀夫割腹自殺事件を少しさかのぼる1965年(昭和40年)初め、一時終息しかけたが1970年(昭和45年)の三島事件で再び火が付いたといわれる。

　川端康成のノーベル文学賞受賞(昭和43年)、日本近代文学館の復刻本刊行も昭和40年代である。それまでは帯や栞など本の付属物はそれほど気にも留められなかったが、完本を求める風潮が一気に昂じた。龍生書林の始まりはそ

140

んな時代だった。当社の『全国古本屋地図』初版の刊行は、1977年（昭和52年）だが、その頃の古書店、特に郊外や地方の古書店の紹介は、大半が「文庫、漫画、一般書扱い」で、中で有力店は、「文学書初版本、限定本も扱う」と、「郷土史に力を入れ、地元デパートでの即売会にも積極的だ」といった表現だった。古書目録発行店も数えるほど。本誌の目録欄に掲載希望する店も多かった。

　龍生書林の紹介を『全国古本屋地図』各版に添って見ていくと、
　1977年（昭和52年）初版　住所のみ（大田区西蒲田7－4－5）
　1982年（昭和57年）新装版第三刷　専門店案内欄に「戦後文学・受賞本」。
　1984年（昭和59年）改訂新版　神保町一丁目山田書店4階へ出店。「近代文学、現代文学、特に戦後文学や文学賞受賞本に力を入れている」とある。専門店案内コーナーでは「初版本・限定本」の店として入っている。
　1986年（昭和61年）改訂増補版　前版と同じだが、浅草雷門にも支店を出していると追記してある。（昭和61年、蒲田・工学院通りの6坪の店から、蒲田駅前の20数坪の店に移転）。
　1988年（昭和63年）改訂新版　神保町店は無くなり、雷門店「一般書と映画パンフレット」、蒲田店「蒲田駅ホームからも見える龍生書林駅前店は、古本、レコード、映画ポスター、パンフなど何でもある感じで人が入っている。店頭にも本が積まれ、流行作家のものなど10冊くらいセットにして安く売るなど気が利いている。裏に古書部があるが閉まっている時が多い」とある。

写真1　「古書目録りゅうせい」65号と66号

第7章 ◉ 戦後の古書業界が歩んだ道

　1990年（平成2年）改訂新版　前版と同じ。

　1991年（平成3年）改訂新版　雷門店は無くなり、あとは前版と同じ。

　1992年（平成4年）改訂新版　同じ内容の蒲田駅前店の紹介の後に「戦後文学の初版本や推理小説専門の目録販売事務所もあり、本の知識は定評がある」と追記。

　1993年（平成5年）平成4年版と同じ。

　1997年（平成9年）改訂新版　西蒲田7－1－1に移転。「戦後文学初版本や推理小説の通販専門、本の知識は定評がある」とあり、店舗営業を休止している。

　1999年（平成11年）改訂新版　大田区池上に移転。「昭和文学初版本や推理、大衆小説の専門店として知られる。最近、著書『三島由紀夫・古本屋の書誌学』刊行、話題となった。この店出身の古本屋も多い」とある。『古本屋名簿古通手帖2011』（日本古書通信社）では、無店舗、近代文学初版本。通販専門。

　龍生書林の変遷は、扱う商品の変化、支店の開設と閉店、そして無店舗の目録販売へと、実に時代の流れに対応していたことを今更ながら知らされる。神奈川から蒲田に移転してからは、南部古書会館の五反田展にも参加した。古書目録の発行は1981年（昭和56年）からで、『全国古本屋地図』の専門店案内で1982年（昭和57年）版から「戦後文学・受賞本」とあるのはそのためだろう。芥川賞や直木賞受賞本を扱うことにおいて断然の存在であっと記憶する。雷門店の開業は、ブックオフ登場前で、あふれる古本を背景に全国の古書店が競って支店を出した頃で、映画パンフの人気も急上昇していたのだ。それもブックオフ展開であっという間に終息する。さらにネット販売が普及するに及んで専門店の多くが無店舗目録販売に切り替わっていったのだ。

　大場さんは、商いの機を見るに敏で、蒲田駅前店の頃は量販店として成功を収めているが、一方で、当初から文学書稀覯本探求への努力と経験を積んでいた。文学書好きが昂じて古書店になった、その情熱を持ち続けたのだ。それは本誌に「記憶に残る本」として5年間連載し、2017年（平成29年）私家版で少部数（75部）刊行した『古書游泳―めぐり会った人と本―』によく表されている。利益のみを追求しようとするなら、古書店という選択は賢明とは言えない。書物に対する強い思いがなければ「古本屋」という稼業で精進し続けることは難しい。

142

7.1-2 変わりゆく古書業界のかたちと人
第2話　理想の古書店を求めて

初出誌:『日本の古本屋メルマガ』244号（2018年2月）

　2017年（平成29年）末全営業を止めた龍生書林大場啓志さんの『古書游泳』は、『日本古書通信』に5年間（平成19年9月〜23年12月）にわたって連載されたものを加筆訂正してまとめた本だが、発行部数75部で希望しても入手は難しいだろう。巻末に添えた書名の由来となった『古書游泳』は、自らの古本屋人生を回顧、1冊にまとめるに際し書き下ろされたものだ。興味のある方は『日本古書通信』でご覧頂きたい。近代文学稀覯本をめぐるドラマとしても楽しく読めるし、貴重な記録である。

　大場さんは、その『古書游泳』の最後に次のように書いている。

　「今振り返ると何もかもが一瞬の夢のようだ。バブルに踊り、不相応な買い物もした。失敗も多くあるが、住まいは確保されている。今残されている在庫は夢の名残。そう慾をかくべきでは無いであろう」

　その上で、「好きな戦後文学は、一通りは扱えたが、残念なのは」として、ついに扱えなかった、島尾敏雄『幼年期』（昭和18年・こをろ発行所）と山本周五郎『無明絵巻』（昭和15年・大阪泰光堂）の2冊をあげている。龍生書林と言えば、三島由紀夫本を連想するほどその収集に力を入れられた。その成果

写真2　私家版として75部のみ刊行された大場啓志さんの『古書游泳』

第7章 ◉ 戦後の古書業界が歩んだ道

は『三島由紀夫　古本屋の書誌学』（ワイズ出版・1998）にまとめられている。

　人が古書店という仕事を選ぶ理由は様々だが、大場さんは『古書游泳』の中でこうも書いている。

　「昭和56年7月、五反田展同人のあきつ書店白鳥恭輔氏、芳雅堂書店出久根達郎氏らと目標としていた自家目録の第一号を発行することでスーパーから手を引くことができた。自家目録は古書展と違い、自分の世界を表す事が出来る。古本屋という魅力的な仕事に、やっと向き合う事が出来始めたと言える」

　古本屋として自分の世界を表す手段が自家目録だと言っているのだ。これは、東京の業者に限って言えば、大場さんや、前記のあきつ書店や出久根さん（芳雅堂書店）、あるいは扶桑書房など現在70歳代を迎えている世代から、えびな書店、稲垣書店、石神井書林、けやき書店など専門店志向の強い現在60歳代の古書業者に顕著な考え方だ。勿論、もっと若い世代、例えば風船舎さんや、股旅堂さんなど、自家目録の発行に全精力を投入している古書店主もいるが、全体に若い世代は、店舗志向が強く、店こそが自己表現の場と捉える方が多いように思う。

　これは、インターネット販売の普及で専門書の探求が客にとって容易になると同時に、古書相場の下落を招いていることが背景にある。特色のある自家目録を出すには多くの時間と費用が必要であり、稀少本を長くストックしている間も相場が上昇していけば問題はないが、現在のように相場が下落したのでは商いとして難しい。

◆ 店主の人柄を映す店

　最近読んだ詩人浅山泰美の著書『木精の書翰』（思潮社・2000年）に「静かな店」という京都の老舗喫茶店を回想したエッセイがあった。「再会」「夜の窓」「クローバー」「フタバヤ」「北国」「白鳥」「フランソワ」「ソワレ」「築地」「イノダ」といった喫茶店の魅力と佇まいを取り上げているが、最後に「静かな店で、静かなひとりの時間を過ごしていると、ひとの世の出逢いや訣れが波のように寄せては返し寄せては返しし、小卓の向こうに、今は誰もいないことを奇妙にも思い、安らぎとも感じる」と書いている。これは理想的な古書店の姿そのものである。若い店舗志向の古書店主たちも基本はそのような店を目指しているのではないか。私も過去にそのような雰囲気の古書店の魅力を満喫し

144

たことがある。しかし、私が満喫した店は殆どが知的な老齢の店主が、街の片隅でひっそり開いている店で、旧知の客と何やら楽しそうに話しあっているそんな店だった。ともかくも時間が止まったように静かな店だ。意識してできた雰囲気ではなく店主の人柄と店の歴史がそのまま佇まいに反映している。あの方、あの古書店と思い出すと、多くの店主が亡くなり、店も閉店している。ただ、今若い人が目指す「静かな古書店」も、基本は変わらいと思うが、それは自然に形作られたのではなく、意識して作られている点で違う気がする。私にとって古書店は静かなことが理想のように思えるのに、新刊書店は本を求めるお客の熱気が湧きたっている方が好もしく思えるのは何故だろう。高校生だった昭和40年代半、本を求める客で店が埋まっていた夕方の新刊書店が、当時の平台で輝いていた杉浦康平装丁の本たちと共に懐かしい。古書即売会も客が多いほうが購買欲をそそるのと同じ心理かもしれない。

　現実の古書店の仕事は、いわゆる3Kに近い。店に持ち込まれる古本、宅買いで仕入れて来る本も、そのまま店の商品になるものは少ないし、宅買いが大量でも、相場の下落で運送費用や経費との厳しい計算を考慮しなくてはならない。トラック数台分のただ古いだけの蔵書があったとして、それを買ってくれと頼まれた時どう判断するか。市場での入札も相場が下がったとは言え、良質の本は相変わらず競争が激しく、思い通りの仕入れができるわけでもない。安定した収入を確保するには勢い仕入れの量を増やしていくか、意には添わないが売れ筋に頼ることになる。利益第一で古書店を選んだのであれば問題はないが、もし理想の古書店を目指していたなら、現実とのギャップに苦しむか、割り切るしかない。あくせくしないで、「静かな古書店」を継続することなど、果たして可能なのだろうか。

　『日本古書通信』で古本屋兼カメラマンの古賀大郎さんが「21世紀古書店の肖像」を連載して80回を超えた。『全国古本屋地図』を出していた頃には存在しない、若い古書店主を中心に素敵な店が多いのだが、各店とも理想を追えば追うほど継続には相当な困難を経験しているのではと想像している。

第7章 ● 戦後の古書業界が歩んだ道

7.1-3 変わりゆく古書業界のかたちと人
第3話　書物への深い敬愛

初出誌：『日本の古本屋メルマガ』246号（2018年3月）

　これまで紹介してきた古書店は文学系の店が中心だが、古書業界全体から見ればそれは一部に過ぎない。恐らく理系を含む学術書・研究雑誌などを主とする資料系の古書店が、古書業界のかなりの部分を担っている筈である。資料系の古書店は、一般的な古書店よりもはるかに早くから無店舗で古書目録やネット販売に移行している。既に紙の目録は廃止している店も多い。先進的な店ではネットが普及する以前に、大学図書館などとオンラインで在庫確認ができるようになっていた。ただ、ここ30年の間に資料専門店の数は激減し、例えば1984年（昭和59年）版『全国古本屋地図』の専門店案内で、東京の社会科学専門店を20軒あげているが、現在も続くのは7軒である。勿論新しい資料系の古書店も誕生していて、『全国古本屋地図』21世紀版（平成13年）では土木建築・都市資料の港や書店、医学史・産業史の泰西堂書店、在日朝鮮・アイヌ関係の水平書館が追加されている。新規の店は特定の分野に絞って営業しているケースが殆どで、分野を狭く絞るのは社会科学系ばかりでなく全分野に及ぶ。

　古書店への蔵書処分の依頼は全分野に及ぶから、本来はあらゆる書物の知識が必要とされるのだが、現在のように書籍の数が膨大かつ需要の推移が早くなると、現実的には無理な話である。そんな中で、文科系に限れば、和本から漫画本まで精通していたのが、中野書店の中野智之さんだった。古書店主としては二代目だが、えびな書店、稲垣書店、石神井書林、けやき書店などと同じ世代である。しかし惜しくも2014年（平成26年）に亡くなってしまわれた。（古書店は奥様が継続。）

◆ 古本は、こんなに面白い

　中野さんは、『古書倶楽部』という文学書を中心にした分厚な在庫古書目録の他に、『お喋りカタログ』というA4判アート紙カラー印刷20頁ほどの目録を出していた。そこでは、金額や著名度とは別に自分で面白いと思う古書を取り上げ、長短様々なコメントを施している。中野さんは、HPに掲載するので、

146

長い解説を付けることで、検索の網に掛かるケースが増えるからと言っていた
が、根底にあったのは扱う書物への愛情、その本の価値や面白さを見つけて適
正な価格を決めて売るのが古本屋でしょうという、強い矜持があったように思
う。ユーモラスな方だったから「お喋り」と照れて見せたのである。今手元に、
2009年（平成21年）3月に出た3号がある。以下、中村草田男の句集『火の島』
毛筆句署名入り特製本（昭和14）に添えたコメントである。

「父となりしか蜉蝣と共に立ち止まる」
　別に草樹会御案内の草田男ペン書メモ付。
　余談ながら、集中に「大学生冬のペリカンに待ち待つ」の句を見つけました。
予備知識がないとわかりにくい句ですが、これ、東大前の落第横丁にあった、
品川力さんのランチルーム・ペリカンのことでしょうね。若き日の太宰治や織
田作らも出入りしていました。この句は昭和13年のものですが、翌年、ペリ
カン食堂は古本屋ペリカン書房へと変身。大先輩のお一人です。古本屋となっ
た品川さんは、自らも『内村鑑三研究文献目録』他の著作を持っていますが、
研究者に文献資料を提供するため、名物のテンガロンハットを被って自転車に
跨っている姿は、今でも目に焼ついています。

　さらっと書いているが、本を読み、ペリカン書房の開店時期など調べねば書
けぬことであるし、さりげなく古本屋の在り方にも触れている。こんな風に古
典籍から、童謡「夕焼け小焼け」の作曲者草川信の自筆楽譜、立原道造私家版
『萱草に寄す』、発禁本の林礼子著『男』（昭和3年）などまで144点を取り上げ
ている。ホームページに掲載していたので、印刷目録は広くは配布しなかった
ようだ。13号まで刊行した。
　この目録を見て、私は中野さんに、取り上げた中で殊に気になるものに加筆
して『日本古書通信』に連載しませんかとお願いしてみたのである。中野さん
は病気治療をして退院後程なかったのだが、二つ返事で承諾してくれ、それが
2012年（平成24年）1月号から2014年（平成26年）10月号まで32回に及んだ。
14年12月に亡くなられたので死の直前まで連載してくれたのである。訃報を
聞き、偲ぶ会が開かれるとのことで、急遽、連載をまとめ刊行したのが、『古
本はこんなに面白い　「お喋りカタログ」番外編』（初版500部）である。書名

第7章 ◉ 戦後の古書業界が歩んだ道

は私が独断で付けたが、中野さんは反対しなかったと思っている。知識、行動
力、人望、どれをとっても惜しい方を亡くしたとの思いが、今でも強い。

『日本古書通信』で、2011年（平成23年）2月号から、テレビの人気番組
「情熱大陸」にあやかり「古本屋大陸」と題して気になる方に、古書店として
の日常を書いて頂く企画を立てた。毎号2名づつ基本的に3回の連載で頼んだ。
好評で2014年（平成26年）7月号まで続いたが、東日本大震災の直前、中野
さんの連載とも重なっていた。取り上げた書店・書店主を順にあげる。

金井書店・花井敏夫、サッポロ堂書店・石原誠、九蓬書店・椛沢賢司、山猫
館書房・水野真由美、かげろう文庫・佐藤龍、イマジンスペース真理・石黒敏
彦、よみた屋・澄田喜広、舒文堂河島書店・河島一夫、じゃんがら堂（現在の
阿武隈書房）・太田史人、版画堂・樋口良一、矢野書房・矢野龍二、近八書
房・篠田直隆、弘南堂書店・高木庄一、古書日月堂・佐藤真砂、キクオ書店・
前田智、＠ワンダー・鈴木宏、火星の庭・前野久美子、徳尾書店・高畠裕幸、
かぴぱら堂・露久保健二、モダンクラッシック・古賀加代、ビブリオ・小野祥
之、古書わらべ・榎本弘紀、盛林堂書房・小野純一、書肆つづらや・原智子、
追分コロニー・佐藤尚弘、股旅堂・吉岡誠、黒沢書店・黒沢宏直、澤口書店・
西坂彩（店員）、八勝堂書店・近藤英人（店員）

基本的にベテランよりは若手を取り上げようと努めたが、漏らしたか、断ら
れたか覚えていないが、他にも取り上げるべきだった古書店は何軒もありそう
である。店舗重視の店、目録中心の店、即売会に主力を注ぐ方いろいろだが、
どなたも、今も熱意をもって励んでいる姿を見て頼もしく思う。

毎日、東京古書会館へ持ち込まれる古書の量は膨大である。相場が下落する
なかで、現実的には一冊一冊を丁寧に見ていく事には困難があるが、あまりに
も大雑把な扱いと感じることもなくはない。需要の少ない古本をより分けて廃
棄することも古書店に許された使命ではあるが、前提に書物に対する敬意を忘
れてはいけないと思う。

今や、古書店の営業形態は多様化し、ネット販売の率も大きくなった。客の
顔を見ることも少なく、何を販売したか強く意識することも稀かもしれない。
しかし、3回に分けて紹介してきた古書店を見ても、書物探求にかける熱意が
商売の核となっている。古書店と客をつなぐものは古本である。繰り返すが書
物への敬意、それが古書店としての成長と喜びを必ず与えると思うからだ。

7.2 懐かしき古書店主たちの談話

7.2-1

懐かしき古書店主たちの談話
第1話　日本古書通信社に入社した頃

初出誌：『全古書連ニュース』2023年5月10日（第494号）

　私が日本古書通信社に入社したのは、1979年（昭和54年）1月である。

　社長の八木福次郎は、1915年（大正4年）生まれの当時64歳で、かなり老人だなと思ったものだが、いつの間にか、私もその年齢を超えてしまった。

　当時、携帯電話は勿論、FAXもパソコンもなく、電話機は黒のダイヤル式、印刷は活版だった。古い東京古書会館3階の西側と東側2室が事務所で、編集室は西側の7坪の狭い部屋。大学の部室みたいだった。窓から喫茶店世界が見え、八木が執筆者や古書店主たちとよく話していた。

◆ 反町茂雄さん・飯田淳次さん・青木正美さんの戦いに学ぶ

　そこに陣取る古書店主たちも多く、会館に出入りする業者や即売会に来る人達を見おろしていた。当時の古書会館には現在の8階にあるような休憩スペースはなく、喫茶店世界が代わりを果たしていた。会館玄関を入り狭い階段を上がった奥に管理人室があり、当時は竹之内さんご夫婦が住み込みで様々な仕事をされていた。

　天井は高いが薄暗い地階には、弘文荘・反町茂雄氏の使用する部屋など数室の他、業者用のロッカーが並び、空いたスペースで、山の本専門の小林静生さんや、叢文閣の矢島さん、浅草のおもしろ文庫の夏目さん、江戸川区の志賀書店さんなどが将棋を指していた。交換会は1階と2階を使えたが、エレベーターは会場の外、階段の奥に1台あった。週末の古書即売会は2階が会場だから、金曜日の交換会は1階のみの使用だった。

　入札会場の奥に帳場があり、経理は算盤で、その日のうちに現金で精算された。売り買いの明細はなく、ヌキ（買い入れ伝票）は簡単なもので、売りは入札封筒の下部を切り、必要な場合は自分でリストを作成した。全てが手作業であった。当時も市場は忙しい作業であったが、まだどこかのんびりした時代であった。入札される古本も現在に比べれば量も少なく、一冊一冊が丁寧に扱われていた気がする。喫煙も自由であった。

149

第7章 ● 戦後の古書業界が歩んだ道

明治古典会の終了後、鶉屋書店の飯田淳次さんを囲んで、当時は詩歌書を専門にしていた下井草書房さんや石神井書林さんなどがその日落札した古本について教えを受けている光景をよく見かけた。この3人は、本誌の目録欄の常連だったので特に印象深い記憶なのだが、当時の私は飯田さんの業績については全く知らず、この方を中心とする燭の会の目録原稿がいつも遅れがちで、会えば督促する相手が飯田さんだったのだ。バーミューダーに草履履きのイメージが強いが、いつも少し眠そうな表情をされていた。過労気味だったのか。燭の会のメンバーに現在は映画文献専門の稲垣書店中山信行さんがいて、燭の会の後を、稲垣書店さんが継承して目録掲載は107回に及んだ。2015年（平成27年）に、それら全部に解説を添えて『一頁のなかの劇場』という私家版が刊行されている。

1989年（昭和64年）に飯田さんは68歳で亡くなる。鶉屋さんを師とも恩人ともする青木正美さんによって、2006年（平成18年）に詳細な評伝『ある古本屋の生涯』（日本古書通信社）が刊行される。編集は私が担当した。この16年前、反町さんから、当時、明治古典会の会長をされていた青木さんに、1965年（昭和40年）からの再興明治古典会のキーマンとなった飯田さんの業績を顕彰することが強く求められていた。下町から飯田さんを抜擢したのは反町さんだった。反町さんが主宰する文車の会から1990年（平成2年）に『鶉屋書店飯田淳次氏の仕事と人』という本が刊行された。青木さん司会による明治古典会メンバーの「故飯田淳次氏を偲ぶ座談会」、反町氏執筆の「飯田さんと明治古典会の事など」、「飯田コレクション売立目録」から構成されている。伝説の詩歌文学書売立とも言える、この目録（1985年）の項目には落札値と落札した業者の名前が記録された。反町氏の強い意向が反映されていた。この件が発行と同時に古書組合の規約に反するとして問題になった。その他この記念誌刊行にまつわる経緯は、やはり、青木さんの著書『古書肆・弘文荘訪問記─反町茂雄の晩年』（日本古書通信社・2005年）に克明に記録されている。この本も私が担当したが、青木さんは記念誌が出来る前から、樽見さん持っているといいよと、座談会ゲラのコピーなどを内緒でくれたりしていた。人生は出会いが大きな意味を持つが、反町、飯田、青木さん、この3人の出会いは、戦後復興期を背景にしたドラマをみるようである。『日本古書通信』の創刊者八木敏夫

150

と反町氏の出会いが、大正震災後の文化復興を背景としたドラマのようであるのと似ている。売立目録への落札値と落札業者の明記の資料的価値は言うまでもない。

今、青木さんはベッドの人となってしまわれた（2023年没）。文章を書くことを何よりも生き甲斐とされていたが、既に読むこともままならなくなったと息子さんから伺っている。私が古書業界に入って40数年が過ぎたが、八木福次郎を別にすれば、私は青木さんから一番影響を受けてきた。

青木さんの古本屋としての凄さに対し私は畏敬の念を持ってきた。優れた古本屋がみなそうであるように、従来価値がないと見られていたものに商品としての魅力を見出していく先見性。青木さんの場合、それは戦前戦中の児童物の分野で発揮された。加えてその価格面の変動を記録し公表してきたこと。その記録することの強い思いは、商売を離れた作家自筆物の研究や業界に足跡を残した人々の顕彰に及んだ。商人として成功した古本屋は少なくないが、そうした記録を残した人は極めて少ない。私は青木さんの56冊に及んだ著書の内、9冊の編集をし、『青春さまよい日記』（東京堂出版・1998年）ほか他社からの本の校正も頼まれてやっている。自伝的要素の強い著作ゆえに、編集や校正の仕事を通し青木さんの人生を私も伴走させられたような気分がある。当社の刊行と言っても、実は青木さんご自身が本の内容を決め、原稿入力や印刷屋との折衝もされており、私は修正や校正はするが、完成した本を預かり販売するケ

写真3　『古書肆・弘文荘訪問記―反町茂雄の晩年』

ースが殆どだった。事前に入力済の原稿を示され、樽見さんが不要と思うもの
は全部削除するからと言われていたが、多少修正はしても大きな変更は要請し
ていない。ただ、前記『古書肆・弘文荘訪問記』は大変気を使われた本であっ
た。慎重を期して私が事前に原稿を読み、青木さんご自身のことが余に強く出
ている多くの部分を削除して頂いた。自分のことが前面に出過ぎるとテーマが
ぼやけて読み難くなるのである。この本は坪内祐三さんが高く評価してくれた
こともあって再版することになった。だが青木さんにとって削除は不本意だっ
たのだと思う。それ以降しばらく事前に原稿が提示されることは無かった。再
び内容的にも私が関わるようになったのは、2019年（平成31年）の『古書市
場が私の大学だった　古本屋控え帳自選集』以降かと思う。最後の3冊『古書
と生きた人生曼陀羅図』『戦時下の少年読物』『昭和の古本屋を生きる―発見、
発見の七十年だった』は本当に最後の力をふり絞るようにして刊行されたもの
で、死力を注ぎ書き尽くされたとの思いが強い。著書を出すことに対する情
熱・執念は常に驚嘆に値するものだった。

　その青木さんとの長いお付き合いの中で忘れられない一言がある。2012年
（平成24年）11月号が『日本古書通信』の通巻1000号で、一時は40数頁もあ
ったのに減りに減ってしまった後半の古書目録欄を充実させようと、お付き合
いのある古書店にお願いして40軒ほどの協力が得られた。その折、青木さん
にもお願いしたのだが、青木さんは「樽見さん、わたしはもう現役ではないし、
古本屋が古書目録を出すというのは、戦いのようなもので、必死の覚悟がなく
ては出来ないんだよ。付き合いで出すようなことは出来ない」と即答で断られ
た。頼んだ側として落胆はしたが、青木さんらしい言葉だと思った。

　青木さんにとって商いは戦いそのものだった。それは古い古書業界の慣習を
破るべく生涯をかけた反町さんや、下町の古本屋から詩歌書専門店として全国
に名を轟かせ今も語り継がれるまでになる飯田さんの戦いとも共通している。
古書業界は震災や戦災からの復興時に最大の役割を果たして来た。3人と同世
代の古書業者は皆どこかで同じ歩みをしてきたと私は思っている。

7.2-2 懐かしき古書店主たちの談話
第2話 昭和史を語る古書店主

初出誌：『全古書連ニュース』2023年7月10日（第495号）

　私が『日本古書通信』の編集に関わるようになって10年目の1989年（平成元年）、日本国中がバブル経済の中にあった。古書業界は昔から景気の影響が後から出て来ると言われるが、明治古典会の七夕市なども高値続出で会場がどよめくことも多かった。

　日本古書通信社では1977年（昭和52年）から『全国古本屋地図』を出し、ほぼ毎年のように改訂増補版を出していた。昭和61年版には全国の古本屋約1800店を紹介しているが、平成元年の1989年版では2180軒に増えている。当時各地の古本屋が本店の外に支店を出すケースが増えていたからだ。

◆ 入れ替わりが多い神保町古書店街

　当時は神保町だけで91軒の古本屋があったことが分かる。小川町や西神田、三崎町にも31軒の古本屋があった。今回、その89年版に収めた靖国通りの古書店街の地図を見て改めて閉店した店の多いことに慄然とした。神保町古書店街は現在も健在だが、その様相は明らかに変化したようだ。当時あった実店舗のある古本屋で、閉店または他地域へ移転した店を、神保町1丁目から3丁目まで、その取扱い分野と合わせてあげてみよう。

≫一丁目にあった古本店

「大屋書房洋書部（実際は錦町の大島書房）理工書」「弘文堂　哲学書」
「金子書店　法律社会科学」「佐藤書店　一般書」「四方堂　数学、理工書」
「奥野書店　国文学」「巌松堂図書　全集、美術他」「村松書店　洋書」
「文省堂　アダルト」「明文堂書店　社史・伝記」「吾八書房　限定本」
「自游書院　近現代史、思想」「友愛書房　キリスト教文献」
「蒐堂　版画・浮世絵」「太秦文庫　文学書」
「文泉堂書店　近代文学研究書、全集」

≫二丁目にあった古本店

「進省堂　洋書、辞書」「古賀書店　音楽書・楽譜」「豊田書房　演劇・落語」

「山陽堂書店　岩波書店本」「東京泰文社　洋雑誌、ペーパーバック」
「篠村書店　社会科学」「日清堂書店　洋書」「高橋書店　近代文学」
「第二神保町ブックセンター（谷地文泉堂書店支店）マンガ」
（神田古書センター内）「中野書店　漫画、文学書、古典」
「前田書店　和本・国文学」「大塚書店　社会科学、文学書」
「アベノスタンプコイン社　絵葉書・刷り物他紙資料」
「いざわ書林　医学書」

≫三丁目にあった古本店

「ドン・コミック（劇画家辰巳ヨシヒロ氏経営のお店）」

「橋本書店　近代文学」

その他、西神田の金文堂書店（歴史・教育・和本）、小川町の明治堂書店（近代史・思想）、三崎町の長門屋書房（社史、年鑑、名簿）などもあった。専門性のある古書店が多いのが分かる。神保町は現在も専門店が多いが、他地域から進出してきて現在人気のある店を展開している、澤口書店、愛書館中川書房、＠ワンダーなどは、専門店志向というよりは間口を広くすることに意を用いているように思う。現在の読者の傾向を反映したものなのだろう。洋古書店と社会科学専門店が減ったのもわかる。

私は、先にあげた古書店の内、明文堂の中根隆治さん、蒐堂の山田孝さん、

写真4　全国古本屋地図

中野書店の中野実・智之さん親子、アベノスタンプコイン社の野本孝清さん、金文堂の木内茂さんにお話を伺い記事にし、また原稿を依頼してきた。なかでも中根さん、野本さん、木内さん、それに私と同年だが惜しまれて早世された中野智之さんが思い出深い。その4人の談話を2回にわけて紹介したい。

◆ 野本孝清さんと中根隆治さんのお話

　神田古書センターの6、7階に店を出していたアベノスタンプコイン社の野本孝清さんのお話を伺ったのは、1983年（昭和58年）5月号である。

　当時「専門店と語る」という連載を、八木福次郎と私が交互に担当していた。1983年に私が担当したのは、野本さんの他に、落語本の紅谷書店紅谷隆司さん、社会科学の都丸書店外丸茂雄さん、漢籍の文徳書房川路俊三さんの4名である。皆さん既に鬼籍に入られている。選んだ分野から人選も私がしたのだと思う。私は28歳でその年の3月に結婚している。八木からは年中、お前はやる気があるのかと叱られてばかりいた。それでもこのインタビューの仕事は面白く、40年も前だがお会いした折の声や表情まで鮮明に記憶している。

　野本さんへのインタビューは、神田古書センターのカレー屋ボンディで行った。野本さんがお昼をご馳走してくれたのである。掲載した写真を見ると今の私よりかなり若い。この記事の5年後の1989年（平成元年）1月激務が祟ったのか58歳で急死されてしまう。古書センターの6、7階のお店は商品であふれ、「紙クズ・珍品のデパート」がキャッチフレーズだった。1977年（昭和52年）に神田古書センターが完成し、当初は9階が展示会スペースで、野本さんも参加していたが、高山書店さんの勧めで店舗を開いた。元々は切手やコインの店を大阪のデパートなどに11軒展開していたという。つまりやり手なのである。流行の波がある切手コインから、映画ポスターやパンフレット、古写真、古地図、引き札、相撲番付、マッチラベルなどおよそ200品目の「紙くず」を扱うようになっていく。野本さんは「人間の気持ちといいますか、趣味家というのは気持ちがちょいちょい移るんです。だから、同じ物がずうーっと、平均点でいくのではないので、商売する側からいったら、ある程度先を読んで、やっていかないといけない」「途中で（収集に）挫折していく人が多いです。熱しやすく、さめやすい人が多いですからね。あまり急激に集められる方は、すぐ

やめてしまうんです。やっぱり、地道にやっている方がずっと続きますね」
「貨幣の展覧会とか、貨幣をデパート商品にしたのも僕が最初なんですよ。それまで貨幣というのは古銭という感覚で、全然商品価値のないもので、ほんの一握りの趣味家の対象だったんです。そういうふうに、今まで見捨ててきたものを、どういうふうにか商品化するというのが僕らの使命ではないかと思います。そういう考えがなかったら、こういう商売は出来ません。しかも、そうしたものを残していくには、値付けをしなければいけない」「自分が完全にコレクターになってしまってもいけない。いい物はお客さんにすすめていかないといけない。そうしたものが有効に活かされる相手さがしのためにおいているという考え方でないとちょっと問題があると思います」。

　常に低姿勢でありながら、冷静に客を選ぶ必要を語っている。大阪商人の精神というものだろう。40年たっても、商売の核心を衝いていると言えるだろう。

　4人の中で一番近年のインタビューは、2012年（平成24年）5月号の明文堂中根隆治さんへのインタビューである。中根さんは1920年（大正9年）浅草生まれ、家は鍼灸師だったが按摩と言われるのが嫌で、高等小学校を出た後、神保町の彰文堂という当時全盛を極めていた献呈教科書（注・新しい教科書が出来ると、教科書会社が各中学に見本を検定して採用を願った）を扱う古本屋に丁稚奉公に入った。「毎年3、4月の春になると、当時の神保町古書店街は教科書シーズンで、ものすごく売れる。店内の商品を片付けて教科書を積み上げる。中学生が学校で使う教科書の配当表をもってきて、それに従って私らが棚から選んで揃えて渡すのです。お客は店の中には入れなかった。入られると、こちらが動けなくなってしまう。そのくらいお客がきたんですよ」。

　1940年（昭和15年）兵隊検査、1941年1月に陸軍に現役招集、麻布三連隊に入る。大東亜戦争が始まり、何処に行くとも告げられず、船が着いたのは大連。関東軍の指揮下に入る。終戦時は黒河省孫呉に居たが、ソ連軍の捕虜となり2年間シベリアに抑留される。「乗せられたシベリア鉄道の貨物列車が行ったり来たりしてどこに収容されたか分からないんですよ。ウラジオストックの方に向かったので、これで帰国できると思ったらまた戻ってしまう。それを繰り返すんですよ。三段になった貨物列車で一度寝たら起き上がれないんです。鉄道沿いでどのくらい死体の山を見たか分からないですよ。収容所ではお決ま

りの土木建築の作業をさせられたんですが、みんな諦めていましたね。酷いものでした」。運よく2年で帰国、彰文堂に戻る。1953年（昭和28年）に、甲府出身の石井忠俊が神保町一丁目で経営していた明文堂書店の次女と結婚、店の仕事をするようになる。忠俊は震災後の東京で家業の建具屋をやっていたが、弟の辰男が駿河台下の明治堂書店で修業後、三崎町で明文堂を開いた。

その後、神保町に移るが、戦火を避け1944年（昭和19年）に甲府へ疎開。当時、辰男の勧めもあり三崎町で日大生相手の古本屋を開いていた忠俊が後に入った。中根さんが明文堂で働くようになった頃、忠俊は商売熱心ではなく棚はガラガラ、ウインドウもない。

「だから私は店を充実させるために本当に毎日市場に通いましたよ。神田は当然だけど、三ノ輪とか千葉や中央線、南部の市にも行きました。昭和30年代というのは、高度経済成長時代ですからね、遣り甲斐がありましたよね。それで今でも不思議なのは、当時の私は経験は浅いのに、これはいい本だと思うものを、当時の東陽堂の先々代とか神保町のベテランたちとセリで競争して買えたんですからね。それを店に並べておくと、中央線とか本郷の専門店が抜きに来てましたよ」

「明文堂のあった場所は靖国通りから入った横丁だから、表通りのようには売れないんですよ。だから何か特色を出そうと思ってね。だけどお金は無いから和本は扱えないし、それで社会科学系の専門店にしようと考えたんです。時代もあったんでしょう。よく売れました。お客さんは、昭和50年代までは圧倒的に学生でした。明大、日大、中大、専大がありましたから、当時の学生は本当によく読んだんですよ」。

インタビューの間、側で娘さんが心配そうにずっと付き添っていた。記事になって雑誌を届けると喜んだのはその娘さんだった。中根さんは、翌年の2013年（平成25年）6月に93歳で亡くなられお店も閉店した。昭和という時代を生きた古本屋を象徴する方だった。それにしてもかつては古書売買の中心的分野だった社会科学系の需要が減ったのは何故だろう。世の中のスピードに印刷物では合わなくなったのか。最近気づいたのだが、評論系総合雑誌の記事の一篇あたりの頁数が30年40年前と比べると半減している。硬い論文の長さに現代人は耐えられなくなっているのではないかと思わないでもない。

157

第7章 ● 戦後の古書業界が歩んだ道

7.2-3 懐かしき古書店主たちの談話
第3話　信念に生きる古書店主たち

初出誌：『全古書連ニュース』2023年11月10日（第497号）

神保町周辺の再開発が急ピッチで進んでいる。駿河台下交差点に立つと、工事中の三省堂本店の上にはポッカリ空間ができているのが見える。古書店街だけれど三省堂書店がそこにある意味は大きいのだと改めて感じる。神保町二丁目のさくら通りも、巖南堂書店のビルが、いつの間にか取り壊されて、その区画に大きなビルの建設が始まっている。さくら通りのモダンなデザインで知られた東洋キネマの建物が残っていたのは、もうかなり前になるのだろう。さくら通りは高級なオフィス街に変貌している。

◆ 岩森亀一さん・高林恒夫さん・木内茂さんの思い出

神保町の姿が変わって行くのを見ていると、亡くなられた古書店主たちの記憶が逆に蘇ってくる。三茶書房の先代岩森亀一さんのエッセイ集『古本屋と作家』を「こつう豆本」106として刊行したのは、1993年（平成5年）9月だった。三好達治、佐藤愛子、中野重治、尾崎一雄、井伏鱒二との交流、加えて岩森さんの古本屋としての最大の功績であった「芥川龍之介資料始末記」を収めている。今回改めて読み直し、岩森さんの無駄のない、それでいて情感にあふれた文章に接し、すっかり魅了されてしまった。

岩森さんはお店2階のガラスケースで囲われた所で、いつも何か本を読んでおられた。どこか凛とした風格があった。古本屋としても押しつけがましいところがなく、古書市場で入札している姿も一人どこまでも静かであった。そのようなお人柄が作家たちに好まれ信頼された要因だろう。

2023年（令和5年）6月半ばに、福井県坂井市の中野重治記念丸岡図書館を訪ねた。記念室が希望者に公開されていて、世田谷の旧居から2万冊はあるだろう蔵書が全て移管され、背文字が見えるように配架されている。驚いたのは、その1、2割の本にカバーがかけられ中野の自筆で書名が書かれていたことだ。

全体に保存が良く、中野が書物を大切にしていたことが伝わってくる。岩森

さんの文章によれば定期的に用済みの本を整理されていたようだ。

　本を大切にしている方の蔵書は整理を依頼されても気持ちが良いが、時に虐待にも等しい本の扱いをする人もいて、それが一部で知られた研究者であっても反感の気持ちが湧いてくる。岩森さんと中野の出会いは共に幸運だった。それが創業25年記念目録への中野の四百字三枚の祝辞として実現したのだろう。

　物静かだけれど葛巻義敏や芝隆一（芝書店主）から資金に苦労しながらも芥川資料を買い続けた芯の強さをお持ちだった。岩森さんは「本好きの私は、自分の好きな作品や内容のよい本をみると、すぐに惚れこみ、つい高く仕入れてしまい、後で売値をつける時になって失敗に気付くことがよくある」と書かれている。あのご自慢の稀覯本を展示した店で静かに書見していた姿は書斎の作家のような佇まいだった（2004年12月没、84歳）。

　東陽堂書店の先代高林恒夫さんは、往年のプロ野球スター選手だったことは有名だが、気さくな方でよく声をかけて下さった。もう大分以前だが、郊外から神保町に移転して来て割合広い店を出した古本屋があった。何があったのか数年後、古書組合の機関誌に、所詮古本屋なんてと悪態の言葉を連ね他の商売を始めることにすると書いて店をやめた方があった。私は無性に腹がたち、『日本古書通信』の編集後記で、古本屋への思いがその程度なら辞めた方が良い、古本屋は覚悟が必要な商売なのだといったことを書いたことがある。高林さんはそれを読んで「あの記事は良かったよ、その通りだよ。私も腹を立てて

写真5　神田神保町風景

いたんだ」と、お店の前であったときに感想を伝えていただき、嬉しかった。

　高林さんで思い出すのは、古書会館の即売会では毎週金曜日開場前から一般のお客さんと一緒に並んで待たれている姿だ。各地のデパート古書展にも頻繁に出向かれていた。早稲田のヤマノヰ書店のご子息で独立した勝文堂書店さんや、古書通信目録欄の常連だったアドニスさんも各地の古書展に出向かれていたが、高林さんにいつも会うと話していた。高林さんも商売を離れて本が好きだったのだと思う。即売会は交換会で落札するのとはまた趣の違う、意外な本や資料に出会う楽しみがあるのだ。（2009年9月没、71歳）

　2003年（平成15年）1月号から「古本屋の話」の連載を始めた。古書店主たちに話を伺い、一頁に収まるようにまとめた。その8回目が西神田の金文堂書店木内茂さんだった。その少し前に木内さんは『金文堂書店奮戦記』（1999年）という小さな本を出しておられた。小さな体の方だったが、逃げる泥棒を当身で倒し捕まえた話など読ませる内容だった。以前からファイトのある方だと思っていたが、記事のタイトルは「独立心を支えに」と題させてもらった。今はもうない本郷・木内書店主木内民夫さんの弟さんで、1960年（昭和35年）に独立して駒込曙町に3坪の店を出すが、思うような仕入れはなく、即売会に力を入れた。その後明治ものブームもあり明治大正期の教科書とその背景にある東洋史関係の文献を専門と定め、目録を定期的に発行、海外にも販路を求めて行く。

　「いつの時代でも、貴重な本は少ないと思いますが、反町さんの言われた中でも、古書の価値は、その内容、稀少性、流行性によるという教えは最も大事なことだと考えています。本を数多く見ることの大切さ、古書の商いを通してお客様が教えてくれることの多いのも確かです。本が売れないという話を聞きますが、努力して良い本を扱えば必ず売れるのです。大事なことは、周りに流されるのではなく、本屋としての独自性と独立心を心掛け、誇りを持って、時代の流れを見て、本屋自身が変化していくことなのだと思います」。

　これが談話の結びとなっている。木内さんはいつも奥様と行動を共にされていた。木内さんが亡くなられた後も奥様が商売を継続されて、古書市などでも盛んに落札されていると聞いていたが閉店された。（2014年9月没、88歳）

7.2 懐かしき古書店主たちの談話

7.2-4 懐かしき古書店主たちの談話
第4話　読書に裏付けられた古書店主

初出誌：『全古書連ニュース』2024年7月10日（第501号）

　神保町の古書街の魅力は何かと言えば、毎週末の会館展と内容豊富な各店の均一台と答える古書ファンは少なくないだろう。かく言う私もその一人だ。均一小僧を名乗っていた岡崎武志さんとは、田村書店の店先や、4冊100円の棚があった文省堂書店（明文堂の隣にあった時代）、神保町古書モールかんたんむ書店の100円均一棚の前で良く出会った。会うたびに「樽見さん神保町パトロールですか」と笑っていわれた。

　最近ファンからの要望で再開した小宮山書店ガレージセールで良く出会ったのが中野書店の智之さんだった。私と同年だが、文学書は勿論、古典から漫画まで古書全般に通じた数少ないオールラウンダーだった。『日本古書通信』の古書目録欄は毎号欠かさず掲載してくださり、売れないなどの苦情を言われたことも一度もない、本当にありがたいお客様でもあった。

◆ 中野智之さんの思い出

　智之さんは中野書店の二代目。父上実さんは、九大工学部卒のインテリだが、戦地から帰還した兄上が久留米で開いていた古書店を引き継ぐ形で古本屋になった。1960年（昭和35年）に一大決心して上京、三鷹に出店した。1978年（昭和53年）には神田古書センターに移転、当時の神保町では珍しい漫画や児童物を専門に扱った。その後文学書や古典を扱う有力書店になったことは、古書ファンには周知のことであろう。実さんのお話は、2003（平成15年）年3月号「古本屋の話3」で取り上げている。体の大きな方で、それは智之さんに遺伝している。

　実さんは2001年（平成13年）に奥様に先立たれ、追悼の冊子を作られた。そこには智之さんの少年時代の写真が沢山収められていた。所謂坊ちゃん刈で、大きな襟のついたジャンパー姿、私は茨城の田舎の少年で、智之さんはいかにも東京の少年だが、同じ時代を生きてきたのだなと感慨深いものがあった。実さんと智之さんは仲の良い親子で、智之さんが優しく父を敬っていたという印

第7章 ◉ 戦後の古書業界が歩んだ道

象が強い。『日本古書通信』への初めての寄稿も「親父の目録」(1993年12月号)であった。

　実さんは苦労した創業者として商売一途の面があったが、智之さんは組合や交換会の運営にも積極的に尽力されていた。実力も人望もあるから当然であったろう。神田古書店連盟や東京古典会の会長や役員も何期か勤められている。東京古典会会長当時、智之さんと小林書房の小林芳夫さん、一心堂書店の高林和範さん、浅草御蔵前書房の八鍬光晴さんに「東京古典会古典籍大入札会への思い」と題して東京古典会の運営についての座談会を『日本古書通信』に掲載したことがある(2013年11月号)。

　智之さんは「明治古典会は新しさを追求しようという姿勢が強いですね。いろいろアイディアを活かしていこうとします。東京古典会はその点変わらないというか、姿勢を変えない。珍しくて貴重な書物や資料を掘り起こし、業者が競争して、その価値を高めていこうという、その点はずっと昔から変わっていない」「お客さんの変化に合わせるというのではなく、和本というのはこういうところが面白くて、価値があるのだという、これまで積み上げてきた専門業者の目を信じてお客さんの方が、こちらに近づいてきて欲しい。それを願ってやっている」などと語っている。

　神田古書店連盟の最も大事な行事が神田青空古本まつりの開催である。毎回連合目録を出していたが、各店の古書目録だけでなく、巻頭に諸家の古本にまつわるエッセイを掲載していた時期があり、司馬遼太郎氏など著名な作家の寄稿もあったと記憶する。この企画も智之さんなどのアイディアではなかったかと思う。智之さんご自身も確か「牛肉の味噌漬け」という一文を書いていた筈である。作家の書簡などに人気が出始めたころで、著名人のものは軒並み高額になる、所謂自筆物バブルが起きた。そんな中で智之さんも漱石の葉書を買った。それが牛肉の味噌漬けを貰った礼状で文学的資料にならない。著名な作家の書簡でも内容を見て扱わねばと自らを戒めたといった内容だった。それが面白可笑しくユーモアにあふれた文章であった。以来、何度か『日本古書通信』への寄稿を依頼したが、企画もの以外の原稿は貰えなかった。智之さんもメン

162

バーだった反町茂雄氏主宰の文車の会の機関誌『ふぐるまブレティン』にもあまり寄稿されていないので、文章力はあってもその点はストイックだったのかもしれない。

現在、『日本の古本屋』の陰に隠れて目立たないが、神保町のオフィシャルサイト『BOOKTOWN じんぼう』の開設にも智之さんは関係していた。技術的なサポートをしてくれたのが東大情報研の高野明彦先生である。高野先生の開発された連想検索 Webcat Plus は、書籍検索上画期的なもので、あふれる文字情報の海から、キーワードにそって関連する本や記事を拾い出してくれる。書名や著者名だけでなく、目次や内容紹介のデータもその網の目にかかってくる。高野先生とも親しい智之さんは、この機能を利用して新しい古書目録を作り始めた。タイトルは『おしゃべりカタログ』。取り上げる古書を読み、その面白さを紹介、その本の背景や関連事項まで解説に書き込んだ。その解説に含まれる言葉が、連想検索によってヒットしていくのだ。智之さんの解説は、古書価の高低にかかわらずその本の面白さを伝えていく。しかも対象は古典籍から遊女の手紙、大名の借金証文、ナチス文献、浅草オペラの楽譜などなど極めて広い。これらに取って付けたような説明文でなく、読ませるエッセイに仕立てている。これはかなり広範囲な読書と知識がなければできないことだ。最初に書いたように小宮山ガレージセールで智之さんが古本を漁っていたのはそのためだろう。

私が中野好夫への興味からアラビアのロレンスとの繋がりで、サイードの『オリエンタリズム』を読もうとしたが歯が立たない。或る時智之さんに「サイードは難しくて」と話したら、「サイードは分かるでしょう」と一蹴され、これは並みの読書家ではないなと思ったことがある。

2011年（平成23年）の夏ころだろうか、智之さんが病気らしいという噂を耳にした。編集者とは因業な職業で、智之さんに連載をお願いするなら今だなと思ったのである。大江健三郎が師渡辺一夫を評した言葉の中に、人間は回復期にもっとも良い仕事を残すものだというのがあった。私はきっと引き受けてくれるに違いないと思いついて、すぐ古書センターのお店に伺い、『おしゃべりカタログ』に書いたものを本誌用に書き換えて連載して下さいとお願いするとその場で承諾してくれた。「一つだけ、樽見さんが面白くないと思ったら、

第7章 ● 戦後の古書業界が歩んだ道

遠慮なく伝えて。即やめるから、それが条件」と言われたことを覚えている。

　連載は、2012年（平成24年）1月号から14年（平成26年）10月号まで32回続いた。1回目は「傾城の恋文」であった。横浜岩亀楼の遊女が旦那に送った懸想文である。原稿を頂いた時のメールが残してある。「一応5回分、お送りしておきます。懸想文は1回目用ですが、以下の順番は適宜で結構です。追ってもうすこしお送りします」とある。連載の1回目に遊女の手紙はふつう選ばない。今回読み直して、これは意図があったのだと気が付いた。遊女の手紙は流麗な崩し字である。なかなか読めないし、花街独特の作法、用語もある。

　総合した知識がないと解説できない。しかも智之さんは今風に翻訳までしている。智之さん実は杉並のご自宅を一部劇場にし、ユニット演劇集団「ガザビ」を主宰、脚本を担当している。つかこうへい原作「熱海殺人事件―哀愁のトワエモア」、シェイクスピア原作「ベニスの商人」をアレンジした「さくらどき、鏡のよのなか」などの脚本を書いているようだ。このような経験と技術がなければ遊女の懸想文を今風には書き直せない。商品にはなりにくい物に価値を与えていくにはそれだけの下地が必要である。そのことを、それとなく示したかったのではないかと今にして思う。3回目の「榎本武揚の別れの手紙」は古書店主に求められる瞬時の判断力の話ということになる。いつもの東京古典会の市場の壁にポツンと掛けられていたもの。智之さんはその日付と、その書簡の3名の宛先に注目。勿論内容も読み切り、価値ありと判断した。唯の直観ではない。これも下地がなければ出来ない。

　15回目は「極道和尚、板にたつ」。演劇人でもあった智之さんならではの一篇。金星堂先駆芸術叢書『六人の登場人物』（ピランデルロ・1924ネン）の紹介だが、眼目はたまたま挟まっていたこの芝居の「非公開パンフレット」にある。演劇史では公演禁止とされたこの芝居が、実は3日間だけ「非公開」で上演されたことが分かった。面白いのは配役にある「后東光」が、極楽和尚「今東光」の誤植であると書いていることだ。この時のメールも残してある。私が「后東光よく気が付きましたね。『浅草十二階』といったか、今東光の青春自伝がありますが、それにも出てきますかね」と書いたら「今、手元にないのですが、たしか女の話題ばっかりで、あ、文学も少し。たしか芝居の話はなかったように記憶します」と返信があった。

写真6　『古本はこんなに面白い』

　連載は途中から病床からとなった。亡くなられて古書会館地下でお別れの会があった時、石神井書林さんがこの連載に触れて、「回を追うごとに文章が良くなっていくのに感動を覚えた」と語っていた。このお別れの会に頒布すべく、奥様千枝さんの支援を得て連載をまとめた『古本はこんなに面白い　「おしゃべりカタログ」番外編』を刊行した。千枝さんが巻末のあいさつに「本が好きで好きで、休みの日も自転車で本屋めぐりをしていた」と書かれている。思っていたとおりである。

　同世代の古本屋さんたちと話していると、「智ちゃんが生きていてくれたらな」と必ずのように出てくる。『日本古書通信』2024年（令和6年）の2月号で前全古書連会長の河野高孝さんにお話を伺った。その中で「20年以上前『東京の古本屋』で中野書店の中野智之さんが、本部交換会の開催日組替えを提言されています。本心は交換会そのものの再編にあったことを、のちに当人から聞かされました。現会館ができたときは、交換会再編の好機でもあったのですが」と語られている。本当に惜しい方を失くしてしまったと思う。（2014年12月没・60歳）

第7章 ◉ 戦後の古書業界が歩んだ道

| 7.2-5 | 懐かしき古書店主たちの談話 |

第5話　書痴の古本屋店主

初出誌:『全古書連ニュース』2024年1月10日(第498号)

　なないろ文庫主というよりも、『彷書月刊』編集長の田村治芳さんについて
も触れておきたい。中野智之さんは前記したように私と同年だが田村さんは
1950年(昭和25年)生まれだ。東京の古書業界には1954年(昭和29年)も多
いが、1950年前後生まれの古書店主も多く、稲垣書店主中山信行さん、前全
古書連会長の河野書店河野高孝さん、浅草御蔵前書房の八鍬光晴さん、えびな
書店主蛯名則さんなど多士済々である。4歳程の違いだが同世代と言ってよい
かと思う。同じ時代を生きてきたという思いも強い。

◆『彷書月刊』編集長の田村治芳さんの思い出

　田村さんは、会合で私を紹介する時に「古通は昔から私の大好きな雑誌で」
とよく言われた。本誌への署名記事はないが、「東京ふるほんやある記」の連
載で南部世田谷地区の古本屋紹介(昭和62年5月号)を担当してくれた。この
連載は1977年(昭和52年)に第一版を刊行した『全国古本屋地図』の東京篇
が古本屋散歩形式ではなく、専門店紹介であったのを、全店紹介の読み物風に
変更するための連載企画で、編集部で実際に歩いて書いた他に、当地の古書店
主に依頼して書いてもらった所もあった。東部地区は稲垣書店さんが担当して
くれたが(昭和62年2月号)、田村さんと中山さんの書いた回は断トツに面白
く好評であった。

　中山さんには私から頼んだのだが、田村さんは何方かの代わりであったと記
憶する。当時古書会館4階に当社の事務所があったが、原稿を持参してくださ
った。その頃か、その後か記憶は曖昧だが、東京駅地下で古書即売会が開かれ
ていた時代があり、呼び込みをしていた田村さんの何とも形容しがたい迫力に
驚いたことがあった。

　2023年(令和5年)春、本誌の読者で俳人の長谷川政国さんが、「ぽかん」
という大阪で出されているリトルマガジンに石神井書林の内堀弘さんが田村さ

166

んの思い出を書いていますよと「千代田区猿楽町1−2−4」と題した連載1、2回目（2013、2014年）のコピーを下さった。内堀さんは、『彷書月刊』の編集員を長く勤めていたが、田村さんの死と、『彷書月刊』終刊の経緯を赤裸裸に綴ったもので驚かされた。長谷川さんは続きの号が見つからないというので、私は内堀さんにお願いして残りの連載3、4回（2015、2017年）のコピーを頂き、今回の連載で触れて良いだろうかと伺い了承を受けた。内堀さんとしても書いておかねば心の整理がつかないとの思いが強かったのだと推察する。詳しくは触れないが、周囲との軋轢や離齟が深まる中でも、『彷書月刊』の継続に執念を燃やした田村さんの姿には強く胸に迫るものがあった。

　田村さんが千駄木の病院に入院されていた時に、青木正美さんとお見舞いに伺ったことがある。小さな鉢植えのサボテンを持参したのだが、田村さんは「こういう可愛い頂き物をしたのは初めてだ」と笑っておられた。その折「青木さんは古本屋の物書きとして確固たる存在だけど、そっちも徐々にそうなりつつあるね」と言われた。田村さんは当時『彷書月刊』に日記を連載されていたが、その日は「青木正美さんがN社のT氏と来てくれた」と書いている。
　『彷書月刊』に私は一度依頼を受けて執筆している。2007年（平成19年）10月号本の虫特集である。田村さんから書物展望社本について是非あなたに書いて頂きたいという熱意の籠った依頼状が届いた。八木福次郎が『書痴　斎藤昌三と書物展望社』（平凡社）を出したのが2006年（平成18年）1月だから、八木に依頼がありそうなものだが私にという事だった。私は斎藤昌三の最大の功績は『書物展望』の刊行継続にあると思っているので、テーマが少しずれるが良いだろうかと聞いて了承を受け「書物雑誌の人　斎藤昌三」を書いた。これは斎藤さんをテーマにしているが、実は八木福次郎論を意図したものだ。八木は斎藤さんを編集の範とした。長く続いた八木編集時代の『日本古書通信』は多分に『書物展望』を継承している。因みに人間や物書きとしては柴田宵曲さんを尊敬してやまなかった。不思議なことに斎藤、柴田の接点は非常に小さい。一方で柴田さんの盟友森銑三さんと斎藤さんは関係がある。八木は勿論斎藤さんとも柴田さんとも違うが二人を師と仰いでいたことは確かだ。私は八木を通してお二人を見てきた。そんな事もあり、拙著『古本愛』（平凡社・2008年）では「書物雑誌の人　斎藤昌三」を巻頭に据えた。田村さんに良いテーマと書

第7章 ● 戦後の古書業界が歩んだ道

く機会を与えられたと思っている。

　2002年（平成14年）秋に刊行された毎日新聞社アミューズ編『神田神保町古書街ガイド』に、私と田村さんと、上野広小路の上野文庫中川道弘さんの鼎談『日本全国「古本屋」談義』が掲載されている。あれから20年も過ぎたのかと感慨深いが、5ページの記事の中に「ネット」という言葉が1回も出てこない。各地の古書目録の話題が出てくるから旧時代の古本屋談義ということになる。上野文庫さんも極めて個性的な方で、独特の存在感のある方だったが癌に冒され早世された。『日本古書通信』に出店広告を何度か出して下さったが、店内の分野ごとの書棚の配置を細かく記すことに拘わられた。あまりそういう例がないので良く覚えている。少しやつれた姿を古書会館でお見受けした折、話しかけようとしたら「私は癌ではないですよ、いろいろ言われる前に言っておかないとね」といきなり言われたのには驚いてしまった。

　鼎談での田村さんの発言は極めてオーソドックスで当を得たものである。「千差万別の古本屋がいたほうがいいんだよね。それが、例えば1000人古本屋がいて、みな同じ顔をして、1冊の本を同じ評価をしていたのではだめなんです。ただ同じような店が一万軒あるより、特色を持った1000軒が出てくるほうが大事」「余裕というのは大事でね。古本屋も、探している本、必要な本だけ買う客ばかりだと商売にならない。役にたたないけど、買っておこうかという客がいないとだめ。それに、客に来てもらわないと。古本屋は客から教えられるところがありますから」「10年くらい前までは、客から持ち込みのあった漫画に、こちらが値段を付けて並べてたらそれで売れた。今は、それでは全然だめです。何が売れていて、なぜ売れているかがわかる専門スタッフが必要」などと話されている。この鼎談は東京新聞の「大波小波」欄で取り上げてくれ、「何やら達観も諦念も自尊心も自虐も混じった雰囲気」「誰も彼も余裕を無くして気ぜわしさだけが増殖する。昨今の大学生には、人が触れた古本は嫌だという清潔志向もある。きれいはきたない、という言葉も思い出した」と書いている。私としても思い出深い鼎談である。

　根津にあった古本屋古書ほうろうで、田村さんのトークショーがあり、私も伺った。その時配布された2点の刊行物が残っている。なないろ文庫が発行の

168

写真7 『彷書月刊』と『神田神保町古書街ガイド』

『森俊光特集』と『ストイケイオン』14だ。田村さんは追悼詩を書いている。私は田村さんと長い時間、親しく話したこともなく、理解しているとも思わないが、時に聞く伝説のような奇行や言動とは別に、深く本を愛した方のように思えるのである。斎藤昌三さんも『書物展望』の継続には言うに言えない苦労があったろうと思うが、執念が戦時中の休刊からの復刊を含め1931年（昭和6年）から1951年（昭和26年）までの刊行を実現させたのだろう。田村さんもまた、まごうかたなき書痴の一人だったのだと思う。（2011年没、60歳）

第7章 ◉ 戦後の古書業界が歩んだ道

| 7.2-6 | 懐かしき古書店主たちの談話 |
| | 第6話　郊外の古書店主の生き方 |

初出誌：『全古書連ニュース』2024年3月10日（第499号）

　1980年（昭和60年）10月に、東京都古書籍商業協同組合東部支部20周年を記念した『下町古本屋の生活と歴史』（発行者・鈴木明弘・荒川区鈴木書店）が刊行された。編集は青木正美、小林静生、中山信行の三氏が担当した。稲垣書店の中山さんが「編集後記」で「読めるものにするためには具体的な生活ぶりとホンネの意見を、残るものとするためには歴史的資料の記録化を目指した」と書いている。

◆ 小林静生さん・石尾光之祐さん・相川章太郎さんの思い出

　その中山さんが「東部支部に三十周年は来るか」を書いているが、東部古書会館が2010年（平成22年）に閉鎖された今となっては貴重な記念誌である。この記念誌と時を合わせるように、1986年（昭和61年）1月『古本屋—その生活・趣味・研究』という表紙、本文用紙とも記念誌と同じ体裁の雑誌が創刊された。編集・発行人は青木正美、小林静生、石尾光之祐で、青木文庫発行となっている。当初から10号までと決め、1990年（平成2年）9月で終刊した。

　執筆者は基本古書店主で、三橋猛雄、出久根達郎、中川賢典、花井敏夫、飯田淳次、反町茂雄、山田朝一、中山信行、藤井正、尾上政太郎、奥平晃一、相川章太郎、斎藤孝夫、夏目順、永島富士雄、山岡吉松、八鍬光晴、森井健一、品川力、杉野宏、井上昭直、小梛精以知、後藤憲二、岩森亀一、蝦名則、田中正人、吉田文夫、小野敏之、森川忠信、八木福次郎、川野寿一。

　第9号（1989年）は「弘文荘・反町茂雄米寿記念特集」で、八木敏夫、佐藤毅、井上周一郎、梶原正弘、八木正自の各氏などが執筆している。既に数名を除いて鬼籍に入っておられる。古本屋の書いた本がやたら刊行された時期があったが、それに先行した雑誌で当業界にとって貴重な記録である。

　『古本屋』創刊号が完成したとき、小林さんが八木福次郎、私、折付桂子を

誘って八木の行きつけの居酒屋赤柿で小さなお祝いを開いた。小林さんは茨城県筑波山麓の出身で、同じく筑波山西麓の下館在住の私を何かと目にかけてくれた。雑誌が完成し高揚した小林さんは「樽見、これを読んでどう思った」と聞いてきた。私はその日もらったばかりで殆ど読んでいなかったが「古本屋自身が古本屋の生活を記録する雑誌で貴重だと思います」と当たり障りのない返事をしたら「違うんだ」と言って後は何も言わなかった。

創刊号の「編集後記」で小林さんは「古書を扱うことを生業とする我々古本屋には、又特殊な人生体験を味わう機会も多くある。それらの生活記録を生のまゝで綴り、世間の方々に古本屋の実態を理解して頂こうというのが私達の主眼である」と書いている。あの時どう答えれば満足してくれたのか、今改めてその後小林さんが刊行した『山の本屋の日記』（1988年）、『山の本屋の手帖』（1996年）を読んで見ると、単なる古本屋生活の記録ではなく文学的に昇華された作品を掲載する雑誌を目指していたのかもしれないと思う。

小林さんと八木は『東京古書組合五十年史』編纂を通して親しくなり、ことに八木の晩年10年間ほどは明治古典会のある金曜日には必ず、会館即売会に来る内藤健二さんと3人で喫茶店に行きおしゃべりすることが習いになっていた。小林さんは本当に晩年の八木に尽くしてくれた方で有り難かった。

『古本屋』発行人の一人石尾光之祐さんの屋号は江東文庫で、私が入社した1970年代中ごろの古書目録掲載店の常連の一軒だった。古書会館で出会うと、座っていた席から立ってニコニコしながら若造の私にも丁寧な挨拶をされた。表面極めて慇懃丁寧だけれど心に何か蟠めた方であることはすぐに分かる。石尾さんの文才を青木、小林両氏は高く買っていた。青木さんの初期の本は石尾さんの徹底的な指導を受けたらしい。石尾さんは創刊号以来、「日の丸堂・その他」「麒麟の会のこと」「捕物帳の周囲」「古本屋の客」「なみだの通販」「はりかい・しうりいたし☒」「夜明けのラーメン」「ひとそれぞれ」「デパート古本市（顛）」「訛伝・小沢行二」を書いている。大学時代に文学同人誌に参加していたが、晩年執筆熱が再燃したようだった。

石尾さんは、1988年（昭和63年）に『無邪気な季節』という青春記を青木、

第7章 ● 戦後の古書業界が歩んだ道

小林両氏の勧めで刊行したが、限定30部だった。私も青木さんから1冊頂いたが、残念ながらどこかに埋もれて出てこない。学生時代の作品だろうか。「なみだの通販」は『日本古書通信』にも関する内容で「掲載料が三万となりやめた」とある。当時は古書目録掲載希望店が多く、足元を見たわけではないが、壁を少し高くして固定化した掲載店を制限し新しい古書店の掲載を呼び込めるかなと考えていた。掲載希望者が殆どいなくなった今、忸怩たる思いである。（1997年没・75歳）

　『古本屋』の執筆者の内、『日本古書通信』でも取り上げるとよいだろうと青木さんが世田谷の由縁堂書店相川章太郎さんを紹介してくれた。相川さんは第3号に「想えば「こんぺうる」」という12頁に及ぶいわば青春記を寄稿している。古本屋を始めた経緯も書かれているが、主に好きだった歌舞伎や寄席との関わりが詳しく回想され、中でも芸術祭男と称された湯浅喜久治というプロデューサーとのかかわりを描いて秀逸な内容の回想記である。趣味などという域ではなく、相川さんはそのまま芸能評論の世界でも生きてゆけたのではないだろうか。それとも、悲劇的な結末に至ってしまった湯浅喜久治のようにならずに済み、生涯歌舞伎や寄席を趣味にできたことは、古本屋として堅実な人生を送られたからだろうか。
　『古本屋』第3号に、相川さんが『古書月報』に書かれた「演劇映画ちょっと本の話」と「来た道・よこ道」（特集・私の来た道、行道5）のコピーが挟んであった。2003年（平成15年）10月号に相川さんにインタビューしてまとめた「歌舞伎が好きで」を掲載した折に参考にしたものだろう。
　その年1月号から「古本屋の話」を連載していて相川さんはその10回目だった。世田谷池ノ上のお店に伺いお話を伺ったのだが、今当時の記事を読み直すと人名、事項、日時などが具体的で事前によく準備されていたことがよくわかる。『古本屋』の回想記に出てくる黒美寿会会報『黒すみ』や『ほんもく』『寄席風流』などの趣味誌を安藤鶴夫などと共に刊行継続させた几帳面さが、こういう場合にも示されている。
　それと生まれは船橋だが小学校は四谷第五小学校で東京人らしい歯切れの良い話し方、よく東京の水で洗ったようなというが、色白で肌や白髪に艶があり、いかにも江戸っ子の風情である。本郷の木内書店の木内民夫さんや、戦後、銀

172

7.2 懐かしき古書店主たちの談話

写真8 『古本屋』創刊号と『下町古本屋の生活と歴史』

座近藤書店内に秦川堂を開いた永森慶二さん（後に大塚，下谷、神保町に移転。故秦川堂永森譲さんの父上）など、以前はきれいな容姿でべらんめー口調の古本屋さんを見かけたが、相川さんは「べらんめー」ではなかったが、そんな東京の粋な古本屋のお一人だったと思う。

「歌舞伎が好きで」の前半は『古本屋』の回想記をなぞるものだが、後半は古本屋、特に戦後の古書市場再興や即売会の運営、南部支部創設、南部古書会館の建設について話されている。

「東京古書組合は十支部に分かれていましたが（略）私の所属していた第五支部は渋谷・世田谷・目黒を範囲とし、港・中央の第四、品川・大田の第六支部と合併したわけです。その合併の際、私は第五支部の支部長を務めており、第四支部が笹間さん、第六支部は柳川さんでした。三人協力して努力いたしましたが、その最終的なまとめには小川書店田中さんが尽力され、また、南部古書会館の取得については、押鐘書店が取引先の銀行から物件の情報を入手し、それを文雅堂高橋さん、八起書房小島さんが精力的に運動し実現されたのです」と話されている。

相川さんは組合の月報に、たくさんの人の追悼文を書いたと話されている。古本屋にとって古書市場と、それを安定的に開催できる会館がいかに大切であり、心の支えであるかを改めて知らされると共に、自分の商売を犠牲にしながら組合に貢献された方々のあったことを忘れてはいけないと思う。（2008年没・83歳）

第7章 ● 戦後の古書業界が歩んだ道

7.2-7 懐かしき古書店主たちの談話
第7話　戦争と古書店

初出誌：『全古書連ニュース』2024年5月10日（第500号）

　『日本古書通信』の定期購読者には今も綴じ込みカバーを謹呈している。パソコンが普及する前は、タナックというカード式の印刷機で宛名を封筒に直接印刷していた。カードの管理は、八木福次郎の妻たね子さんがしており、カバー送付用の封筒宛名も、たね子さんが手書きしていた。非常に達筆な方であった。カバーを封入して発送するのは私の仕事で、どんな読者がいるかがそれで分かった。こんな有名な人が定期読者なんだと感心しながらゆっくり作業していたら、八木から怒られたことがあった。

◆ 山中恒さん・田中貢さんの思い出

　俳人の楠本憲吉さんや、評論家森本哲郎さん、パンダ飼育で有名な中川志郎さん（この方は私と同郷で、一度原稿を書いて頂いた）など著名な方が少なくなかった。寄席文字の橘右近さんも読者で、法被股引草履姿で事務所に来られたこともある。その名を見て嬉しかったのは児童読み物作家の山中恒さんだ。

　すでに『ボクラ少国民』シリーズも出されていたが、何と言っても、『ぼくがぼくであること』（実業之日本社・1969年）の著者として敬愛していたからだ。1973年（昭和48年）にはNHKのドラマにもなっており、私はそれで知った。主人公は小学校6年生。自意識の目覚めや独立心の芽生えがテーマだ。子供だから意味があるので、いい大人が高らかに歌う意識改革ではない。大人になったら、大切なのは他人を認めることだ。70歳を前にして強くそう思う。

　『日本古書通信』の編集を始めて最初に原稿依頼したのは山中恒さんだった。電話すると喜んで承諾してくれたのだが、期日になっても原稿が届かない。恐る恐る電話すると「そうだったね、明日までに送るようにするよ」と言われる。図版が必要ですから撮影を兼ねて伺いますというと、少し困ったようにそれも自分でするよ、とのことだった。無事原稿は頂いた。

　しかし1年後に知ることになるのだが、この時奥様が亡くなられた当日だっ

たのだ。電車の中で『朝日ジャーナル』を読んでいたら、山中さんがコラムを書いていて、奥様を亡くされた後のことを綴っていた。そんな中でも約束の原稿を書いてくれたのだと、申し訳ない気持ちで一杯になった。

その山中さんが親しくされていたのが、2023年（令和5年）8月に亡くなった青木正美さんと、町田市の二の橋書店の先代田中貢さんだ。

二の橋さんは、昭和の最末期、古書組合の機関誌委員となって「語りつぎたい古本屋の昭和史」を9回の連載として企画された。1987年（昭和62年）4月の『古書月報』301号から1988年（昭和63年）8月の309号までだ。連載の冒頭、平畑静塔、三谷昭、仁智栄坊の俳句を引用し、1940年（昭和15年）に起きた「京大俳句事件」を戦前の異常な思想統制の実例として紹介している。

二の橋さんは、古本屋としては二代目で先代田中義夫さんは1930年（昭和5年）に墨田区竪川（現在は立川）で古本屋を開業、元は鼈甲職人だった。若いころから俳句の運座に参加し、俳書を得意とした。二の橋さんも戦時資料を専門にする前は先代と共に『俳書目録』を出すなどしていた。それが冒頭に反映したのだろう。『古書月報』の余白に義夫さんの近作6句を紹介している。

　　浅草も夏植木市二度済ます
　　日の色に朝から負けて葛桜
　　旅戻り南部風鈴鳴らし見す
　　神輿荒れて神主と馬遠くゐし
　　夕蝉や自分の時間でも淋し
　　安住の地は友遠し青葉木菟

義夫さんは、俳人として石田波郷、楠本憲吉、西東三鬼、秋元不死男、山本健吉などとも親しかったようだ。俳句から浅草恋しの想いが伝わってくる。（1992年没・95歳）

「語りつぎたい古本屋の昭和史」では、『古書月報』から思想書販売に対する統制や弾圧、古書の公定価格制度に関する記事や、出征組合員への措置に関する記事などを二の橋さんのコメントを添えて紹介するほか、1948年（昭和23年）の帝銀事件に危うく遭遇する所だった春近書店林甲子男さんの話（後にその時の林さんの記憶が銀行周辺の泥道状態を示す再審請求の資料となった）。

第7章 ◉ 戦後の古書業界が歩んだ道

戦時中の状況を知る本郷の文生書院小沼福松さんや考古堂書店柳本信吉さん、琳琅閣書店斎藤祐次さん、四ツ谷の古瀬書店古瀬英一郎さん、前回少し触れた秦川堂書店永森慶二さんが当時の思い出を書いている。またその永森さんと、高円寺の都丸書店都丸茂雄さんへの聞き書きもある。

都丸さんには、私も1973年（昭和58年）3月にお話を聞いて記事にした（専門店と語るシリーズ）。60年代から70年代初めに多少とも社会科学に興味のあった学生なら知らない者はいない古書店であり古書店主だった。入社して4年目、まだまだ駆け出しだったが、ぜひ会ってみたい古本屋さんの一人であった。今、改めてこの時の記事を読むと実によく纏められている。

都丸さんが原稿を事務所に届けてくださったのを覚えているので、丁寧に修正されたためだろう。あるいは全て書き直されたのかもしれない。その記事にも出てくるが、友人の川名書店川名信一さんが人民戦線事件で起訴され豊多摩刑務所で獄死した。二の橋さんのインタビューでも「非業の死をとげた川名信一氏の死は、わが業界に係る悲しい昭和史の一齣と是非記憶して欲しい」と語られている。（1997年没・89歳）

また、永森さんは、二の橋さんの父上に言わせると「五世羽左衛門そっくりのいい男」。前も書いたが、フランス人の血を引く美貌で知られた名優市村羽左衛門を連想させる美男子だったのだ。

さて、二の橋書店田中貢さんには、2003年（平成15年）2月号に「俳書から戦時資料へ」をご寄稿頂いている。「古本屋の話」と題した連載で、玉英堂書店斎藤孝夫さん、中野書店中野実さん、小島書店小島正光さん、一心堂書店水井みつ子さん、根元書房佐藤久夫さん、大雲書店大雲健而さん、金文堂書店木内茂さん、棚沢書店棚沢孝一さん、由縁堂書店相川章太郎さん、杉原書店杉原彰さん、木本書店木本忠士さんにインタビューして記事にした。水井さんだけは当社の折付が担当した。

二の橋さんは、1926年（大正15年）本所松坂町の生まれ、1942年（昭和17年）に都立第三商業を卒業、京浜急行を経て、陸軍気象部技術要員となった。立川飛行場にも勤務したことがあった。1945年（昭和20年）3月10日の東京大空襲では母上と三人の妹さんを亡くされている。ご自身も川に飛び込み一命

を得た。疎開していた草加から戻り1946年（昭和21年）に浅草で再開、二の橋さんも結婚してお子さん（現在の二の橋書店主）ができたことを機に店を継いだ。1977年（昭和52年）には父上の喘息のこともあり鶴川に移転。店の一部を昭和史のコーナーにしていたのを、前記の山中恒さんが見て、専門にすることを奨めた。

戦時資料を中心とした昭和史資料の目録『戦塵冊』は、山中さんの命名。今、私の手元に第11集（1999年）、13集（2002年）、15集（2005年）がある。探せばもっとあるはずだが残念ながら出てこない。B5判で、95〜114頁、毎号36項目に分類した3000点から4000点を掲載している。表紙裏の「御挨拶」が毎号素晴らしい。

第11集　叔父から形見のSPレコードを多量に貰った。昭和初期から、1940年（昭和15年）頃の歌謡曲が主で目録作成の傍ら何曲か聴いた。やるせない世相を反映した「女給の唄」。大陸へ大陸へと追いやった「夕日は落ちて」「満洲想えば」そして「国境の町」等々…。国策にそって作られたと言われているが、戦時歌謡を含めてその根底にあるメロディーは反戦的です。

第13集　有事関連三法案と物騒な法律が審議されている。国家総動員法の復活はゴメンです。一昨年当店がある古書目録に「危険物に関する資料」といったものを載せた時です。早速防衛庁、及び警察庁公安がどんな内容のものなのか、販売先は…と事情聴取に来ました。私は昔、軍属で赤表紙のもの（極秘扱いの書類など）を取り扱っていた経験がある。販売先の可否判断の常識は持っていると話したら納得したらしい。（これらの法律が通ると）これからは、もっとこんな事が起こらないという保証はない。

第15集　「現代版―治安維持法」の異名すら持つ法案、名前からして恐ろしい「共謀罪」だ。国際組織犯罪防止条約の批准のための新設法と言うのだが、それは口実であって勝手に解釈して適用した、横浜事件、俳句弾圧（京大俳句事件）の例の如く悪法治安維持法の再現なる危険性の法案です。夢よもう一度、が忘れられない勢力がある事、二の舞だけはゴメンだ。監視しなければ…。

写真9　昭和史目録『戦塵冊』

　『古書月報』の連載「語りつぎたい古本屋の昭和史」に、戦後の『古書月報』87号に中島春雄さんが書いた「古本屋弾圧事件の思い出」が再録されている。その中に発禁故に売れる思想書を大っぴらに扱って逮捕された渋谷のN書店の事が出ている。拷問を受けたのか仕入れ先や販売先を話したことで検挙された人や業者が多数出たことが書かれている。この連載の最初にも書いたが、古本屋が活躍するのは災害や戦災からの復興期であった。本の得難い時代には人々は競って本を求めようとする。無謀な思想統制で価値ある書物を破棄するのも文化への冒涜なら、機に乗じて闇で暴利を貪るのも冒涜である。二の橋さんが公安関係者へ「販売先の可否判断の常識は持っている」と毅然と対されたことは、古書を扱う者の範とすべきことだと思う。

　終戦の1945年（昭和20年）に生まれた方も間もなく80歳である。古書業界全体を見ても戦前を知る方はごくごく稀になってしまった。二の橋さんが担当された「語りつぎたい古本屋の昭和史」は貴重な記録である。自らの重い経験が下地としてあるから思いのこもった連載となったのだろう。（2016年没、94歳）

7.2-8 懐かしき古書店主たちの談話
第8話　個性あふれる古書店主

初出誌：『全古書連ニュース』2024年7月10日（第501号）

　『日本古書通信』の魅力は後半の古書目録欄にあると、ずっと言われてきた。編集者としては前半の記事に神経も労力も使っているわけで、八木福次郎はよく「目録で売れていると言われるのは編集者として恥なんだ」と言っていた。

　長い読者で執筆者でもあった辞書研究家で収集家の惣郷正明さんが「古書通信編集部の人数は少ないけれど、裏に大勢の人々がかかわってできているんだよ」と話してくださったことがある。大勢の人々とは古書目録を作り掲載料を払ってくれる古書店のことを指している。そのとおりだったと思う。

◆ 古本屋の性

　仕事に慣れてきた30代になって、雑誌は季節の美味しい様々な料理を盛る器。だから大きくて深みもある大皿が良い雑誌で、盛り付けをするのが編集者の仕事だろうと思うようになった。しかしそんな悠長なことを考えていたのは、目録掲載希望者が多かった時代である。

　掲載軒数が40店から30店、20店と徐々に減り、10店を割り現在のように3、4店となっては、必死に記事の充実を図るしかないが、広告料が入らない以上、編集にお金が使えない。殆ど原稿料なし僅かな謝礼のみで執筆をお願いするのは辛いのだが、それでも喜んで書いて下さる方が多いのは本当に有難いことで、それがもう10年以上も続いている。

　編集の仕事の外に、読者やその関係者からの依頼で蔵書処分の仕事も続けてきた。蔵書が膨大であれば、若い古本屋さんたちの力を借りることになる。先日もエレベーター無しの公団住宅5階から7000冊以上の蔵書を処分する依頼があり、2日間で10人分のお手伝いをお願いした。彼らのスムーズで無駄のない仕事ぶりに感心すると共に、実に楽しそうに作業されているのが印象的であった。膨大な古書の山に対すると自然にファイトが湧いてくる、それが古本屋の性なのだろう。

第7章 ◉ 戦後の古書業界が歩んだ道

◆ 斎藤孝夫さんの思い出

1990年（平成2年）に「往信・返信」と題して親しい間柄の古本屋さんたちの往復書簡を連載したことがある。大阪の浪速書林 梶原正弘さんと札幌・弘南堂書店 高木庄治さん、本郷の森井書店 森井健一さんと福岡・葦書房 宮徹男さん、京都・キクオ書店 前田司さんと神田・八木書店 八木壮一、旭川・尚古堂 金坂吉晃さんと横浜・一艸堂石田書店 石田友三さん、練馬・石神井書林 内堀弘さんと神戸・黒木書店 黒木正男さん、神田・吾八書房 今村秀太郎さんと大阪・リーチ書店 廣岡利一さん、東京・安土堂書店八木正自さんと英国・Cフランクリン書店 コリン・フランクリンさん、神田・玉英堂書店斎藤孝夫さんと熊本・舒文堂河島書店 河島一夫さんの9回である。

中で玉英堂の斎藤孝夫さんが次のように語っているのが注目される。

「このごろ少し壁にぶつかっています。一生懸命働いて、売買の取引高が次第に大きくなってきて、果たして自分に残るものは何なのか。今度の決算で信じられない程の税金を払いました。まるで自分と店の人の給料と、そして税金のために苦労して働いているような気がしました。税金を払うつもりで宣伝費をもっと掛けようか……などと真剣に考えています。

せっかく古典籍の重要性・価値を知り、魅力を感じ始めたのですから、世界に誇りうるこの貴重な文化財をもっともっと世間の方々に知って貰うことが、これからの私たちの重要な使命だと思います。（略）商売として古書業界は、大きく発展する業界とは思えませんが、好きな書物を扱って生活できるのですから、素晴らしい仕事に恵まれた僕らは、幸せなのかもしれませんね」

同じことを直接私に話されたこともあった。古本屋としての実力は勿論、本当に正直で真っすぐな方であった。この連載で取り上げた中野書店 中野智之さんと孝夫さん二人の早世は残念極まりないことであった。（2014年没・71歳）

◆ 金坂吉晃さん・石田友三さんの思い出

往復書簡の中でも異彩は尚古堂金坂さんと、一艸堂の石田さんである。二人とも一際個性的で業界ではいわば土地のボス的な存在、文学的なところも共通していた。

尚古堂さんは『日本古書通信』目録欄の常連で、送られてくる原稿の文字は豪快で踊るような達筆、時々判読できない文字があり電話で確かめたこともある。しばらくして金坂さんが宮柊二に師事する歌人であると知った。往復書簡で意外なことを書いている。

「去る2月17日夕方六時からの通夜に出かけるために、その日の朝の便で旭川空港を飛び立ちました。翌日は葬儀。東京中野にお住いの平沢さんでした。中央線沿線の組合の方々は、彼のことを米さん、米さんという愛称でよんで、その実直な人柄を愛し親しんで、通夜や葬儀の折も彼の生前の人徳をたたえては悲しんでおられました。（平沢さん享年65歳）

信州の田舎から上京し、街の片隅に古書を商いながら誠実に生きてきた、名もない一庶民の生涯の最後に、私はどうしても参列したかった。いいしれぬおもいを胸にいだきながら野辺の送りをしてきました。同業の方々、何人かは翌十九日の中央市会に当然出席するものと思うっておられただろうが、私は失礼致しました。ずっとホテルの一室にこもって彼のことをおもっていたかったからでございます」

平沢書店さんと金坂さんがどんな関係であったかは分からないが、古本屋としての生き方に共通するものがあったのだろう。平沢さんは店を持たず、セドリと即売会を主としていた。

当時の組合員名簿を見たら、取扱いは民俗資料とある。他の往復書簡に頻出する反町茂雄さんなどの話題に金坂さんとしては違和感があったに違いない。平沢さんを私は直接知らないが古書会館即売会の人気店の御一人だったと思う。裏見返しに「平沢書店」のラベルが貼られた本が、私の書棚にも何冊かはあるはずである。

1995年（平成7年）終戦50年を機に「古本屋の戦後」という連載を企画した。金坂さんにはその6回目にご寄稿頂いた。その回想によれば、1955年（昭和30年）末、東京での生活に尾羽うち枯らして奥様の故郷・北海道岩見沢に移住、偶然目に入った某生命保険の外務員募集に応じて炭鉱を中心に見事な成績を上げる。やがて幹部への期待がかかったところで、内勤サラリーマンになるのを避けて滝川市で古本屋を始める。

第7章 ● 戦後の古書業界が歩んだ道

やがて旭川に移るが、その間にも人脈を広げ市立図書館建設や、国学院北海道短大の誘致設立、さまざまな文化グループの創設運営にも係り、いわば土地の名士になっていく様子がさらっと書かれている。北海道古書籍組合連合会の設立にも尽力、この年の大市会を旭川で開催している。

想像するに金坂さんは天性のオルガナイザーであり、東京で尾羽うち枯らした活動も、その卓越した才と無関係ではないような気がする。平沢書店さんとの関係もその頃からのものだろうか、古本屋を選んだのも平沢さんの影響だったのではないだろうか。

今、手元に金坂さんの第一歌集『晨』がある。1978年（昭和53年）11月の刊行。私の入社は1979年（昭和54年）1月だったから、その直前である。1983年（昭和58年）に『凍』、1989年（平成元年）に『昏』を出されている。『凍』（確か「しばれ」と読む）発行の折だったかその前に来社され、これから宮柊二先生の所に行く。先生はそんなに急いで歌集を出すべきでないとおっしゃられるのだが、無理にお願いするのだ、と話された記憶がある。『晨』にも宮柊二を詠んだ作品が多い。

　古本屋とはよろしきものならむ柊二の原稿を市にて購へり
　白秋の本の扉に宮柊二書かれしはこれわすれな草の歌
　売りに来し古書に柊二の歌集あり祖父が読みしと少年答ふ

他の歌集に、ある日店に来て書棚を眺める宮柊二の幻影をみたというような作品もあった。

　雑本の類なれども売り払ふ人のさびしさ購ひつつ思ふ
　雪まみれになり来し学生の欲りし本値切られながら我は微笑む

なども金坂さんの古本屋としての生き方が感じられる作品である。金坂さんは地元を愛し、街の古本屋であり続けることに矜持を持っていたのだろう。

連載「往信・返信」の金坂さんの相手は、横浜の一艸堂石田書店の石田友三

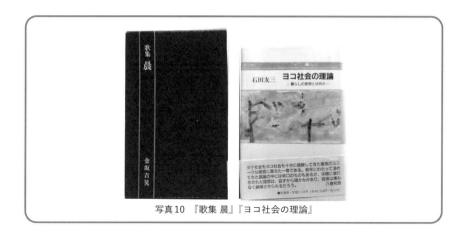

写真10 『歌集 晨』『ヨコ社会の理論』

さんである。この連載ではそれぞれのお顔の写真を掲載したが（前田さんと八木の回のみ青空ふるほんまつり風景）、二人は共に髯を蓄えられている。

その石田さんを著名な古本屋にしたのは、1982年（昭和57年）に刊行された『街の古本屋入門』（コルベ出版）である。石田ではなく「志田三郎」名義。

この本の広告を石田さんから依頼されたが、名前を混同して誤植してしまい、叱責の電話を頂いた。私の応対に「樽見さん、これは正式な抗議です」と強く注意されてしまったことを覚えている。

石田さんが伊勢佐木町のビルに店を移されたのは何時だったか、神奈川県の古書組合長を務められていた頃だったろうか。オープンして間もなく伺った。店内に大きめのテーブルがありお客との対話を大切にしたいからと話された。

往復書簡に「私が古本屋になるときに自分で決めた原則の一つに、愛蔵される書物よりも読む本をということがありました。つまり単価的にいうなら天井知らずの正反対、貧しい古本屋を自ら決定づけたようなものです。しかし私は、その原則を変更する必要をいまでも認めません。（略）そのせいでか、活字復権なる標語を掲げた横浜中心部における営業は、漫画も雑誌も追放してやってみたが見事失敗、現在の店はいわば都落ちの結果となりました。それでも原則の変更はありません」とある。

『街の古本屋入門』を読んで古本屋になった人は少なく無い。光文社文庫をはじめ何度も形を変えて広く読まれ続けた。現在ではネット販売が大きな比重

第7章 ◉ 戦後の古書業界が歩んだ道

を占めるようになって、余程立地が良くない限り街の古本屋は立ち行かない。良い本さえ揃えればお客はどんな不便な所でも来てくれると考えていた古本屋は多かったし事実そうだった。ネット社会がそれを変えたとも言えるが、ネットで美味しいと評判になれば、驚くような山の中のレストランやカフェにも人々は押しかける。ただ古本屋には毎日毎週通い続けてくれる常連客が必要であり、評判のカフェのようなわけには行かない点があるように思う。

　『街の古本屋入門』を改めて読み直すと、実に懇切丁寧な解説で、随所に石田さんの読書家の片鱗が伺える。読書家石田の成果は1995年（平成7年）刊行の『ヨコ社会の理論―暮らしの思想とは何か』（影書房）に結実する。この本の出版記念会が確か新宿曙町で開かれ出席した。

　直接お会いしたのはこの時が最後かもしれない。ただ石田さんの個人誌『一石通信』はずっと送って頂いていたし、拙著『戦争俳句と俳人たち』（トランスビュー・2014年）が出て朝日新聞の書評欄で取り上げられたのを読まれ、祝いのお電話を頂き「手元に日野草城の短冊があるから贈るよ」と言われた。

　　玉菊の衰ふること忘れしや

　この短冊は額に入れて私の部屋に飾っている。

　金坂、石田のお二人は、共に豪快にして細心、時に厳しい面を見せるが、優しい方であった。

懐かしき古書店主たちの談話

7.2-9 第9話 土地の匂いをまとう古書店主

初出誌:『全古書連ニュース』2024年9月10日(第502号)

　1995年(平成7年)終戦50年を記念し『日本古書通信』で「古本屋の戦後」を連載した。今回読み直して内容の貴重さも勿論だが、筆の立つ古書店主の多かったことに驚かされる。それぞれの積み重ねてきた経験に裏打ちされているからだろうと思う。以下のラインナップだった。

1月号　札幌・えぞ文庫・古川実
　　　　囚われし頃
2月号　岡崎・桃山書房・鳥山将平
　　　　忘れえぬ人々
3月号　松江・ダルマ堂・桑原弘
　　　　古本屋ふれあい人生
4月号　広島・椿書房・藤井成一
　　　　広島・私と古本屋
5月号　福岡・田中書店・田中和隆
　　　　古本屋はセンス
6月号　旭川・尚古堂・金坂吉晃
　　　　私の戦後・古書店のこと
7月号　名古屋・東文堂書店・金森正雄
　　　　生きていてよかった
8月号　徳山・マツノ書店・松村久
　　　　傍流なればこそ
9月号　水戸・とらや書店・中川英治
　　　　地方古書店の生きる道
10月号　横浜・天保堂苅部書店・苅部正
　　　　古本屋の中で
11月号　高知・タンポポ書店・片岡千歳

第7章 ● 戦後の古書業界が歩んだ道

「タンポポ書店」の場合
12月号 宜野湾・緑林堂書店・武石和美
　　　　復帰後の古書業界と緑林堂書店

　水戸のとらや書店さんは父上の話（白山の窪川書店で修業された）、高知の
タンポポ書店さんは亡きご主人の話が中心である。宜野湾の緑林堂は屋号を変
えて現在は榕樹書林さんである。私が人選したはずだが、お会いしたことがあ
るのは桃山書房、椿書房、尚古堂、マツノ書店、とらや書店、緑林堂さんだけ
である。天保堂苅部さんを推薦してくれたのは前回取り上げさせて頂いた石田
友三さんであった。

　東北や北陸、大阪や京都の古本屋さんを取り上げなかったのは何故か思い出
せない。当時はまだ『全国古本屋地図』を毎年のように改訂増補していたから、
各地の古書店さんとも深い交流があった。例えば『日本古書通信』目録欄の常
連だった長野県諏訪市の文化書局の百瀬威さん、北九州の教養堂の田中正文さ
んなども、それぞれの土地での貴重な体験をお持ちだったろう。あるいは
1995年（平成7年）にはもう引退されていたのだろうか。

　連載は、戦後復興期における地方の古本屋の状況や変遷が記録されていて各
編とも貴重であると共に面白い。「日本の古本屋」メルマガでは PDF データ
を添付していた。（『懐かしき古書店主たちの談話』で検索すると読むことが出
来ます）

　私は古書業界しか知らないが、これほど同業同士の横の連携が密で、商品を
融通し合う業界は他にないのではないかと思う。これは偏に古書という商品の
性格と、古書市場の運営を業者が共同で直接担っているからだろう。前記した
『全国古本屋地図』の殆どが各地の古書店主によって書かれていることも（自
店以外の古本屋を宣伝しているのだから）考えてみれば他の業界ではありえな
いことだ。

　前回話題にした古書店主たちの「往信返信」や「古本屋の戦後」を連載した
時代を思い出すと、いわゆる「バブル経済」以後ではあったが、古書業界はま
だまだ華やかな好景気の中にあった。明治古典会七夕古書大入札会も東京古典

会古典籍展観大入札会も豪華に開かれ、各地の古書店主たちがグループで多数
来会していたし、首都圏の各デパート即売展にも各地の古書店の参加があり、
北海道から九州まで業者同士の交流も盛んであった。現在も各地から参加は多
いのだろうが、大挙して来会という感じではなさそうである。

◆ 百瀬威さん・鳥山将平さん・藤井成一さんの思い出

　前記した諏訪市・文化書局の百瀬威さんも頻繁に上京されており、事務所に
も必ず立ち寄っていかれた。諏訪大社秋宮に隣接する和菓子の老舗新鶴本店の
塩羊羹を私たち社員にも買ってきて下さった。もう70代後半であったろうが
体も大きく元気な方であった。諏訪の歌人島木赤彦の研究家で、『去りがてし
森　赤彦への相聞歌川井静遺歌』『島木赤彦自筆による堀内卓歌集』『辛夷の花
柿の村から島木赤彦』などの出版もされていた。

　その百瀬さんが、私の入社する6年前の1973年（昭和48年）7月号に「訪書
紀行　長野県の古本屋」を寄稿されている。「ももせ・たけし」と署名されて
いる。

　「筆者は信濃路の古本屋の生態或いは店相をどのように描くかに先立つて古
本屋のおかれてある環境―教育文化の風土と伝統についてその片りんを紹介す
ることが便利だと考えた」と冒頭に書かれている。

　郷土や郷土誌への愛にあふれ、古本屋の存在価値がそこにあることに寸毫の
迷いもない。改めて当時、文化書局が『日本古書通信』の目録欄にどんな古書
を載せていたか見直してみた。前回取り上げた旭川の尚古堂さんの達筆すぎる
原稿に触れたが、百瀬さんの字も同様だった。当時の私には分からなかったが、
見事な品ぞろえである。集書には相当な苦労というか努力をされていたのだろ
う。本誌目録欄が喜ばれていたことに改めて納得させられた。

　岡崎の桃山書房鳥山将平さんも、しっかりと西三河の地に根を下ろした古本
屋さんであった。編集されていた『ふるほん西三河』の品の良さも、お店の佇
まいも鳥山さんそのものであった。連載の2回目「忘れ得ぬ人々」で、やがて
『ふるほん西三河』につながっていく豊橋の冬日書房、刈谷の西村書房との合

同目録『古本あらかると』について書かれている。

名古屋の市場で出会った3人。

「2人は吹き荒れたレッドパージの風をくらって本屋を始め、私はシンパ。心情において通ずるものがあったか、顔を合わせた時から太い絆で結ばれることになり、三河の3人ということでさんさん会がはじまったのである。昭和35年の安保騒動の時から学生運動のたけなわの頃、私の店も学生自治会の分室の趣を呈していたものだった。その頃の学生達は誰がどんな卒論を書いているのかも解っていて、資料探しに手を貸したことも懐かしい。その頃の卒業生たちは今も近くに来るときっと寄ってくれる」

「昭和41年になって、さんさん会でまた目録をはじめようかということで「古本あらかると」を出し始めた。三年程の間に反戦平和、フランス文学とその周辺、雑誌特輯、編年戦後文学などのテーマ別に十三号まで発行した。うちでタイプ印刷を始めたのもこの頃で、はじめは目録を作ろうと思った訳だったが、障害者の働く場としてふくらんでいって、次第に母屋をとられる格好にもなってきてしまった」

「昭和57年から組合の補助で「ふるほん西三河」を発行するようになった。有志の販売目録集の頭に三頁ばかりの小文を付けたのも、さんさん会の当時からの想いが実ったものである。季刊で休みなく五十号に達しようとしているが、全国からの暖かいご支援があって永続きをしているのである」とある。

『ふるほん西三河』は2004年（平成16年）の85号まで刊行され、目録欄を除いた記事欄が、1995年（平成7年）に50号まで、2004年（平成16年）に51号〜85号の複製合本版が出されている。

ワープロやPCが普及して簡易な印刷出版が容易になった結果、当時はあちこちで出されていた合同目録は姿を消し、さらにインターネットの普及で目録自体が減少している。

合同目録の中でも『ふるほん西三河』は特に優れたものであった。鳥山さんに負うところ大であった筈である。「思い出す人々」の最後に次のようなことを書かれている。

「本を売って生業としている以上、本は売らねばならぬ。大体自分の好きな本を売っているので、心の片隅に、本を売りたくない本心がのぞいている。現

実には客と話が弾み気が合えば、結局、秘蔵の本を見せ手放すことが多い。客それぞれが持っている文庫をより充実するのが本屋の仕事であろうが、せつない業である。自分の文庫を持ちたいというのは烏滸がましい事なのだろう。このわがま、を残すかぎり、所詮素人商人の域を離れることが出来ないのが解っていて止められない」

　正直な心からの吐露だと思う。こうした心持の古本屋に扱われる本は幸いである。

　広島の椿書房藤井成一さんは終戦直後からのベテラン古書店主だが、『日本古書通信』に目録を掲載されるようになったのは晩年であった。教科書や資料類が専門だから仕入れに上京されることも多く、事務所によく立ち寄られた。文化書局の百瀬さんはいつも塩羊羹だったが、藤井さんは広島の「川通り餅」をお土産に下さった。「川通り餅」は毛利元就の祖先師親に由来するお菓子とのことである。
　藤井さんの「広島・私と古本屋」はまさに原爆投下後の終戦時から1955年（昭和30年）頃までの激動の広島古書業界史と言えるもので、簡潔な見事な文章である。神戸の黒木書店さんとは当時からの盟友であったようだ。黒木さんは広島では最初、京橋筋で澄江堂書店として営業されていたが、千田町に移り黒木書店となった。広島原爆ドーム前を流れる川は元安川だが、澄江はその別名ではなく芥川龍之介に由来するのだろう。詩書文学書専門の黒木さんらしい店名である。
　藤井さんの「広島・私と古本屋」では書いていないが、「黒木さんが神戸に移る時も、広島に残るようにすすめたのだがね……」と言っておられた。文章の最後には「尚、最後にこの度の大震災で大きな被害を被った黒木さんが災害に屈せず、本の整理や古書の買いに活躍されている由を承り、その不屈の精神に敬意を表し」ますと盟友を称えておられる。

　2023年（令和5年）、栃木県川治温泉に行った時、龍王峡に立ち寄ると、日光教育委員会の案内看板に「龍王峡は1949年（昭和24年）3月、大字藤原の斎藤茂吉氏の提案により伊の原より浜子に至る約五キロメートルの鬼怒川河川

第7章 ◉ 戦後の古書業界が歩んだ道

敷にハイキングコースが造成されたのを発端とし」と書いてあった。此の斎藤
茂吉さんは今市の晩晴堂書店さんに違いないと思った。

　晩晴堂さんは、『日本古書通信』の目録欄に数回掲載されたことがあったが、
掲載後「売り上げが広告代に届きましたので、お支払いに来ました」と、事務
所に顔を出された。如何にも好々爺といった風情であった。『全国古本屋地図』
を出しているころ、日本の古本屋には小林秀雄さんもいたが、斎藤茂吉さんも
いることを知りおかしかったが、晩晴堂さんは見るからに優しいお爺さんであ
った。それでも龍王峡の看板を読んであの斎藤茂吉さんに間違いないと思った。
恐らく当地の文化的名士のお一人であったのだろう。

　私は会うことはできなかったが、大阪の天牛新一郎さんや、懐かしい蒐文洞
の尾上政太郎さんなど、土地の人気者、有名人の古書店主もかつては少なく無
かった。世の流れのスピードが速くなり、よく言えば平等になったとも言える
が町場と郊外や農村の生活（外観ではなく）の差がなくなり平均化してしまっ
た。その中で声の大きな者、宣伝力のある者だけが目立つようになってしまう。

　古本屋に流れる時間と言われることがある、古本屋の店内や棚にはどこか世
間離れした雰囲気があり、そこに入ると穏やかで豊かな贅沢な時間を過ごすこ
とができた。今回は土地の匂いを満身にまとったような古書主を取り上げたが、
古本屋の魅力は個性的な古書店主たちの醸し出すものであった。

　時代が変われば、古本屋も変化していく。昔は良かった、昔気質の古書店主
は魅力的だったと言っても詮無いことである。新しい魅力的な古書店主も少な
くない。知識も豊富である。古本の需要が減る一方で、古書市場に流れてくる
荷の量は増えている。自然と書物の一冊一冊の扱いがぞんざいになってくる。
本をこよなく愛する者の商売であった古本屋が、ともすれば他の流通業と変わ
りなくなりつつある。古本屋も変わっていかねばならない。でも失ってはいけ
ないものもあるのでないかと思う。

　この連載を通して、私の接することのできた古書店主たちの思い出を書かせ
て頂いた。ご協力いただいた多くの「古書店主」の皆さんにに感謝いたします。

7.2 懐かしき古書店主たちの談話

コラム　紙魚の目

古書市場の変化

　一般の方には見えない古書業界の姿が、古書市場の様子である。各地の古書店がお客から仕入れた蔵書を持ち込み、分野ごとに仕分けて、他の古書業者に入札方式で買ってもらう、逆に他の業者が持ち込んだ書物群から必要な本を落札する市場である。業者間では交換会と呼んでいる。

　東京都千代田区駿河台下（小川町三丁目）の東京古書会館が日本の古書業界の心臓部で、扱われる古書の量、金額とも最大である。月曜、火曜、水曜、金曜日に交換会が開かれ、曜日ごとに扱われる商品の傾向が違っている。例えば火曜日には和本を中心とした東京古典会と洋書をメインとする東京洋書会が開かれている。

　市場としての機能は魚市場や野菜市場と同じだが、大きな違いは全てが古書業者によって経営されていることである。他の業界の市場は独立した運営会社によって運営されている。古書市場は、若い業者の修業の場にもなっており、基本的に江戸時代からの慣習が伝承されている。

　市場の基本構造は変わらないが、ここ10年ほどで大きく変貌したのが、女性古書店主や店員の増加と、中国人経営の古書店が出来てきて、市場でも大きな商いをするようになったことである。日本には中国から書物を輸入してきた長い歴史と、静穏な政治状況が続いているために優れた漢籍（古い経典や絵画を含む）が今日まで数多く残されており、中国富裕層の需要があるからである。数億の金額で落札されるのは中国人業者によるものが多い。

　交換会会場に足を運ぶと、女性古書店主や店員の増加は歴然である。他の業界と比べて女性活躍の率が高いかと言えばそうとは言えないが、はっきり増えている。女性の細やかな目配りがこの業種に向いている点もあり、今後も増えていくだろうと想像する。力仕事が多いのもこの業界の宿命だが、東京古書会館でも最大量の取り扱いを誇る中央市（月曜日開催）の会長を女性が長期間努めて成績を残し、市場を切り盛りする経営員にも女性が何人もいて重い書物を捌いていて頼もしい。益々の活躍が期待されるところだ。

第7章 ● 戦後の古書業界が歩んだ道

コラム 紙魚の目

インターネット普及と古書業界

　東京都古書籍商業協同組合インターネット事業部が運営しているウェブサイト『日本の古本屋』は、立ち上げられて四半世紀が過ぎた。東京古書組合の事業として運営されているが、参加古書店は全国の約1000軒、登録文献約680万点、月当たりの受注額は約3億円という規模に拡大している。神保町や大都市以外の古本屋の売上高のかなりの部分を担っているのが実情である。例えば千葉県の古書組合員は約70軒あるが店舗営業は16軒、同様に茨城県25軒に対し8軒、群馬県24軒に対し6軒で、無店舗の古書店のほとんどが『日本の古本屋』やアマゾンのマーケットプレイス、ヤフーオークションを主な販路としている。

　『日本の古本屋』の登場は、古書を求める客が家に居て時間と場所を気にせず、検索一覧から最も安い商品や、条件に合う本を瞬時に注文することを可能にした。しかも長年探しあぐねた本が見つかるケースも少なくない。それは客側に有利に働く分、業者側には価格競争を招き、稀少本と言われていた本が案外に多く存在することが分かることもよくある。また古書店が仕入れた商品をデータ登録する際に、裏表紙のISBNバーコードを利用するケースが多いため、古書市場で新しい本が喜ばれるようになった。古い本は書誌情報を自分で確認する必要があり、それだけ時間が必要となるからだ。それはインターネットで書物を求める客層の需要の変化も反映している。

　古書市場に持ち込まれる大量の書物を入札用に仕分けする際も、ネット販売業者の需要が強く意識されるようになった。毎回の古書市場で大量に仕入れるのはネット販売業者が多いからである。

　国会図書館デジタルコレクションの公開資料の拡大は、江戸期以前の和本から近代の絶版本に及び、自宅のPCで印刷が出来、またコピー制限のある本や雑誌記事のコピーを含めネットでの依頼が可能になった。勿論それは刊行された全てをカバーするものではないが、敢て古本で購入しなくても間に合ってしまうことが多く、古書相場への影響は顕著である。しかし、業者にとっては仕入れた本の価値判断の参考になる面もある。

第 **8** 章

出版年表で読む 150年史
──「明治・大正・昭和の出版が歩んだ道」を考える

出版メディアパル 編

この章の概要

　明治以降の「出版略年表」を作ってみた。出版年表の底本としては『日本出版百年史年表』（日本書籍出版協会編）があり、書協の Web サイトで閲覧が可能であるが、本章では、手軽に親しんでいただくために1年の出来事の中から3つほどの重要事項を選んでみた。

　第1節では、「年表で学ぶ出版の歩んだ道」のガイダンスとして、揺籃期に活躍した博文館、実業之日本社、講談社の「夢と冒険の道」を紹介した。

　他にも丸善（明治2年）、金原出版（明治8年）、金港堂（明治8年）、有斐閣（明治10年）、春陽堂（明治11年）、南江堂（明治12年）、内田老鶴圃（明治13年）、三省堂（明治14年）、駸々堂（明治15年）、冨山房（明治18年）、河出書房（明治18年）、中央公論社（明治19年）、早稲田大学出版部（明治19年）の13社が誕生している。そのうち11社が現在も出版界で隆々と活躍していることは驚きである。その1社1社に「夢と冒険の道」があるに違いない。

　第2節の「出版略年表」でも十分に「出版の夢と冒険」に挑む、出版人の挑戦を感じることができ、若い方々が、先人の歩んだ道を学ぶことができるようにした。お役に立てば幸いである。

第8章 ● 出版年表で読む150年史

| 8.1 | 揺籃期の「出版の夢と冒険」に学ぶ |

出版メディアパル編集長　下村　昭夫

　出版年表を学ぶ前に、揺籃期に活躍した3つの出版社の歩んだ道を紹介したい。その「出版の夢と冒険」に挑戦する遺伝子は、現存する3800社の出版社にも受け継がれているに違いない。「出版年表」からその片鱗を学ぶことができれば幸甚である。

　近代出版社の歩みを1867年の「明治維新」を起点に考える風習がある。西欧式の活字が開発され、抄紙機が輸入され、洋紙の抄造技術や製本技術も確立されていった。その明治初期の「文明開化」の時期が、日本の出版業の夜明けということができる。その明治初期に生まれた出版社には、金原出版（1875年）、有斐閣（1877年）、南江堂（1879年）、内田老鶴圃（1880年）、三省堂（1881年）、冨山房（1883年）、河出書房（1885年）、博文館（1887年）、大日本図書（1887年）などがあり、130年を超す「長寿出版社」である。明治以前に遡ると、法蔵館（1602年）、吉川弘文館（1857年）などがある。

　だが、その道程は、決して平たんではなかった。日本の出版業は、一気に「近代化の流れにのった」わけではない。明治政府は、1869年には、最初の出版規制法「出版条例」を制定し、怒涛のように押し寄せる西洋の自由思想を取り締まっている。出版を生み出す印刷・製本技術は急速に近代化されていったが、生まれたばかりの出版業の近代化は苦難の道を歩み始めた。

◆ 博文館の誕生と変遷

　博文館は1887年（明治20年）、大橋佐平により創業されている。集録雑誌『日本大家論集』を創刊。著作権思想が確立されていない当時とは言え、他誌に掲載された記事を無断で転載し、業界では"泥棒雑誌"と揶揄されたが、創刊号は完売し軌道に乗せ、『日本之数学』『日本之商人』などを創刊するとともに、取次会社・印刷所・広告会社・洋紙会社などの関連企業を創業し、日本最大の出版社として「博文館時代」を築き隆盛を誇った。博文館の経営戦略は、大量生産による廉価本の出版を基本としており、当時の出版界の総合商社となった。

　1891年には、戦前、最大手の取次「東京堂」（4大取次の一つ）を発足させ、

194

1893年には、広告会社「内外通信社」を設立。1895年には、初の総合雑誌『太陽』誌を創刊、黄金時代へと導く。1896年には、博文館印刷所を設立（共同印刷の前身）。1902年6月には、博文館創業15周年記念として、有料の私設図書館である「大橋図書館」（三康図書館の前身）を開設するなど目覚ましい発展を遂げる。1894年の日清戦争および1904年の日露戦争時には、大陸進出を強める軍部に呼応する形で、写真入りで戦況を詳報する雑誌『日清戦争実記』および『日露戦争実記』を出版し、成功を収めた。

　今日、博文館の"光と影"の両面から検証されるべきであるが、「安価で大量生産を行い、時流を見る目や編集者・執筆者の開拓に成功し、印刷・取次・小売りに至る近代出版業の先駆者であった」こと、近代出版の走りであったことは否定できない。隆盛を極めた博文館の経営も明治後期の2代目大橋新太郎の時代には、次第に衰退していき、戦後の1947年、3代目の大橋進一の時代に、日本出版協会内の左翼系の出版業者から、講談社・主婦之友社・家の光協会・旺文社などとともに「戦犯出版社」として糾弾されたことを契機に、急速に事業への意欲を失い廃業し、3社に分割されたのち、1949年、博友社として再統合された。これとは別に、1950年に大橋まさ（進一の子）により博文館新社が設立され、現在は、日記の「博文館」として存続している。日記は創立以来のヒット商品であった。

◆ 実業之日本社の誕生と変遷

　博文館に続き、隆盛を誇った実業之日本社は、光岡威一郎が1895年（明治28年）に設立しているが、その光岡から、編集・発行権の譲渡を受けた読売新聞記者の増田義一が同社を退社し、1897年6月10日に大日本実業学会雑誌『実業之日本』を創刊した日を設立日としている。増田は、のちに大日本印刷などの創立に参加、日本雑誌協会会長に就任している。

　実業之日本社は、日本経済の発展とともに飛躍し、看板雑誌『実業之日本』は15万部もの読者を獲得し、1906年から08年にかけて『婦人世界』と『日本少年』『幼年の友』『少女の友』を相次いで創刊。博文館の先行雑誌との競争に打ち勝ち成功を収めている。増田がこうして実業之日本社時代を築いたのは、1909年新年号から『婦人世界』に採用された「返品自由の委託販売制」の成功により、飛躍的に発行部数を伸ばしたことに他ならない。

第8章 ● 出版年表で読む150年史

　大正期（1912年以降）に入ると、同社の5大雑誌は多くの読者を獲得し、1923年の関東大震災で大きな打撃を受けるが、1930年代には『少女の友』と1937年創刊の『新女苑』が若い女性に人気を博している。

　戦中・戦後の混乱期を経て、1950年代には『週刊漫画サンデー』『ブルーガイドブックス』『実日新書』、1970年代には『週刊小説』『My Birthday』など、今日の出版活動の根幹となる雑誌・書籍が次々と生まれ、中堅の総合出版社としてその地歩を固めるが、近年は、苦境に立たされ、2015年12月には、フィスコとの業務提携契約を締結して、新たな出版ビジネスモデルの創出にチャレンジし、2016年4月に、シークエッジインベストメントを中心としたシークエッジ・グループの傘下に入った。

◆ 講談社の誕生と変遷

　講談社は、野間清治により1909年（明治42年）11月に創業されている。当初は、「大日本雄辯會」として設立され、弁論雑誌である『雄辯』を出版していた。社名の「講談社」はその名のとおり「講談」に由来する。『講談倶楽部』を創刊した1911年から大日本雄辯會と2つの名前を使用していた。評論家の徳富蘇峰により、「私設文部省」と評された講談社は、戦前の少年や青年たちに大きな影響を与えた。昭和期に入ると、1938年10月に野間恒が2代目社長に就任するとともに株式会社に改組、同年11月に野間左衛が3代目社長に就任した。戦後は、1945年に野間省一が4代目社長に就任した。その後1981年に野間惟道が5代目社長、1987年に野間佐和子が6代目社長に就任、2011年に野間省伸が7代目社長に就任し、現在に至っている。

　「面白くて為になる」をモットーに、戦前から大衆雑誌『キング』『少年倶楽部』などの様々な雑誌や発行し、雑誌王国「講談社」を築き上げた。書籍もたくさん発行し、『吉川英治全集』『日本語大辞典』などを出版する傍ら、多数の文学賞を主宰する日本を代表する出版社となった。

　講談社が所在する文京区音羽一帯に、子会社の光文社（1945年創業）をはじめ関連会社が存在し、日本の出版業界を二分する両雄の一つで「音羽グループ」と呼ばれている。片やもう一つの雄は、千代田区一ツ橋に本社を構える小学館で、そのすぐ右側に子会社の集英社（1926年創業）などがあり、「一ツ橋グループ」と呼ばれている。

8.2 年表で考える出版の歩んだ道

8.2 年表で考える出版の歩んだ道

年表作成：出版メディアパル編集長　下村　昭夫

明治の出版が歩んだ道（1867年〜1912年）

謝辞：『日本出版百年史年表』などを参考に編纂いたしました。記して、お礼申し上げます。

黎明期の出版……近代出版の夜明け

1867年 慶応3年	日本初の雑誌『西洋雑誌』創刊。幕府の開成所教授・柳河春三ら和紙木版刷。美濃紙半裁十数葉の小冊子。1869年（明治2年）、第6巻で終刊。
1868年 明治元年	太政官布告、「新聞や出版は新刊・重版を問わず官許のないものの発売を禁止」する。 9月⇒慶応4年9月から「明治」に改元。
1869年 明治2年	5月⇒「出版条例」公布。1722年（享保7年）江戸幕府による「町触れ」の規制を踏襲し、奥付に版元名、著者名など記載を明記。新刊出願制度、許可制度などで統制し始める。
1870年 明治3年	3月⇒本木昌造、長崎新町に活版製作所開所。明治初期の活版術確立の基盤となる。ウィリアム・ガンブルの活字から、鉛・錫合金の「明朝体・号数活字」を考案。
1872年 明治5年	6月⇒旧広島藩主・浅野長勲が洋紙製造会社・有恒社創立。イギリスから抄紙機を輸入、1874年（明治7年）⇒洋紙の製造開始。同年太陽暦採用、翌年1月1日より導入。
1873年 明治6年	2月⇒澁澤栄一、三井・小野・島田組と協力し製紙会社設立。後の王子製紙となる。 5月⇒製本術の伝授。カナダ人パターソン、印書局に雇われ、洋式製本術を伝授。青野桑州（紙幣寮石版部）、わが国初の石版による2色刷印刷始まる。 6月⇒森有礼、西周、福沢諭吉らが明六社創立。翌年3月⇒『明六雑誌』創刊。20頁、3000部。
1875年 明治8年	1月⇒イタリア人キオソン、銅板彫刻術や透かし入り抄造法を伝授する。 6月⇒「新聞紙条例」、「讒謗律」公布。言論の自由が抑圧され、『明六雑誌』等が廃刊。 9月⇒新「出版条例」制定。内務省に届け出を義務付け、「版権（出版権）」を保障する。
1876年 明治9年	10月⇒佐久間貞一ら秀英舎を創立。後の大日本印刷の基盤となる。⇒1877年（明治10年）「西南戦争」起きる。⇒1879年（明治12年）「教育令」制定される。
1883年 明治16年	1月⇒大蔵省印刷局で、わが国初のコロタイプ印刷に成功。 6月⇒「出版条例」改正。10日前までの届け出制となり、罰則規定を強化する。
1886年 明治19年	4月⇒修養団体「反省会」設立され、翌年「反省会雑誌」創刊される。後に、⇒1904年（明治37年）に「中央公論」と改題。
1887年 明治20年	2月⇒徳富蘇峰ら「民友社」設立。「国民之友」を創刊。6月⇒大橋佐平「博文館」創業。集録雑誌『日本大家論集』を刊行、出版、取次、小売、印刷、広告の統合する近代的出版社の誕生。 11月⇒東京書籍出版営業者組合創立、組合員131名で活動を開始する。12月⇒「出版条例」改正、奥付に「出版者、印刷者の名前、住所、印刷年月日」を明記することを義務付ける。「版権条例」公布。
1889年 明治22年	2月⇒小川一真、わが国初の「コロタイプ印刷所」を東京・京橋に開所。 ⇒2月11日「帝国憲法」公布、翌年11月29日施行。⇒同年、東海道本線全通。
1890年 明治23年	3月⇒「東京堂」創業、翌年卸売業を始め、日配統合まで「4大取次」の第1位。 ⇒10月「教育勅語」発布。「商法」公布。⇒11月⇒第1回「帝国議会」開く。
1892年 明治25年	8月⇒東京雑誌売捌営業担当者組合、組合員68名で創立。乱売防止を図る。
1893年 明治26年	4月⇒言論の取り締まりを一段と強化、「出版条例」廃止し「出版法」公布する。納本・検閲制度が定められ、多くの発禁本が生まれる契機となった。以降、敗戦まで、出版の取締法となる。同年、「版権条例」を廃止し、「版権法」公布する。
1894年 明治27年	1月⇒東京雑誌売捌営業者組合が「定価販売」を厳守協定。違反者には違約金5円を課すと決定。 7月⇒日清戦争勃発。⇒翌明治28年10月「博報堂」設立、出版広告始まる。
1896年 明治29年	7月⇒「新声社」設立、後に「新潮社」となる。『新潮』創刊は1904年（明治37年）。
1897年 明治30年	6月⇒光岡威一郎「大日本実業会」創業、『実業之日本』創刊。1900年（明治33年）、増田義一氏に譲渡、「実業之日本社」となる。日清戦争を契機に実業之日本社時代を築く。 7月⇒「博文館」10周年記念事業「博文館印刷所」（後の「共同印刷」）等を設立。

197

第8章 ◉ 出版年表で読む150年史

1899年 明治32年	3月⇒「著作権法」公布、「版権法」「写真版権条例」は廃止。 4月⇒「ベルヌ条約」に加盟する。戦後、改正されるまで、著作権ビジネスの基礎となる。
1900年 明治33年	1月⇒「凸版印刷」創業。⇒翌明治34年7月、日本広告株式会社、後の「電通」設立。
1902年 明治35年	6月⇒「博文館」15周年記念事業として「大橋図書館」開設(現在の「三康図書館」)・東京書籍商組合『図書月報』を創刊。学校・図書館などに無料配布する。 9月⇒教科書疑獄起こる。 翌、1903年(明治36年)「小学校国定教科書制度」公布。 12月⇒丸善、ロンドン・タイムズ日本支社と提携、『大英百科全書』洋書月賦販売始める。
1904年 明治37年	4月⇒小学校「国定教科書」採用始まる。 ⇒同年、「日露戦争」勃発。
1905年 明治38年	11月⇒「日米間著作権保護に関する条約」に調印。
1906年 明治39年	1月⇒実業之日本社『婦人世界』創刊。
1907年 明治40年	8月⇒通信省、「第三種郵便物発行規則」廃止し、「第三種郵便物認可規則」制定。
1908年 明治41年	⇒大学館「書籍の委託販売」始める。実業之日本社『婦人世界』1909年1月号から「返品自由の委託販売」始める。
1909年 明治42年	⇒大日本雄弁会、後の「講談社」の創業。「面白くて、ためになる」雑誌王国の誕生。『雄弁』『講談倶楽部』『少年倶楽部』『婦人倶楽部』『少女倶楽部』『キング』等発行。
1910年 明治43年	4月⇒「予約出版法」公布。 6月⇒「大逆事件」起こる。幸徳秋水ら処刑。同年、「韓国合併」、朝鮮支配始まる。
1912年 明治45年	1月2日⇒夏目漱石『彼岸過迄』を朝日新聞に連載開始(4月29日まで)。 3月⇒美濃部達吉『憲法講話』。⇒7月29日までは明治。

大正の出版が歩んだ道（1912年～1926年）

大正デモクラシーの時代：円本時代の幕開け

1912年 大正元年	⇒7月30日「大正」と改元。 10月⇒『怪盗ジゴマ』大ブームとなったが、子どもたちへの影響を恐れ、日本での上映禁止となる。
1913年 大正2年	8月⇒「岩波書店」創業、漱石『こころ』を始め、岩波文化の花開く。 ⇒9月、日露戦争の講和条約に反対する国民集会をきっかけに発生した日比谷暴動事件起こる。
1914年 大正3年	3月⇒東京雑誌組合設立。「雑誌の乱売競争防止」を掲げる。4月⇒東京雑誌販売組合、定価励行を規定。 10月⇒東京図書出版組合、定価販売を規定。6月⇒「平凡社」創業、下中弥三郎著『や、此は便利だ』発行。「第1次世界大戦」勃発。⇒ 11月「オーム社」創業。
1916年 大正5年	⇒戦争の激化に伴い用紙代・印刷代・製本代暴騰し、出版物の「定価」も暴騰する。 ⇒東京家政研究会、後の「主婦之友社」創業。大正生まれの婦人誌に『婦人会』『婦人公論』『主婦之友』『婦人倶楽部』『女性改造』などがある。 10月⇒岩波書店、定価販売励行、奥付に「本店の出版物はすべて定価販売実行被下度候」と明記する。書籍・雑誌の「発禁事件」増加。出版物の取り締まりが強化される。
1917年 大正6年	10月⇒「ロシア革命」起こる。翌、1918年「米騒動」起こる。
1919年 大正8年	1月⇒「改造社」創業。 ⇒業者団体、雑誌は2月から、書籍は12月から「定価販売励行」を申し合わせる。
1920年 大正9年	5月⇒全国書籍商組合連合会設立、出席50組合。 12月⇒洋紙の市価暴落、生産制限始まる。
1922年 大正11年	5月⇒東京出版協会宣伝機関誌『新刊月報』創刊。予約5万部を超える。1927年(昭和12年)『日本読書新聞』に引き継がれる。⇒8月、小学館創業。
1923年 大正12年	1月⇒『文藝春秋』創刊。 9月⇒「関東大震災」が起こり、出版界も大被害こうむる。
1925年 大正14年	1月⇒講談社『キング』創刊。50万部から74万部発行部数増大(昭和3年には150万部突破)。以後、雑誌王国への道を駆け上る。 10月⇒石井茂吉＆森沢信夫「写真植字機」発明。糸かがり機普及し、大量製本時代。 4月⇒「治安維持法」公布。11月29日⇒ラジオ放送開始(東京放送局「JOAK」)。
1926年 大正15年	8月⇒「集英社」創業。 改造社『現在日本文学全集』全37巻の予約販売を開始。11月⇒円本時代の幕開け。

198

昭和の出版が歩んだ道（1926年～1945年）

戦争の昭和：抑圧される言論・出版「国敗れて山河あり」

1926年 昭和元年	⇒12月25日、「昭和」と改元。
1927年 昭和2年	1月⇒「紀伊國屋書店」創業→7月⇒「岩波文庫」創刊→12月⇒博文館『太陽』廃刊。 円本競争激化、広範な読者の獲得、印刷・製本・用紙・広告・販売に大きな影響。
1930年 昭和5年	11月⇒日本図書館協会主催「読書週間」開始。エロ・グロ・ナンセンス出版流行。
1933年 昭和8年	7月⇒内務省「出版検閲制度」改革。出版警察拡充方針、左右両翼出版物の取り締まり強化。 無届出版物の厳罰・発売頒布の禁止の権限強化。 8月 ⇒「国際連盟」脱退。
1935年 昭和10年	1月⇒芥川賞・直木賞が設立される。 4月⇒美濃部達吉「天皇機関説」で告発される。
1936年 昭和11年	2月⇒青年将校らが決起し、「二・二六事件」勃発。 7月⇒言論・出版統制のため内閣に情報委員会設置。
1937年 昭和12年	3月⇒『日本読書新聞』創刊。→同年、人民戦線検挙。日独伊防共協定、日中戦争勃発。 6月⇒日本出版協会結成、加盟3団体。定価20％「値上げ」を主要新聞に広告。 11月⇒商工省「雑誌用紙の自主制限」方針を決定。
1938年 昭和13年	4月⇒「国家総動員法」公布。5月⇒「郵便規則」全面改正。 11月⇒「岩波新書」創刊される。
1939年 昭和14年	2月⇒「婦人雑誌」減ページ →5月初の『雑誌年鑑』日本読書新聞社刊行。 8月⇒商工省「雑誌用紙使用制限」強化。9月⇒雑誌協会「削減の緩和申し入れ」。岩波書店「買切制」導入 （文庫・新書は1941年から実施）。
1940年 昭和15年	5月⇒内閣情報部「新聞雑誌統制委員会」設置 →6月、内務省「営利雑誌」創刊抑制方針。 7月⇒内務省「左翼出版物」一掃方針、30社130点発禁処分。各出版団体統合「日本出版文化協会」設立。 12月⇒大政翼賛会設立。日独伊三国同盟結成。
1941年 昭和16年	5月⇒出版物の一元配給機関「日本出版配給」発足（資本金1000万円）。 6月⇒日本出版文化協会「出版用紙配給割当規定」を実施。「言論・出版・結社等臨時取締法」公布。 12月8日⇒太平洋戦争勃発。
1942年 昭和17年	3月⇒出版用紙全面統制のため「発行承認制」を実施。
1943年 昭和18年	3月⇒新統制団体「日本出版会」発足。⇒『改造』掲載の細川論文を契機に戦前最大の出版弾圧「横浜事件」 が起り、冬の時代へ。 7月⇒日本出版配給「書籍の全面買切制」を実施。11月⇒「出版事業整備要綱」を発表。
1944年 昭和19年	9月⇒日本出版配給、取次一元化のため、「日本出版配給統制株式会社（日配）」として新発足。
1945年 昭和20年	8月6日⇒広島に原爆投下、9日⇒長崎に原爆投下。 8月15日⇒敗戦。「国破れて山河あり」：廃墟の中から「蘇る出版」、民主憲法下での出版活動。

コラム 紙魚の目

横浜事件

　1942年9月、雑誌『改造』に論文を発表した細川嘉六氏が「共産主義に基づく敗北主義」とされて検挙。翌年、神奈川県特高は米スパイとして検挙した経済学者の関係者自宅で発見された集合写真を「共産党の再建会議」とでっち上げ、細川氏と写っていた『中央公論』『改造』の編集者ら60名を治安維持法違反容疑で検挙した。2005年の再審開始で、罪の有無の判断なしに裁判を打ち切る「免訴判決」が下された。

第8章 ◉ 出版年表で読む150年史

昭和の出版が歩んだ道（1945年～1981年）

戦後の再出発：平和憲法と言論・出版の自由

1945年 昭和20年	8月⇒第2次世界大戦終結。残存出版社300社、書店3000店、日本出版配給統制株式会社（日配）1社。 9月⇒GHQ、言論の制限に関する法令の全廃を指示。「出版法」「新聞紙法」効力を停止。「プレスコード」を発令、新聞・雑誌・書籍の事前検閲を開始。プレスコードによる事前検閲開始。日本出版会解散。 10月⇒日本出版協会創立。民主主義出版同志会「戦犯」批判強める。 11月⇒『日米会話手帳』ベストセラー、誠文堂新光社360万部、昭和裏面史を描いた『旋風二十年』鱒書房。総合雑誌『新生』『世界』『展望』『真相』『リベラル』続々創刊（48年頃までブーム）。
1946年 昭和21年	4月⇒日本出版協会分裂→日本自由出版協会設立。 6月⇒『リーダーズ・ダイジェスト日本語版』創刊。 11月⇒日本国憲法公布－言論・出版の自由を保障。内閣府に用紙割当事務局設置。
1947年 昭和22年	2月⇒「カストリ雑誌」大流行（風俗・犯罪・性科学など49年頃までブーム）。 4月⇒「小売全聯」発足。 7月⇒教科書の検定制度始まる。岩波『西田幾多郎全集』で徹夜の行列。 9月⇒独占禁止法公布。出版物価急騰。日配が新刊書籍の委託販売制を復活。 10月⇒戦前最大の出版社「博文館」廃業。
1948年 昭和23年	1月⇒公職追放令発令、出版関係者も追放さる。 10月⇒小売全連（日本出版物小売業組合全国連合会）改称。国立国会図書館法公布。戦前のような事前検閲のためでなく文化財保存のための納本義務規定。
1949年 昭和24年	3月⇒日配、GHQから閉鎖命令、出版社数4581社に発展。出版法・新聞法廃法、全国出版協会発足。新取次会社創立。 9月⇒日本出版販売、東京出版販売、日教販、中央社、大阪屋など。
1950年 昭和25年	1月⇒カストリ雑誌、エロ雑誌などの取締り強化。 6月⇒『チャタレイ夫人の恋人』（小山書店）わいせつ物頒布等の罪容疑で押収、発禁。（⇒朝鮮戦争勃発）
1951年 昭和26年	5月⇒用紙統制撤廃、第2次文庫本ブーム起こる。 10月⇒民放ラジオ開局、講談社ラジオ宣伝開始。岩波書店『世界』10月号で講和問題特集。 11月⇒都内定価、地方定価の二重定価始まる。
1952年 昭和27年	11月⇒第1次「改造」争議（⇒1955年1月⇒第2次「改造」争議；そして『改造』は消えた）。『現代世界文学全集』（新潮社）、『昭和文学全集』（角川書店）全集ブーム。
1953年 昭和28年	4月⇒出版労組懇談会誕生（15組合1000名、「出版労連」の前身）。 9月⇒NHKテレビ放送始まる。独占禁止法改正。出版物「適用除外」で再販制適用となる。 10月⇒日本出版クラブ発足。松川裁判に対する批判論文『文藝春秋』『中央公論』に掲載。
1954年 昭和29年	2月⇒新書判ブーム『女性に関する12章』（中央公論社）38万部など。 6月⇒トーハンに電算機導入。 9月⇒講談社テレビ初ドラマ『水戸黄門漫遊記』（日本テレビ）に『講談全集』刊行記念で提供。 10月⇒『週刊朝日』100万部突破『サンデー毎日』も同年初に達成。印刷の技術革新、高速カラー輪転化進む。光文社"カッパブックス"『文学入門』刊行。創作出版ベストセラーの始まり。
1955年 昭和30年	3月⇒新書判の大氾濫、新聞社系週刊誌の部数拡大（月刊誌から週刊誌の時代へ）。『世界大百科事典』（平凡社）刊行開始。悪書追放運動、マスコミ懇談会発足。
1956年 昭和31年	1月⇒日本雑誌協会発足。2月東販「全協・出版科学研究所」発足。 2月⇒『太陽の季節』太陽族流行。（→神武景気）。初の出版社系週刊誌『週刊新潮』創刊（→取材網、販売網、広告収入など新課題に挑戦）。 6月⇒再販売価格維持（定価販売）契約実施。 10月⇒文部省教科書検定強化のため検定調査官発令。
1957年 昭和32年	2月⇒初の女性週刊誌、河出書房『週刊女性』創刊、筑摩書房など高額の豪華本の出版開始。日本書籍出版協会発足。 3月⇒「チャタレイ裁判」上告棄却、有罪確定。10月⇒「出版倫理綱領」制定。
1958年 昭和33年	1月⇒紙業界不況、上質紙など操短。 3月⇒日本出版労働組合協議会結成（33組合・3106名、出版労懇改称）。 5月⇒著作権法改正、ⓒ表示を確認。『週刊明星』『週刊女性自身』など相次いで創刊。
1959年 昭和34年	2月⇒週刊誌創刊ブーム、ペーパーバックス時代。主婦と生活社争議）『週刊少年マガジン』『週刊少年サンデー』創刊（→『週刊現代』『週刊文春』『週刊平凡』。
1960年 昭和35年	6月19日⇒新日米安保条約が自然成立。『中央公論』7月号〈湧きあがる民主主義〉を特集。 7月⇒韓国の民主化進み日本の出版物の輸入を自由化。同年アフリカ諸国の独立相次ぐ。

8.2 年表で考える出版の歩んだ道

高度成長期の出版（1961年から1980年までの出版）

1961年 昭和36年	2月⇒「風流夢譚事件」。右翼少年、中央公論社長宅を襲撃。『思想の科学』発禁処分。 12月⇒平凡社『国民百科事典』刊行、25万部ベストセラー。小売全連「書店経営白書」発表。
1962年 昭和37年	4月⇒日本出版クラブ「第1回日本出版人大会」開く。取次協会「出版取次倫理綱領」制定。 6月⇒割賦販売の本格化（平凡社『国民百科』、小学館『日本百科』）。少年マンガブームに。
1963年 昭和38年	10月⇒雑誌協会「雑誌編集倫理綱領」、小売全連「出版販売倫理綱領」制定。教科書無償措置法成立。 12月⇒書協・雑協・取協・小売全連4団体で「出版倫理協議会」発足。
1964年 昭和39年	4月⇒職能教育の確立を目指し、出版人養成のための「日本エディタースクール」設立。初の若者向け 週刊誌『平凡パンチ』創刊 —— 雑誌のセグメント化始まる。 5月⇒紀伊國屋書店・本店（東京新宿）、大型書店に改装（800坪→書店の大型化始まる）。
1965年 昭和40年	6月⇒百科事典ブーム。全集ブーム（『日本の歴史——全10巻』ベストセラー、各刊平均40万部）家永三郎、 教科書検定を違憲と訴訟。大学生にマンガブーム起る。 11月⇒大学生100万人突破。ＡＢＣ雑誌部数調査始まる。雑誌のワイド化始まる。
1966年 昭和41年	2月⇒全日空羽田沖事故で、乗客全員133名死亡。出版関係者24名が遭遇。 5月⇒東京で「ユネスコ・アジア地域専門会議」を開催。
1967年 昭和42年	1月⇒公取委「出版業界の過当褒賞の自粛」を促す。出版倫理協議会「自主規制」を強化。 5月⇒小売全連「全国書店経営実態調査資料」を公表。 11月⇒「出版コンピュータ研究会」発足。
1968年 昭和43年	5月⇒河出書房新社倒産。 10月書籍「割賦法指定商品」に指定。（大学紛争激化）書協『日本出版百年史年表』刊行。 11月⇒川端康成「ノーベル文学賞」を受賞。
1969年 昭和44年	3月⇒NHK大河ドラマ『天と地と』ベストセラー第1位、テレセラーの始まり。日本出版学会設立。 12月⇒ブリタニカ販売で消費者運動起る。紀伊國屋書店・梅田店開店。
1970年 昭和45年	1月⇒創価学会・公明党による言論・出版妨害（藤原弘達『創価学会を斬る』日新報道出版部）。 2月⇒『an an』創刊。初めてのショッピングのためのファッション誌。 4月⇒「光文社争議」。 5月⇒新著作権法公布（翌年1月⇒新著作権法施行）。大阪万博開催。70年安保闘争。 11月⇒「三島由紀夫事件」起こる。
1971年 昭和46年	3月⇒雑誌正味2%引き下げ。婦人誌新年号ブーム＋4誌557万部。『朝日ジャーナル』3月19日号回収（赤 瀬川原平『櫻画報』：編集権と経営権をめぐって労使が対立）。 7月⇒『講談社文庫』一挙55点刊行（第3次文庫ブーム『中公文庫』『文春文庫』『集英社文庫』）。
1972年 昭和47年	6月⇒国際図書年。6月改正・割賦報公布、7月情報誌『ぴあ』創刊。 9月⇒日書連が出版社の書籍を不買運動→ブック戦争。 12月⇒マージン要求（書籍正味2%引き下げ）。最初のムック別冊太陽『日本のこころ1・百人一首』刊 行（1200円、20刷、30万部超）。
1973年 昭和48年	9月⇒石油ショック—— 第4次中東戦争。用紙高騰で出版物の高定価時代へ。日本出版労働組合連合会（出 版労連）発足。11月⇒「日本ブッククラブ」解散。
1974年 昭和49年	2月⇒用紙難続く。三省堂辞書「シール事件」起こる。 9月⇒地方正味格差解消。 11月⇒三省堂「会社更生法」申請。『文藝春秋』立花隆「田中角栄の研究——その金脈と人脈」掲載。
1975年 昭和50年	10月⇒出版産業1兆円突破—月刊誌部数、週刊誌を抜く。郊外店開業続く。ベトナム戦争終結。講談 社『日刊ゲンダイ』、リクルート『就職情報』創刊。 12月⇒文庫正味統一78掛。
1976年 昭和51年	4月⇒地方・小出版流通センター開業。地方出版物展示会、各地書店でブックフェア開催。 10月⇒横溝正史『犬神家の一族』映画化、メディアミックス—角川商法話題。
1977年 昭和52年	1月⇒返品率の減少をめぐり「責任販売制」論議。 5月⇒公取委「再販制度の観点から見た出版業の実態について」を公表。 11月⇒日販「情報検索システム」完成。
1978年 昭和53年	⇒八重洲ブックセンター開店—在庫100万冊の日本最大の店舗。 7月⇒筑摩書房更正法申請。再販問題起る。公取・橋口委員長「再販撤廃」を表明。金大中事件起きる。
1979年 昭和54年	⇒国際児童年開幕。新雑誌創刊ブーム起こる。日書連「再販制度廃止反対」100万人署名・全国書店決起 大会。
1980年 昭和55年	⇒「雑高書低」雑誌の時代。『少年ジャンプ』320万部。 5月⇒出版労連「職業技術講座（出版技術講座）」開校。労働組合の「本の学校」誕生。 10月⇒新再販実施（部分再販・時限再販・単独実施・任意再販）。
1981年 昭和56年	1月⇒日本図書コード発足。ISBN（国際標準図書コード）実施。3月「三省堂神田店」オープン。 3月⇒『窓ぎわのトットちゃん』記録的なミリオンセラーに。『Dr.スランプ』180万部。 10月⇒写真週刊誌『FOCUS』創刊。ワープロによる本づくり始まる。

第8章 ● 出版年表で読む150年史

1982年 昭和57年	1月⇒書籍新刊発行3万点。タレント本5点ミリオンセラーに。書協「書籍返品現象マニュアル」配布。 8月⇒学習研究社「東証二部」へ上場。10月⇒『FOCUS』創刊1年で55万部突破。
1983年 昭和58年	1月⇒酸性紙問題が提起される。2月⇒日書連「返品減少運動」提起。 4月⇒日本編集プロダクション協会設立（→日本編集制作会社協会）。
1984年 昭和59年	1月⇒『週刊文春』で「疑惑の銃弾」連載、『FRIDAY』80万部完売→写真週刊誌3FET時代に。 6月⇒東販「TONETS」、日販「NOCS」構築。大手取次の情報化対応進む。 11月⇒平凡社『大百科事典』（全16巻）、小学館『日本大百科全書』（全25巻）刊行開始。
1985年 昭和60年	6月⇒生活情報型女性誌『オレンジページ』創刊。郊外店ブーム700店に。 11月⇒「国家機密法（案）に反対する出版人の会」発足。 12月⇒書協・雑協日書連相次いで反対表明。
1986年 昭和61年	4月⇒サン・ジョルディの日制定。三修社、CD-ROM版『英・独・日 最新科学技術用語辞典』発売。 9月⇒日本電子出版協会設立。 10月⇒本の宅配「ブックサービス」開始。
1987年 昭和62年	7月⇒郊外型書店急増2000店、SA（ストア・オートメーション）化・複合化進む。岩波書店CD-ROM 版『電子広辞苑』発売。 12月⇒角川書店の「買切制」話題に。
1988年 昭和63年	1月⇒出版4団体「売上税反対」表明。 10月⇒「日本複写権センター」設立。女性誌創刊相次ぎブームに。本づくりのDTP編集始まる。「ちび くろサンボ」が消える。

平成の出版が歩んだ道（1989年～2019年）

1996年出版物の推定売上が最高値を記録。苦難の時代へ。

1989年 平成元年	1月8日⇒「平成」と改元。 4月⇒消費税導入。定価表示で混乱。コミックの売上4000億円超える。流通対策協議会消費税導入後 の価格表示で「公取委の見解」撤回要求訴訟。
1990年 平成2年	7月⇒日本図書コード管理委員会「JANバーコード」導入を表明。電子ブック相次ぎ発売。 8月⇒径書房『ちびくろサンボの絶版を考える』刊行。 10月⇒ドイツ・ブークメッセで「日本年」。
1991年 平成3年	2月⇒出版VAN構想スタート。印刷・制本業の人手不足深刻で危機に「本が危ない」。「有害コミック」 青少年保護条例で書店員逮捕。 3月⇒出版文化産業振興財団設立。9月⇒日本複写権センター発足。被害コピー年間14億万枚。 11月⇒ヘアヌード解禁『Water Fruit』（樋口加南子）、宮沢りえ写真集『SantaFe』（ともに朝日出版社） 発売、年内160万部突破。
1992年 平成4年	4月⇒CVSのセブン・イレブン、出版物の売上高1000億円突破。 5月⇒東京都青少年保護条例改正による有害コミックの規制強化。朝日新聞社『週刊朝日』5月29日号 で休刊。
1993年 平成5年	1月⇒主婦と生活社『主婦と生活』4月号で休刊を発表。 3月⇒出版文化産業振興財団、読書アドバイザー養成講座開講。4月⇒講談社書籍正味69掛に統一。
1994年 平成6年	1月⇒公取委「出版取次業の市場構造に関する実態調査」を実施。書協「須坂構想」中間報告。 6月⇒『週刊文春』（6月15日号）をJR東日本が管内キヨスクで販売拒否。
1995年 平成7年	1月⇒阪神・淡路大震災で出版界にも大被害。日販王子PBセンター24時間稼働。 9月⇒米子／今井書店「第一回本の学校＝大山緑陰シンポジウム」開催。
1996年 平成8年	1月⇒公取委「規制緩和に関する施策の検討状況の中間報告」を公表。 4月⇒須坂構想実現に向け、ジャパンブックセンターを設立。9月⇒紀伊國屋書店新宿南店オープン。 ⇒この年、出版物の推定売上高最高レベルに達す。以後、マイナス成長期に入る。
1997年 平成9年	3月⇒書協・雑協「出版VAN合同協議会」設置。出版関係者「再販制シンポジウム」開催。 4月⇒消費税5％にアップ、本の価格を「外税表示」に変更。 12月⇒行革委規制緩和委員会「著作物の再販価格維持制度の見直しについて」を公表。
1998年 平成10年	⇒公取委「著作物再販制度の取扱いについて」継続検討を必要とするとの見解を発表。電子書籍コン ソーシアム設立。翌年総合実証実験を開始。⇒角川書店が、東証二部へ上場を申請。中央公論社の営 業権・資産を読売新聞社が取得。
1999年 平成11年	児童買春・ポルノ禁止法案が成立、出版倫理協議会が見解発表。日販が出版社と共同出資し、ブック オンデマンド出版「ブッキング」を設立。
2000年 平成12年	⇒騒々堂が負債135億円で自己破産。2月日販「不良債権処理」90億の赤字決算。TRCなどがWeb書 店「bk1」を設立。11月⇒アマゾン・コム日本語サイト開設。警視庁、通信傍受法に基づく盗聴開始。 12月⇒トーハン客注システム「e-hom」稼働。

202

8.2 年表で考える出版の歩んだ道

2001年から2019年まで：マイナス成長時代

2001年 平成13年	3月⇒公取委／著作物再販制度の存廃について「当面、同制度を存続する」との見解発表。東京都「青少年の健全な育成に関する条例」を可決、「区分陳列」による規制強化。
2002年 平成14年	⇒メディア規制法浮上、「知る権利」への規制強化と危惧深まる。 8月⇒「住民基本台帳ネットワーク」稼働。朝の読書1万校が実施。『ハリー・ポッターと炎のゴブレット』（第4巻）、「買切」初版230万部でスタート。
2003年 平成15年	5月⇒個人情報保護法案可決、有事関連法などメディア規制を含む「戦争5法案」一気に可決。 8月⇒出版流通の改善を目指す「出版倉庫流通協議会」発足。「住民基本台帳ネットワーク」本格稼働。
2004年 平成16年	3月⇒日本インフラセンター（JPO）ICタグの実証実験開始。 6月⇒貸与権、出版物にも適用著作権改正成立。 7月⇒青山ブックセンター経営破綻。洋販が経営権を取得。
2005年 平成17年	8月⇒日本図書コード管理センター、13桁のISBNに移行。 8月⇒トーハン「桶川SCMセンター」を竣工。『電車男』100万部突破（新潮社）。 「文字・活字文化振興法」が成立。
2006年 平成18年	4月⇒自費出版社の碧天舎自己破産。 6月⇒アマゾン直販で「e宅販売」商法を開始。6月⇒平安堂「古書センター」を設立。 12月⇒「本の街・神保町を元気にする会」発足。
2007年 平成19年	2月⇒出版物貸与センターが貸与料徴収を開始。 3月⇒大日本印刷と図書館流通センターが業務提携開始。 10月⇒「文字・活字文化推進機構」設立。書協と雑協が「50年史」を刊行。
2008年 平成20年	3月⇒再販問題で、公正取引委員会が出版社などにヒアリングを開始。 6月⇒大阪屋と栗田出版販売が業務提携。 11月⇒日販と日協販が業務提携。 12月⇒丸善とTRCが「共同持株会社CHI」設立、経営権統合を図る。
2009年 平成21年	1月⇒大日本印刷、出版業界再編加速。丸善・ジュンク堂書店・図書流通センターなどと業務提携。 3月⇒世界中を巻き込んだ「グーグル検索和解問題」で論議。日本は対象外に。責任販売制で業界の模索続く、「電子タグの活用」「35ブックス」など。
2010年 平成22年	電子書籍元年、業界、急ピッチで対応策検討。 10月⇒国民読書年記念式典開催。 12月⇒村上春樹の『1Q84 BOOK1・2』大ブレーク、アマゾン上陸10周年、紀伊國屋書店の売上に迫る。 12月⇒東京都青少年健全育成条例可決。
2011年 平成23年	出版業界、電子書籍時代へ急展開。 3月⇒東日本大震災発生。出版デジタル機構設立。デジタル化をめぐり違法な自炊代行会社横行。
2012年 平成24年	3月⇒経済産業省「コンテンツ緊急デジタル化事業」に10億円支援。 7月⇒楽天「kobo」、9月⇒アマゾン「Kindle」など電子書籍市場活性化へ。
2013年 平成25年	3月⇒コンテンツ緊急デジタル事業終了。電子書籍6万点達成。 7月⇒明文図書「自主廃業」へ、中堅取次受難の年。佐賀県武雄市図書館CCCに管理委託。 12月⇒「特定秘密法案」可決・成立。
2014年 平成26年	4月⇒消費税8％にアップ。書店の販売環境悪化。著作権法改正、新たに「電子出版権」生まれる。 10月⇒KADOKAWAとドワンゴが経営統合。 12月⇒「特定秘密法」施行。「知る権利」「報道の自由」危惧と危惧深まる。
2015年 平成27年	1月⇒電子出版権を認めた改正・著作権法施行。日本出版インフラセンター（JPO）、「出版情報登録センター」を創設。 6月⇒栗田出版販売「民事再生」を申請。紀伊國屋書店、春樹本新刊の9割を買占め。 ⇒出版業界、消費税引き上げ時に「出版物への軽減税率適用」に向け、運動強化。
2016年 平成28年	3月⇒太洋社自主廃業から倒産へ。 4月⇒大阪屋と栗田出版販売が統合、新取次「大阪屋・栗田」を設立。 4月⇒電子版雑誌の読み放題「dマガジン」など急成長。紙の雑誌の苦悩広がる。 7月⇒教科書発行会社の学校関係者への謝礼金問題社会的批判に。
2017年 平成29年	1月⇒深刻さ増す、出版物の輸送問題で取次首脳陣、出版社へ協力要請。 5月⇒中吊り広告事前入手問題で、文藝春秋が新潮社に謝罪。 6月⇒アマゾン、日販へのバックオーダー停止。出版業界に激震。 12月⇒日系イギリス人カズオ・イシグロ氏ノーベル文学賞受賞。
2018年 平成30年	5月⇒大阪屋・栗田、楽天の傘下に。日販とトーハンが物流で協業合意。 11月⇒出版業界、11月1日を「本の日」と制定。イベントに取り組む。 12月⇒POSレジの普及に伴いスリップレスの動き活発に。
2019年 平成31年	1月⇒大手取次首脳陣「マーケット・イン型出版産業」への転換を提唱。 4月30日 天皇譲位。5月1日「令和」時代が始まる。

203

第8章 ◉ 出版年表で読む150年史

令和の出版が歩んだ道（2019年〜2023年）

2019年 令和元年	5月⇒日販、持株会社制に移行。
	7月⇒『漫画村』運営者逮捕、出版業界、海賊版サイト撲滅へ対応策強化。
	10月⇒消費税10％に引き上げ、出版物の軽減税率適用かなわず。
2020年 令和2年	3月⇒コロナウィルス世界中に蔓延。出版業界も苦境に。
	4月⇒"巣ごもり特需"生まれる。学参・ドリル・電子が大幅伸長。
2021年 令和3年	3月⇒トーハン、電子書籍流通の大手メディアドゥと資本業務提携。
	5月⇒日販が出版流通抜本見直し、配送会社らと「本以外の商材配送」など検討始める。
2022年 令和4年	3月⇒コロナ禍から2年、商談会、ブックフェアなどのリアルイベントが相次いで再開。
	5月⇒三省堂書店、八重洲ブックセンター、紀伊國屋書店「本店」がリニューアルを発表。
2023年 令和5年	10月⇒紀伊國屋書店が新会社ブックセラーズ＆カンパニーを設立。出版社と直取引へ。
	11月⇒日販 コンビニ流通から撤退、2025年7月トーハンが引き継ぐと公表。

コラム 紙魚の目

廃墟の中、よみがえる出版の自由

　玉音放送とともに戦後の出版活動も息を吹き返した。戦前の相次ぐ言論統制下で生き残ったのは、取次は国策会社とも言える日本出版配給株式会社（日配）1社のみ、出版社は300社、書店は3000店にしか過ぎない。

　廃墟の中から立ち上がった出版界を象徴する出版物に『日米會話手帳』がある。終戦後、わずか1カ月足らずで刊行された『四六半裁判・32ページ・定価80銭』というパンフレットのようなこの出版物は、誠文堂新光社の創業者である小川菊松氏が玉音放送を聞いた直後に企画したと伝えられる。

　日常会話など79例を収録したこの小さな本が、360万部（初版30万部）という戦後初のベストセラーとなり、1981年の『窓ぎわのトットちゃん』が現れるまで、その記録は塗り替えられることはなかった。

　もう1冊、戦後を語る出版物に、45年の12月に鱒書房から刊行された『旋風二十年（上・下）』がある。サブ・タイトルの『解禁昭和裏面史』という衝撃的なキャッチ・フレーズは、活字に飢えていた民衆の心を掴み、上巻が発売されると、東京・神田の書店街には行列ができ、初版10万部が1週間で売り切れ、翌年、春に発行された下巻と合わせて80万部に達したという。この本の企画も玉音放送を聞いた鱒書房社長の増永善吉氏の企画によるものだが、昭和裏面史に光を当てたのは、当時の毎日新聞社の森正蔵社会部部長をはじめとする中堅記者たちであった。

索 引

新しい読者との出会い……… 93
アマゾン全盛時代…………… 40
アメリカの出版流通……… 64,65
イギリスの取次流通………… 58
イギリスの出版流通… 56,57,58
委託制度……………… 8,9,24
インボイス制度……………… 124
円本ブーム…………………… 134
王子流通センター…………… 39
大阪屋の倒産………………… 42
桶川センター…………… 37,123
オンデマンド印刷…………… 36

＊

買切品………………… 9,24
各国の出版物流………… 67,73
カフェ複合の書店…………… 109
紙の本………………… 20
韓国の出版社経営事情…… 75
韓国の出版文化産業振興法
………………………………… 75
韓国の出版流通… 72,73,74,75
神田村取次倒産…………… 44
紀伊國屋書店………… 88,89
教科書の流通……………… 18
国の書店政策……………… 92
栗田出版の倒産…………… 42
鍬谷書店…………………… 35
軽減税率…………………… 117
講談社の誕生……………… 196
広報活動の展開…………… 85
個性派書店の誕生………… 32
子ども文化普及協会……… 35
コンビニ流通……………… 28

＊

再販制度……………… 10,11
雑誌委託……………… 9,24
雑誌の委託販売……… 132,158
雑誌販売…………………… 16
自主仕入…………………… 7
自炊本横行と対策………… 101
実業之日本社の誕生……… 195
出版大手の決算資料……… 79

出版権、電子出版権……… 106
出版社の生き残り策……… 78
出版社の営業力…………… 81
出版社の機能と役割……… 12
出版社の販売力…………… 80
出版社の弱みの分析……… 82
出版社の企画力…………… 80
出版配送問題……………… 30
常備寄託……………… 9,24
消費増税…………………… 106
書誌情報登録……………… 109
書店の生き残り策………… 88
書店の再生………………… 92
書店の仕事………………… 16
新刊委託……………… 9,24
新規開店…………………… 32
巣ごもり特需……………… 118
スリップレス化…………… 115
青少年健全育成条例……… 99
世界の本屋さんと出版流通
………………………………… 76
専門取次……………… 4,34
総額表示義務化…………… 119

＊

太洋社の倒産……………… 43
武雄市図書館問題………… 105
棚貸しの書店……………… 93
地方・小出版流通センター
………………………………… 46
地方取次の倒産…………… 47
中国の出版流通… 68,69,70,71
長期委託……………… 9,24
直販………………………… 128
定価と適正部数…………… 82
電子書籍市場規模……… 20,21
電子タグ装着……………… 125
電子の本…………………… 20
ドイツの出版流通… 52,53,54
東京堂の設立……………… 130
トーハンの新しい戦略…… 86
トーハンの物流対策……… 36
独占禁止法………………… 11

特定秘密保護法成立……… 105
図書カードの市…………… 19
図書館と書店の連携……… 96
図書館の市場……………… 22
トランスビュー…………… 34
取次の生き残り策………… 86
取次の金融機能…………… 15
取次の三大機能…………… 14
取次の情報機能…………… 15
取次の配本・配送機能…… 14
取次の物流対策…………… 30
取次の国家統制…………… 134

＊

日配の解散………………… 136
日販、トーハンが物流協業
………………………………… 114
日販の新しい戦略………… 87
日販の物流対策…………… 38
日本出版会………………… 135
延勘品………………… 9,24

＊

博文館…………… 130,194
発注方法の変遷…………… 31
普通委託……………… 9,24
ブックオフの現状………… 50
ブックスキューブリック… 94
ブックセラーズ＆カンパニー
………………………………… 26,90
フランスの出版流通
………………………… 60,61,62
ホワイエの事業内容……… 33

＊

マーケットインへの展望
………………………… 48,116,138
マーケティング…………… 84

＊

八木書店…………………… 34
有隣堂の新しい戦略……… 91

＊

B ＆ B……………………… 93
JPO………………………… 106
4大取次の誕生…………… 130

205

● 出版流通が歩んだ道

【古書業界・事項索引】

一頁のなかの劇場 ………… 150
一石通信 ………………… 184
インターネットと古書業界
　　　　　　　　　　…… 192

＊

神田青空古本まつり ……… 162
神田古書店連盟 …………… 162
神田神保町古書街ガイド ‥ 168
金文堂書店奮戦記 ………… 160
古書月報 ……………… 175,176
古書市場が私の大学だった
　　一古本屋控え帳自選集
　　　　　　　　　　…… 152
古書市場の『変化 ………… 191
古書と生きた人生曼陀羅図
　　　　　　　　　　…… 152
古書肆・弘文荘訪問記
　　一反町茂雄の晩年 …… 150
古書游泳―めぐり会った
　　人と本 …………… 142,143

＊

昭和の古本屋を生きる …… 152
下町古本屋の生活と歴史
　　　　　　　　　　…… 170
書痴　斎藤昌三と書物展望社
　　　　　　　　　　…… 167
書物展望 …………………… 167
青春さまよい日記………… 151
全国古本屋地図
　　… 141,142,145,166,186,190
戦時下の少年読物 ………… 152
戦塵冊 ……………………… 177
戦争俳句と俳人たち ……… 184

＊

東京古書組合五十年史 …… 171

＊

日本古書通信 … 143,145,148,
　　　153,161,165,167,189,190
日本の古本屋 ……………… 163
日本の古本屋メルマガ …… 186

＊

古本愛 ……………………… 167
古本あらかると …………… 188
古本倶楽部 ………………… 146

古本通 ……………………… 140
ふるほん西三河 ……… 187,188
古本はこんなに面白い
　「お喋りカタログ』番外編
　　　　　… 146,147,163,165
古本屋―その生活・趣味・
　研究 …………………… 170
古本屋名簿　古通手帖 …… 142
彷書月刊 ……………… 166,167
ぼくがぼくであること …… 174
ボクラ少国民 ……………… 174

＊

街の古本屋入門 ……… 183,184
三島由紀夫・古本屋の書誌学
　　　　　　　　… 142,144

＊

ヨコ社会の理論―暮らしの
　思想とは何か …………… 184

＊

BOOKTOWN じんぼう … 163

【古書店名索引】

浅草御蔵前書房 ……… 162,166
アベノスタンプコイン社 … 155
一艸堂石田書店 ……… 180,183
稲垣書店 …… 146,150,166,170
鶉屋書店 …………………… 150
えびな書店 …………… 146,166
かんたんむ書店 …………… 161
木内書店 ……… 160,173,180
金文堂書店 …… 155,160,1762
黒木書店 …………………… 180
けやき書店 ………………… 146
玉英堂書店 …………… 176,180
弘文荘 ………………… 149,156
小林書房 …………………… 162
小宮山書店 ………………… 161
河野書店 …………………… 166
三茶書房 …………………… 158
下井草書房 ………………… 150
石神井書林
　　　… 146,150,165,167,180
尚古堂 ………………… 181,186
秦川堂書店 …………… 173,176
田村書店 …………………… 161

タンポポ書店 ……………… 186
椿書房 ………………… 185,186
東陽堂書店 …………… 157,159
都丸書店 ……………… 155,176
とらや書店 …………… 185,186
中野書店 …… 147,155,161,165
なないろ文庫 ……………… 166
二の橋書店 ………………… 175
晩晴堂書店 ………………… 190
文徳書房 …………………… 155
紅谷書店 …………………… 155
マツノ書店 …………… 185,186
緑林堂書店 ………………… 186
明治堂書店 ………………… 157
明文堂書店 …… 154,156,157
桃山書房 …………………… 186
由縁堂書店 ………………… 176
榕樹書林 …………………… 186
龍生書林 ……… 139,140,141

【古書店主（人名）索引】

相川章太郎 …………… 170,176
青木正美 …… 149,151,167
飯田淳次 ……………… 149,150
石尾光之祐 ………………… 170
石田友三 ……………… 180,183
岩森亀一 …………………… 158
大場啓志 …………………… 140
金坂吉晃 …… 180,182,185
木内茂 ……………………… 158
小林静生 …………………… 170
斎藤孝夫 …………………… 180
反町茂雄 ……………… 149,181
高林恒夫 ……………… 158,160
田中貢 ………… 174,175,176
田村治芳 …………………… 166
鳥山将平 ……………… 185,187
中根隆治 …………………… 155
中野智之 …… 161,165,166
野本孝清 …………………… 155
藤井成一 ……………… 187,189
百瀬威 ………… 186,187,189
八木福次郎
　　… 149,155,167,174,179
山中恒 ………………… 174,175

著者略歴及び執筆分担

能勢 仁 （のせ・まさし）【執筆分担：第1章～第6章】

1933年（昭和8年）：千葉市生まれ。
慶應義塾大学文学部卒業・高校教師を経て、書店業界・出版業界で永年活躍。
1996年ノセ事務所を設立。本の世界に生きて60年、世界中の本屋さんを見て歩き、書店に情熱を注ぐ。

〈主な著書〉
『昭和の出版が歩んだ道』共著　『平成の出版が歩んだ道』共著
『明治・大正・昭和の出版が歩んだ道』共著
『世界の本屋さん見て歩き』（以上、出版メディアパル）など出版・書店実務書多数。

八木 壯一 （やぎ・そういち）【執筆分担：第7章監修】

1938年（昭和13年）：東京都千代田区神田神保町生まれ。
立教大学経済学部卒業、証券マンを経て、1963年八木書店入社、1984年八木書店代表取締役に就任。
2012年（平成12）より八木書店会長、第二出版販売会長、
八木書店ホールディングス社長、日本古書通信社長に就任。
全国古書籍商組合連合専務理事、ABAJ（日本古書籍協会）会長、
神田古書店連盟顧問、「本の街　神保町を元気にする会」事務局長　などで活躍。

〈主な著書〉
『昭和の出版が歩んだ道』共著　『平成の出版が歩んだ道』共著
『明治・大正・昭和の出版が歩んだ道』共著（以上、出版メディアパル）
『キリシタンと出版』共著（八木書店）『百万塔陀羅尼の研究』共著（汲古書院）

樽見 博 （たるみ・ひろし）【執筆分担：第7章】

1954年（昭和29年）：茨城県生まれ。
『日本古書通信』編集長。

〈主な著書〉
『古本通』『古本愛』（共に平凡社）『戦争俳句と俳人たち』（トランスビュー）
『自由律俳句と詩人の俳句』（文学通信）等。

『出版流通が歩んだ道』
©能勢仁・八木壯一・樽見博　2025

2025年1月25日　　第1版　第1刷発行
著　者：能勢仁・八木壯一・樽見博
発行所：出版メディアパル
住　所：〒272-0812　千葉県市川市若宮1-1-1
Tel&Fax：047-334-7094
e-mail：shimo@murapal.com　　URL：http://www.murapal.com/

編集：出版メディアパル／下村昭夫
カバーデザイン：あむ／荒瀬光治
校正：羅針盤／瀧本英雄
組版：中西成嘉
印刷・製本：平河工業社
ISBN：978-4-902251-45-6　Printed in Japan

●本の未来を考える＝出版メディアパル No.37

新版 本づくりこれだけは──編集・デザイン・校正・DTP組版のノウハウ集

下村昭夫・荒瀬光治・大西寿男・高田信夫 共著　　定価：1,650円（本体1,500円＋税）　A5判　152頁

●本の未来を考える＝出版メディアパル No.32

校正のレッスン〈改訂3版〉──活字との対話のために

大西寿男 著　　　　　　　定価：1,760円（本体1,600円＋税）　A5判　160頁

●本の未来を考える＝出版メディアパル No.29

編集デザイン入門〈改訂2版〉──編集者・デザイナーのための視覚表現法

荒瀬光治 著　　　　　　　定価：2,200円（本体2,000円＋税）　A5判　144頁

●本の未来を考える＝出版メディアパル No.35

著作権法入門早わかり──クリエイターのための知的創造物法活用術

佐藤薫 著　　　　　　　　定価：2,640円（本体2,400円＋税）　A5判　296頁

●本の未来を考える＝出版メディアパル No.31

出版営業ハンドブック 基礎編〈改訂2版〉

岡部一郎 著　　　　　　　定価：1,430円（本体1,300円＋税）　A5判　128頁

●本の未来を考える＝出版メディアパル No.30

出版営業ハンドブック 実践編〈改訂2版〉

岡部一郎 著　　　　　　　定価：1,650円（本体1,500円＋税）　A5判　160頁

●本の未来を考える＝出版メディアパル No.43

明治・大正・昭和の出版が歩んだ道──近代出版150年史

能勢仁・八木壯一 共著　　定価：1,980円（本体1,800円＋税）　A5判　176頁

●本の未来を考える＝出版メディアパル No.39

電子出版学概論──アフターコロナ時代の出版と図書館

湯浅俊彦 著　　　　　　　定価：2,640円（本体2,400円＋税）　A5判・224頁

　出版メディアパル　　担当者　下村 昭夫

〒272-0812　千葉県市川市若宮 1-1-1　　電話＆FAX：047-334-7094